"十四五"普通高等教育规划教材

经管类跨专业虚拟仿真综合实训教程

主编　彭十一　易翠枝

中国财经出版传媒集团
中国财政经济出版社
北京

图书在版编目（CIP）数据

经管类跨专业虚拟仿真综合实训教程 / 彭十一，易翠枝主编. --北京：中国财政经济出版社，2024.1

ISBN 978-7-5223-2671-9

Ⅰ.①经… Ⅱ.①彭… ②易… Ⅲ.①经济管理-仿真-实验-教材 Ⅳ.①F2-39

中国国家版本馆 CIP 数据核字（2024）第 009795 号

责任编辑：田明晖　　责任校对：徐艳丽
封面设计：陈宇琰　　责任印制：史大鹏

经管类跨专业虚拟仿真综合实训教程

JINGGUANLEI KUAZHUANYE XUNI FANGZHEN ZONGHE SHIXUN JIAOCHENG

中国财政经济出版社 出版

URL：http：//www.cfeph.cn

E-mail：tianmh@cfemg.cn

社址：北京市海淀区阜成路甲 28 号　邮政编码：100142

营销中心电话：010-88191522　编辑部门电话：010-88190670

天猫网店：中国财政经济出版社旗舰店

网址：https：//zgczjjcbs.tmall.com

北京鑫海金澳胶印有限公司印刷　各地新华书店经销

成品尺寸：185mm×260mm　16 开　15 印张　365 000 字

2024 年 1 月第 1 版　2024 年 1 月北京第 1 次印刷

定价：46.00 元

ISBN 978-7-5223-2671-9

（图书出现印装问题，本社负责调换，电话：010-88190548）

本社质量投诉电话：010-88190744

打击盗版举报热线：010-88191661　QQ：2242791300

前　言

经济管理类专业课程在教学过程中普遍存在重理论轻实践的现象，导致学生的团队意识、沟通和协作能力较为欠缺，学生毕业入职后不能较好地融入企业，不能满足现实中企业的需求。企业在招聘录用后往往还需要进行大量的培训，这些培训造成了社会的二次成本，对企业来说也是一种负担。经管类跨专业虚拟仿真综合实训就是在这样的背景下，推出的一门课程。它将“商业社会搬进校园”，依托专业的实训软件，模拟仿真的商业运营环境。商业运营环境分为主体企业和外部服务机构两大部分。主体企业由若干家属于同一行业的生产型企业和贸易型企业组成。外部服务机构主要包括市场监管局、税务局、银行、会计师事务所、物流公司、招投标公司、新闻中心等，主要工作是为企业提供注册登记、工商年检、税务申报、银行转账、贷款、审计、物流、招投标等服务。在企业中设置企管部、采购部、生产部、市场部、销售部、财务部等部门；在外部服务机构中根据服务机构工作性质设置相关内部机构。模拟现实社会经济环境和职场工作环境，按照现实工作岗位要求，学生在其中仿真企业运营管理和模拟工作，在工作的过程中了解和熟悉职业工作岗位、企业、行业和社会，从而培养学生的职业意识、提高学生的职业能力和综合实践能力。

本书是编者多年来从事实践课程教学经验的总结，以“加强实践、培养技能、突出应用”的原则，立足于应用型、创新型、复合型人才的培养，从经济管理类专业毕业生融入企业所需要的职业能力和综合实践能力这个角度出发，围绕经济管理类专业毕业生融入企业岗位必须掌握的知识和技能进行编写，力求做到以能力培养为主线，突出教材的实用性、针对性、易懂性的特点，本书的特色主要体现在以下几个方面：

1. 构建高度仿真的校内虚拟商务运行环境

本书参考现实经济运行环境，打破学科专业的界限，构建了高度仿真的校内虚拟商务运行环境，强化了“把商业社会嵌入校园”的实验教学办学特色。实训课程内容由生产制造企业、市场监管局、税务局、银行、会计师事务所、招投标公司、贸易公司、物流公司八个功能模块的实训项目群组成。

2. 图文并茂，生动形象地展示教学内容

本书语言简明、朴实，内容丰富，深入浅出。同时，在软件的操作与教学示例的展示方面，教材配以丰富的图片、图表，将重要的知识点尽可能以直观明了的形式展现出来，以便于学生阅读、理解和把握。

3. 创新实训教学设计，丰富实训教学示例

本书旨在对学生综合素质和能力的培养，提升其创新、创业能力水平，对实训教学的平台设计、教学团队组织、教学内容与评价进行了详细的分析，形成了线上线下相结合、过程评价与结果评价相结合、专业教师与实验教师相结合的虚拟仿真、集中教学特色。另外，本教材展示了以往教学中的示例，有助于学生形象地了解实训各环节的参考信息。

本书由湖南理工学院彭十一教授和经济与管理学院易翠枝副院长共同担任主编，负责全书的整体设计、内容编写和统稿。产教合作协同育人单位北京方宇博业有限公司对本书的编写提出了诸多建设性建议，并提供了许多来自一线的案例和数据。本书在编写过程中，得到了湖南理工学院跨专业综合实训教学团队老师们的帮助，并参考了公开出版的教材、专著以及在学术期刊上公开发表的论文文献，限于篇幅，不能一一列出，在此，向有关作者表示诚挚的感谢！同时本书的出版，得到了湖南理工学院领导及中国财政经济出版社的大力支持，在此一并表示衷心的感谢！

由于时间仓促，加之作者水平有限，书中难免有不妥之处，恳请广大读者批评指正。

编者

2023 年 10 月

目 录

第一章

跨专业虚拟仿真综合实训课程概况

第一节 跨专业虚拟仿真综合实训课程简介

一、课程定义

跨专业虚拟仿真综合实训是商学院一门重要的专业综合实训教学课程；是学生在完成专业基础课程和专业技能课程之后的一门专业技能综合课程，更是一门集专业知识、职业技能、岗位实践于一体的综合能力训练课程。本实训课程是运用软件系统模拟特定产业链环境下企业经营全过程，它以真实商业社会环境为原型，仿真现代制造企业与现代贸易企业运行经营环境，以企业经营与管理为主体，建立虚拟政务环境、商务环境、公共服务环境，进行仿真经营和业务运作。

通过多组对抗和多人协同模拟经营，使学生在仿真环境中运用已经掌握的专业知识，体会在岗位级、部门级、企业级、供应链级中不同层次的协作与对抗业务内容，体会从决策制定、计划管理到业务执行的全过程，在经营模拟与现实接轨的基础上，实现真实化的校内实习或实践。课程主要包括产业链环境下多类型企业经营仿真模拟和能力认知识别两部分内容。

第一部分是在一个产业链各环节都存在竞争的市场环境下，由学生组成企业管理团队，分别担任企业的总经理和几大职能部门的经理，在分析企业自身和竞争对手状况的基础上，应用管理学知识，分期对企业的生产、营销、财务、人力资源与战略作出决策，模拟系统根据模拟的市场环境和各个公司的决策，反馈各个公司当期的经营结果；经过多期决策之后，按企业的经营绩效给出总体评价。

第二部分是让学生在此过程中，加深对社会、产业、企业、岗位的认知，以及对自我能力的认识。

二、课程目标

跨专业虚拟仿真综合实训是商学院专业课堂教学的延续与提高，是理论联系实践的重要环节。通过跨专业综合实训活动，使学生加深对专业理论知识的理解，培养和提高学生实际操作和分析问题、解决问题的能力，积累专业实践经验，缩短学校与就业岗位的差距；为锻炼培养学生的实际工作能力，增强毕业后的工作适应性，也为毕业后从事具体的管理工作打下良好的基础；启迪学生对未来本职工作的向往和热爱。课程目标可分解到能力、知识、素质、情感态度与价值观上，具体可大致归纳如下：

1. 能力目标

跨专业综合实训的能力总目标是基层管理岗位的综合经济管理技能与素质。按照培养基层管理岗位综合经济管理技能的总目标分解，主要培养学生具备下述管理技能：

（1）增强对管理理论的感性认识；

（2）培养运用管理理论解决实际问题，提高企业绩效的能力；

（3）掌握营销策划、广告投放、渠道开拓、线上线下营销、商务沟通等基本技能；

（4）培养行使管理职能、进行基层管理工作的能力；

（5）培养在各具体的职能与生产部门的实际操作与管理能力；

（6）培养搜集与处理信息的能力，特别是利用网上资源的能力；

（7）培养协调关系和与他人沟通的能力；

（8）培养敬业、勤奋、拼搏、冒险的精神。

2. 知识目标

（1）掌握模拟企业中各个角色承担的任务和责任；掌握企业经营模拟的基本规则；

（2）了解企业组织结构和各部门的岗位职责；

（3）了解市场预测基本要素，掌握市场预测的方法和市场预测的步骤；

（4）了解 SWOT 的特点、内容、适用范围，掌握 SWOT 工具在企业战略规划中的应用，了解波特五力分析模型的特点、内容、适用范围，掌握波特五力分析模型工具的一般使用方法；

（5）了解市场调查的基本方法，掌握市场分析和定位的基本方法；了解市场开拓的意义，掌握市场开拓的影响因素；

（6）明确企业经营模拟中财务预算的重要性，了解财务预算的概念，掌握财务预算的方法；

（7）了解生产制造的概念、特点和内容；了解开发新产品的含义、流程；掌握企业经营模拟中应如何开发新产品；

（8）了解原材料采购计划的概念、内容和制定方法；

（9）了解竞争情报的含义，掌握竞争情报的收集内容和收集方法；了解竞争情报分析方法，掌握波士顿矩阵分析法；

（10）掌握模拟企业的经营战略，了解博弈分析的基本理论，掌握博弈分析的基本方法；了解产品研发的影响因素，掌握产品研发的博弈分析技术；掌握产销平衡分析技术；

（11）掌握基本财务指标分析的概念、内容和方法；明确企业经营模拟过程中财务分析的重要性；掌握综合财务分析的概念、内容和方法；

（12）学会如何从经营报表中看企业经营的风险，增强成本管理意识，从财务的角度看管理中存在的问题；

（13）掌握企业经营中各项数据的来源与用途，洞悉数据分析的原理，通过各项数据的分析来引导各项决策及规避风险。

3. 素质目标

（1）具有较强的沟通表达能力；

（2）具有较强的团队协作能力；

（3）具有良好的经营职业道德和创新经营能力。

4. 情感态度目标

（1）培养积极向上的工作态度。在模拟经营中，鼓励学生克服困难，努力拼搏，“胜不骄，败不馁”，培养积极、向上、乐观的工作态度。

（2）发扬实事求是的工作精神。在财务综合知识的运用中，培养学生严谨的态度和实事求是的工作精神。

5. 价值观目标

（1）倡导自由、平等、公正、法治等价值取向。自由、平等、公正、法治是从社会层面对社会主义核心价值观基本理念的凝练，是我们党矢志不渝、长期实践的核心价值理念。在课堂上，应充分尊重学生，平等对待学生，形成良好的课堂氛围。

（2）倡导爱国、敬业、诚信、友善等价值准则。爱国、敬业、诚信、友善是从个人行为层面对社会主义核心价值观基本理念的凝练，是公民必须恪守的基本道德准则。在课堂上，应培养学生养成爱国、敬业、诚信、友善的道德准则。

三、课程特色

跨专业虚拟仿真综合实训课程设置具有专业化、系列化、阶段化的特点。根据各个院校专业不同特点和要求量身定制课程；同时整套课程体系又立足于综合性、跨学科的特点，融所有专业于一体；以真实企业为背景进行模拟训练，注重培养学生的理论知识和素养；零距离接触企业，培养学生的动手实践能力。

1. “实”

课程设计强调操作的务实性，培养培训对象务实的态度，从实际工作中出现的问题出发，在实际工作中解决，总结实际工作经验，运用到实际工作中去，从而使培训对象得到宝贵的实际工作经验。

2. “新”

教学内容新颖独特，改变以往死板的教学内容，运用大量生动有趣的案例帮助培训对象在轻松愉快的心情下强化记忆，总结经验，同时运用多种多媒体教学手段为载体，凸显企业仿真管理综合实训体系课程贴近真实企业管理方法与手段的特点。

3. “变”

教学思维转变，以国家提倡的工学结合为理论指导，结合欧美等发达国家的实践经验，突破传统教育模式，有利于提升培训对象的职业水平和实际操作技能，实现从理论到实践的飞越。

四、课程价值

跨专业虚拟仿真综合实训课程的价值在于通过在虚拟经营环境中的竞争性决策演练，培养学生对管理学知识的综合运用能力、对经营环境进行分析判断并做出决策的能力、竞争意识、组织协调能力和团队合作精神。本课程教学的总体设计是“教师为主导，学生为主体；理论联系实际，在仿真模拟实践中学知识、用知识、长本领”。

跨专业综合实训课程的根本立意在于围绕经营学习管理。通过对企业完整经营过程的亲身参与和体验，使学生从单纯的职能专家提升到能够为企业发展发挥更大作用的经营型人才。通过对企业经营各环节的实际运作，了解企业整体运营流程，理解企业价值形成的完整过程和内部价值链的真实含义。同时，学生将深刻体会现实与未来的因果关系，感受管理者必须要承担的历史责任，学习运用长期的战略思想制定和评价企业决策，进而树立起长远战略纵深思维意识，养成良好的职业道德操守。

跨专业虚拟仿真综合实训课程综合性、实践性较强，但需要以管理学作为其认识基础和理论基础，这就要求学习者具有必要的管理知识；此外，课程中的具体工具涉及大量的数理统计知识，学生应当在学好经济数学或者统计学的基础上理解和应用这些工具。因此，在进行实训之前，学生应该系统地学习过管理学原理、西方经济学、市场营销、战略管理、运营管理、财务管理、人力资源管理、统计学等课程。

第二节　跨专业虚拟仿真综合实训课程任务安排

一、实训任务主要内容

跨专业综合实训课程通过深度挖掘现代企业内部价值链和企业与企业之间的价值链内在联系，构建以生产制造业为驱动，以现代服务业为环境的制造业与服务业协同，供应链竞合，生产业务链、流通业务链、资本运作业务链相互交织，高度整合的网络状企业运营管理仿真综合运作内容体系。其实训任务主要内容包括：

1. 课程导入期

（1）动员会：跨专业综合实训课程实训动员会上，老师会介绍课程的定位、课程设置与实训组织安排，让学生从总体上对课程有所了解。

（2）模拟招聘会：实训课程一开始会安排企业招聘会环节，由 CEO 张贴招聘海报、学生准备简历，面试应聘人员。

（3）团队组建：跨专业综合实训课程是以团队的形式进行的，在确定 CEO 的基础上，按照教学要求，学生可以自由组队。在组队完成后，每个小组需明确内部的岗位分工与发展战略，并介绍给其他团队。通过团队展示，让每个小组认识在接下来的实训中可能的合作伙伴或竞争对手。

（4）企业入驻：工作岗位就座、办公用品整理。

（5）企业文化建设：宣传展板制作；公司规章制度、部门工作制度；公司名称、公司理念、公司 Logo 设计。

（6）机构成立 PPT 宣讲。

2. 注册期

（1）企业注册流程讲解。

（2）企业注册流程熟悉：注册流程规则熟悉；表单填写规范熟悉。

（3）企业正式注册：团队组建完成后，首先需要进行企业的注册，通过市场监管局、税务局、银行等机构的线上、线下申请，获取企业的证照。

3. 企业第一季度经营期

（1）上期业务完成与工作准备。

（2）企业经营规则讲解。

（3）企业经营规则熟悉与平台功能熟悉与操作。

（4）制造、贸易基础设施建设。

（5）制造企业原材料购买、研发新品。

（6）制造、贸易产品定价、市场投资。

（7）制造、贸易税种登记、一般纳税人认定。

（8）税务局税种、一般纳税人审批。

（9）银行贷款业务。

（10）招投标流程、投标文件熟悉。

（11）媒体公司日常报道、采访、摄像。

4. 企业第二季度经营期

（1）上期业务完成处理。

（2）制造企业招聘人员。

（3）制造企业投入生产、研发新品。

（4）制造企业、贸易业务洽谈。

（5）制造企业、贸易抢购订单。

（6）制造企业、贸易订单物流交付。

（7）市场监管局证照检查、罚款。

（8）企业做财务账。

（9）银行贷款业务。

（10）物流货物运输、仓库货物管理。

（11）企业招投标。

5. 企业第三季度经营期

（1）上期业务完成处理。

（2）第三季度纳税申报。

（3）制造企业投入生产、研发新品。

（4）制造企业、贸易业务洽谈。

（5）制造企业、贸易抢购订单。

(6) 制造企业、贸易订单物流交付。
(7) 银行贷款业务。
(8) 企业 Logo 评选。
6. 企业第四季度经营期
(1) 上期业务完成处理。
(2) 第四季度纳税申报。
(3) 制造企业投入生产、研发新品。
(4) 制造企业、贸易业务洽谈。
(5) 制造企业、贸易抢购订单。
(6) 制造企业、贸易订单物流交付。
(7) 银行贷款业务及贷款归还。
(8) 企业年检。
(9) 企业审计。
(10) 企业招投标。
7. 企业第五季度经营期
(1) 上期业务完成处理。
(2) 制造企业招聘人员。
(3) 制造企业投入生产、研发新品。
(4) 制造企业、贸易业务洽谈。
(5) 制造企业、贸易抢购订单。
(6) 制造企业、贸易订单物流交付。
(7) 工商局证照检查、罚款。
(8) 为企业做财务账。
(9) 银行贷款业务。
(10) 物流货物运输、仓库货物管理。
8. 企业第六季度经营期
(1) 上期业务完成处理。
(2) 第六季度纳税申报。
(3) 制造企业投入生产、研发新品。
(4) 制造企业、贸易业务洽谈。
(5) 制造企业、贸易抢购订单。
(6) 制造企业、贸易订单物流交付。
(7) 银行贷款业务。
9. 总结
(1) 上期业务完成处理。
(2) 机构总结撰写。
10. 第二轮岗期
(1) 确定新岗位。
(2) 入驻新岗位。

（3）企业文化建设。
（4）宣传展板制作。
（5）公司规章制度、部门工作制度。
（6）公司名称、公司理念、公司 Logo。
（7）提交第一轮总结报告。
（8）经营第一、二、三、四、五、六季度。
（9）撰写第二轮报告。
（10）实验总结大会。
注意：若班级和人数不多，第一轮也可作为试运营期。

二、实训课表安排

在实训过程中，为逼真地模拟企业现实运营，强化学生的体验效果，要求连续安排相应实验教学内容，下面以集中排课一周为例，介绍实训课表的内容设计，具体如表 1－1 所示。

表 1－1　跨专业虚拟仿真综合实训课表教学内容安排表（一周）

	星期一	星期二	星期三	星期四	星期五	备注
第一周	课程导入	企业第一、二季度经营	企业第五、六季度经营	企业文化建设及注册	企业第四、五、六季度经营	每类企业的数量、人数，可根据选课人数来安排
	企业注册	企业第三、四季度经营	第一轮总结及第二轮新岗位安排	企业第一、二、三季度经营	第二轮报告实验总结大会	

三、综合实训实习内容总览

（一）生产企业实训内容

生产企业实训内容，如表 1－2 所示。

表 1－2　生产企业实训内容

序号	实习内容	推荐课时	实习类别	实习类型
1	工商注册	1 课时	流程岗位作业	必做
2	商标注册	0.5 课时	流程岗位作业	必做
3	税务登记	1 课时	流程岗位作业	必做
4	发票领购	0.5 课时	流程岗位作业	必做
5	银行开户	1.5 课时	流程岗位作业	必做
6	银行贷款	2 课时	流程岗位作业	必做
7	审计验资	1.5 课时	流程岗位作业	必做
8	组织架构管理	1 课时	现场任务类	选做
9	制定部门规章制度及岗位责任制度	1.5 课时	现场任务类	选做
10	产成品需求分析	1 课时	经济仿真类	选做
11	业务预算	1 课时	经济仿真类	选做

续表

序号	实习内容	推荐课时	实习类别	实习类型
12	制定商业计划	2 课时	现场任务类	选做
13	厂区建设	1 课时 × 季度数	流程岗位作业	必做
14	厂区扩建	1 课时	流程岗位作业	必做
15	库房建设	1 课时	流程岗位作业	必做
16	生产线建设	1 课时	流程岗位作业	必做
17	原材料采购	1 课时 × 季度数	流程岗位作业	必做
18	新产品研发	1 课时	流程岗位作业	必做
19	资质认证	1 课时	流程岗位作业	必做
20	开拓市场	1 课时 × 季度数	流程岗位作业	必做
21	市场投资	1 课时	流程岗位作业	必做
22	销售竞单	1 课时 × 季度数	竞争类	必做
23	人员招聘及生产配备	0.5 课时	流程岗位作业	必做
24	库存管理	1 课时	流程岗位作业	必做
25	投标竞标	2 课时 × 季度数	竞争类	必做
26	国内订单交付	2 课时 × 季度数	流程岗位作业	必做
27	国际订单交付	2 课时 × 季度数	流程岗位作业	必做
28	货物交易	1 课时	流程岗位作业	必做
29	财务决算	2 课时 × 季度数	流程岗位作业	必做
30	经营结果分析	课时 × 季度数	现场任务类	选做
31	工商年检	1 课时 × 季度数	流程岗位作业	必做
32	纳税申报	1 课时 × 季度数	流程岗位作业	必做
33	述职报告	1 课时 × 季度数	现场任务类	选做

（二）市场监管局实训内容

市场监管局实训内容，如表 1－3 所示。

表 1－3　　市场监管局实训内容

序号	实习内容	推荐课时	实习类别	实习类型
1	工商管理部门团队构建和组织结构设计	1 课时	现场任务类	选做
2	制定工商行政部门的工作制度	1 课时	现场任务类	选做
3	企业名称预先核准	1 课时	流程岗位作业	必做
4	企业设立登记	1 课时	流程岗位作业	必做
5	商标注册	1 课时	流程岗位作业	必做
6	企业年检	1 课时	流程岗位作业	必做
7	企业分公司设立登记	1 课时	流程岗位作业	必做
8	分支机构年检	1 课时	流程岗位作业	选做
9	企业监督投诉以及工商罚款	1 课时	流程岗位作业	选做
10	企业变更	1 课时	流程岗位作业	选做
11	企业注销	1 课时	流程岗位作业	选做
12	工商行政管理部门工作情况与总结	1 课时	现场任务类	选做

（三）税务局实训内容

税务局实训内容，如表 1－4 所示。

表 1－4　税务局实训内容

序号	实习内容	推荐课时	实习类别	实习类型
1	税务局团队构建和组织结构设计	1 课时	现场任务类	选做
2	制定税务局的工作制度	1 课时	现场任务类	选做
3	税务登记	1 课时	流程岗位作业	必做
4	发票领购与缴销	1 课时	流程岗位作业	必做
5	纳税征收方式申请	1 课时	流程岗位作业	必做
6	减免税审批	1 课时	流程岗位作业	必做
7	延期纳税申请	1 课时	流程岗位作业	必做
8	税务检查	1 课时	流程岗位作业	必做
9	增值税申报	1 课时	流程岗位作业	必做
10	消费税申报	1 课时	流程岗位作业	必做
11	营业税申报	1 课时	流程岗位作业	必做
12	企业所得税申报	1 课时	流程岗位作业	必做
13	填写缴款书	0. 5 课时	流程岗位作业	必做
14	企业营业检查	1 课时	流程岗位作业	必做
15	税务的变更、注销、停业	1 课时	流程岗位作业	必做
16	税务局工作情况与总结	1 课时	现场任务类	选做

（四）银行实训内容

银行实训内容，如表 1－5 所示。

表 1－5　银行实习内容

序号	实习内容	推荐课时	实习类别	实习类型
1	银行团队构建和组织结构设计	1 课时	现场任务类	选做
2	制定银行的工作制度	1 课时	现场任务类	选做
3	银行开户	1 课时	流程岗位作业	必做
4	资金往来	1 课时	流程岗位作业	必做
5	贷款调查报告	0. 5 课时	流程岗位作业	必做
6	抵押合同	0. 5 课时	流程岗位作业	必做
7	贷款合同	0. 5 课时	流程岗位作业	必做
8	贷款发放	0. 2 课时	流程岗位作业	必做
9	国际结算	1 课时	流程岗位作业	必做
10	询证函管理与转账	1 课时	流程岗位作业	必做
11	银行工作情况与总结	1 课时	现场任务类	选做

（五）会计师事务所实训内容

会计师事务所实训内容，如表1-6所示。

表1-6　会计师事务所实训内容

序号	实习内容	推荐课时	实习类别	实习类型
1	会计师事务所公司成立	1课时	流程作业类	必做
2	会计师事务所构建和组织结构设计	1课时	现场任务类	选做
3	制定会计师事务所的工作制度	1课时	现场任务类	选做
4	验资业务约定书签订	0.5课时	流程岗位作业	必做
5	银行询证函查看并备验资底稿	1.5课时	流程岗位作业	必做
6	验资报告	0.2课时	流程岗位作业	必做
7	审计小组人员管理	0.2课时	流程岗位作业	必做
8	审计立项	0.2课时	流程岗位作业	必做
9	审计约定书	0.2课时	流程岗位作业	必做
10	年度审计计划	0.2课时	流程岗位作业	必做
11	审计底稿	1课时	流程岗位作业	必做
12	审计报告	1课时	流程岗位作业	必做
13	财务报表	1课时	流程岗位作业	必做
14	总结	1课时	现场任务类	选做

（六）物流中心实训内容

物流中心实训内容，如表1-7所示。

表1-7　物流中心实训内容

序号	实习内容	推荐课时	实习类别	实习类型
1	物流中心公司成立	1课时	流程作业类	必做
2	物流中心构建和组织结构设计	1课时	现场任务类	选做
3	制定物流中心的工作制度	1课时	现场任务类	选做
4	物流合同签订和查看订单信息	0.5课时	流程岗位作业	必做
5	集货调度	0.5课时	流程岗位作业	必做
6	货物入库	0.5课时	流程岗位作业	必做
7	货物出库	0.5课时	流程岗位作业	必做
8	盘点库存	0.5课时	流程岗位作业	必做
9	运输路单	0.5课时	流程岗位作业	必做
10	货物签收	1课时	流程岗位作业	必做
11	费用结算	0.5课时	流程岗位作业	必做
12	成本核销	1课时	流程岗位作业	必做
13	利润表	1课时	流程岗位作业	必做
14	物流中心工作情况与总结	1课时	现场任务类	选做

（七）国际货代实训内容

国际货代实训内容，如表1－8所示。

表1－8　　国际货代实训内容

序号	实习内容	推荐课时	实习类别	实习类型
1	国际货代公司成立	1课时	流程作业类	必做
2	国际货代公司构建和组织结构设计	1课时	现场任务类	选做
3	制定国际货代公司的工作制度	1课时	现场任务类	选做
4	运价船期	1课时	现场任务类	选做
5	货代协议签订	0.3课时	流程岗位作业	必做
6	托运	0.5课时	流程岗位作业	必做
7	报关	0.5课时	流程岗位作业	必做
8	报检	0.5课时	流程岗位作业	必做
9	投保	0.5课时	流程岗位作业	必做
10	运输	0.2课时	流程岗位作业	必做
11	国际货代工作情况与总结	1课时	现场任务类	选做

（八）招投标中心实训内容

招投标中心实训内容，如表1－9所示。

表1－9　　招投标中心实训内容

序号	实习内容	推荐课时	实习类别	实习类型
1	招投标中心组织建设	0.5课时	现场任务类	选做
2	接受招标委托	0.5课时	流程作业类	必做
3	编制招标文件	1课时	现场任务类	必做
4	发布招标公告	0.2课时	流程岗位作业	必做
5	出售招标文件	0.8课时	流程岗位作业	必做
6	组织评标委员会	0.5课时	现场任务类	必做
7	提交投标保证金	0.5课时	流程岗位作业	选做
8	接受投标人投标	1课时	流程岗位作业	必做
9	开标	0.2课时	流程作业类+现场任务类	必做
10	询标、评标	0.8课时	现场任务类	必做
11	定标	0.2课时	现场任务类	必做
12	发送中标通知、中标公告	0.3课时	流程作业类+现场任务类	必做
13	组织中标人与采购单位签约	0.3课时	流程作业类+现场任务类	必做
14	支付服务费	0.2课时	流程作业类+现场任务类	必做

（九）招标委托方实训内容

招标委托方实训内容，如表 1 – 10 所示。

表 1 – 10　　招标委托方实训内容

序号	实习内容	推荐课时	实习类别	实习类型
1	招标委托组织建设	0.5 课时	现场任务类	选做
2	招标采购申请	0.3 课时	流程作业类	必做
3	办理招标委托	0.7 课时	流程岗位作业	必做
4	参与投标企业评定	1.2 课时	现场任务类	必做
5	签订中标合同	0.3 课时	现场任务类	必做

注：经济仿真类是指对软件平台提供的相关数据进行分析整理的实训项目。现场任务类是指组织现场的实训活动，未有软件平台支撑的实训项目。流程作业类是指有软件平台支撑，在软件中按业务流程操作的实训项目。竞争类是多方进行竞争性质的实训项目。

第三节　跨专业虚拟仿真综合实训课程考核要求及评价方法

一、课程考核要求

1. 课程成绩 = 课堂出勤 ×10% + 经营绩效成果 ×40% + 课堂表现 ×20% + 实训书面报告 ×30%

2. 实训报告的内容可据以下任选其一

（1）以实训公司为对象，运用所学理论，分析企业在人力资源、产品质量、生产现场、财务、营销、信息等任一方面的管理；对其改革进行评价，并提出建议；目的是用所学的理论知识联系实际分析问题、解决实际问题，掌握各种操作程序及技能，可参考附录二。

（2）阅读并分析实训企业经营情况表，计算该企业主营业务利润、营业利润、利润总额、净利润，并计算该企业盈利水平。

（3）其他涉及企业的生产、经营、管理等方面的问题。

3. 实训报告要求

要根据实训情况，理论联系实际，每人撰写一篇实训报告，题目自拟，具体要求如下：

（1）报告要切合实际，不允许凭空想象。

（2）论点要明确，论据要充分、详实。

（3）报告要逻辑连贯、层次分明、有理有据、层层深入、前后衔接紧密，浑然一体。

（4）说理透彻，言简意赅，避免啰嗦、过于简洁或隐晦。

（5）要求文字量不得少于 2500 字。

（6）报告格式要求：

①版面要求：实训报告的一级标题采用四号黑体，宋体字，居中；实训报告正文统一采用五号宋体，行间距为固定值 1.5 倍，字间距为默认值，各段段前段后不留空行，即段落设置为段前 0 行，段后 0 行。

②实训报告严禁抄袭，否则实训作不及格处理；实训报告内容如存在 2 人以上雷同现象，不管主动与被动，一律做不及格处理。

③注意实训报告版面的工整，这是评定实训报告成绩的重要指标。

4. 学生实训中的注意事项

（1）遵守实训中的各项规章制度，遵守纪律，注意安全和保密制度。

（2）尊重实训中的指导教师，虚心向有关人员请教、学习，注意人际关系。

（3）按质、按量、按期完成实训报告，要认真主动，独立思考，刻苦钻研，要有独立的见解，不应简单抄袭资料。

（4）无故缺勤，不听从指导，傲慢自大，态度不认真者，指导教师有权停止其实训，成绩按不及格论处。

（5）按时完成实训报告既实训总结。

二、评价方法

实训指导教师可根据学生课堂出勤、课堂表现、经营绩效成果及上交实训报告是否能够反映实训中所学的知识，内容是否准确恰当，叙述是否有条理，书面是否整洁、实训总结是否认真等方面综合评定实习成绩，按优秀、良好、中、及格和不及格五级制评定。

第二章

跨专业虚拟仿真综合实训课程实训任务授课流程

第一节　跨专业虚拟仿真综合实训课程实训任务授课流程

跨专业虚拟仿真综合实训课程实训任务流程如图 2－1 所示，其实训任务授课内容可概述为：

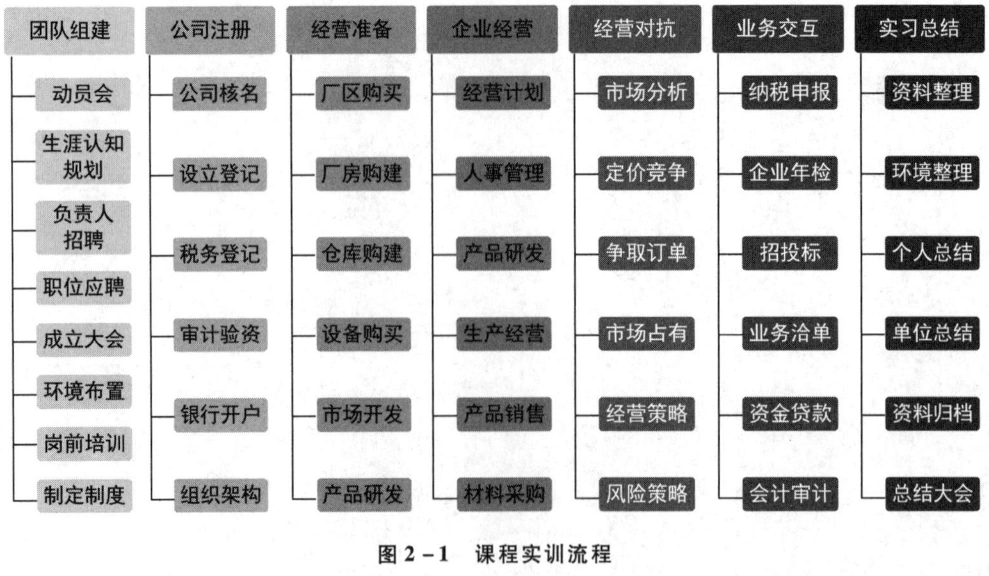

图 2－1　课程实训流程

一、课程准备与导入

企业运营的初步准备工作主要包括如下内容：

1. 加强纪律和思想教育

在实训过程中，教师一定要严格要求学生必遵循学院及实验中心的相关制度，学生必须全程参与整个实训课程，实行公司考勤制度，每位学生需按时上下班。上班必须戴工作牌，制定安全卫生值日规范，搞好实验室的环境及门窗电脑设备的安全。同时在实训过程中，要以学生为主，教师为辅，每个机构履行相应的责任和义务，在可控范围内，学生可充分享有自主权，以不同的方式完成任务。在运营过程中，要引导学生在职责分工中，勇于担当，遵守规则，成员间应团结进取，友爱互助。

2. 学生自由分组

每一个实训小组由4~6个实力相当的学生自由组建，学生将以小组为单位建立模拟公司，组建管理团队，参与模拟竞争。

3. 组建管理团队

小组要根据每个成员的不同特点进行基本的分工，选举产生模拟企业的第一届总经理，确立组织原则和决策模式，注册公司名称。

4. 学习运营规则

虚拟仿真跨专业综合实训为模拟企业预先设置了外部经营环境体系和内部运营参数，这些内容以背景资料的形式向学生公布，总经理组织学生认真学习，并将学习中遇到的问题记录下来，由老师进行解答，学生可先在教学辅助平台："http://mc.sz.fytech.net:8181/index/"上自学。

5. 确立经营目标

当学生对模拟企业所处的宏观经济环境和所在行业特性基本了解之后，各个模拟公司就要依据自己对"市场"的理解，明确经营理念（一句口号），设计组织结构，进行职能分工并确立模拟经营的总体目标。

二、企业模拟注册

本节实训任务主要是各小组需要完成企业营业执照的办理、税务登记证办理、银行开户许可证办理等工作。通过本节任务训练，使各小组明白：

（1）公司设立人应当向其所在地工商行政管理机关提出申请，完成企业的设立，成为有机构组织的并且合法的企业。

（2）企业（包括企业在外地设立分支机构或从事生产、经营场所）；个体工商户；从事生产、经营的事业单位（以下统称从事生产、经营的纳税人），都要向生产、经营所在国家税务机关申报办理税务信息登记。

（3）开立银行基本账户是办理转账结算和现金收付的主办账户，该基本户是开设其他银行结算账户的前提，企业经营活动的日常资金收付以及工资、奖金和现金的支取均可通过该账户办理。

通过本节实训任务学习，各小组要懂得：

（1）在办理企业名称预先核准业务时的登记机关、设定依据、报送材料目录及说明、受理条件、办理流程、承办部门、办理岗位及权限、办理结果的形式等。

（2）企业要正确填写《纳税人税务信息补充表》《增值税一般纳税人资格登记表》上的内容并熟悉登记流程。

（3）税务局审核企业提交的《纳税人税务信息补充表》是否填写正确。

（4）银行根据账户管理制度及协议的要求，对企业开户申请书填写的事项和证明文件的真实性、完整性、合规性进行审查。银行应与企业签订银行结算账户管理协议，明确双方的权利与义务。

三、企业模拟经营

本节需要完成3年共12个季度的企业运营管理实训任务。通过本节任务训练，使各小组必须懂得如下管理技能：

（1）进行市场调研。各“公司”根据自己对未来市场预测发展情况的需要，进行市场调研。

（2）制定和调整战略。各公司本着长期利润最大化的原则，制定和调整企业战略，战略内容包括：公司战略（大战略框架），新产品开发战略，投资战略，新市场进入战略，竞争战略等。

（3）拟定经营计划。公司依据战略安排，作出本期经营决策，制定各项经营计划：融资计划、生产计划、厂房设备投资计划、采购计划、市场开发计划、市场营销方案等。

（4）根据经营计划配置内部资源。各公司依据生产经营计划，进行固定资产投资、原材料采购、销售渠道建设，为生产经营合理配置各项资源。

（5）进行市场竞争，订单交付。依据竞争规则和模拟公司制定的营销方案，进行公平的市场竞争，将生产的产品销售出去。

四、业绩分析

本节实训内容主要是对企业经营业绩的分析和评价。通过本节任务训练，要求学生必须掌握资产负债表等相关报表的计算，掌握财务指标的计算和分析方法，对企业经营绩效进行阶段性的分析和评价，以及不同企业间的横向对比，相同企业不同期间的纵向对比，掌握经营业绩评价方法。通过本节任务训练，要让学生理解经营业绩评价的重要性，如何利用经营业绩评价结果为决策服务，以及注重回馈社会，履行企业责任。

五、总结点评

本节实训内容主要是通过召开期末总结会议的形式来实现的。通过本节任务训练，要求各公司在盘点经营业绩之后，围绕经营结果召开期末总结会议，认真反思本期各个经营环节的管理工作和策略安排，以及团队协作和计划执行的情况。总结经验，吸取教训，改进管理，重在提高学生对市场竞争的把握和对企业系统运营的认识，树立市场、竞争、协作、效率与效益观念，增强对四项管理职能的理解和把握。期末总结之后，各小组总经理进行工作述职，以达到相互学习共同提高的培训目的。

在本节内容实训过程中，教师首先要引导学生认真总结，保持谦虚的态度，要认识到自己的不足，明确下一步努力的方向。其次要在汇总各公司期末经营业绩之后，教师要对各公司经营中的成败因素进行深入剖析，提出指导性的改进意见，并针对本期存在的共性问题，进行分析与讲解。最后，老师按照今后各专业逐层递进的课程安排，与后续专业方向课任课教师及其教学内容合理衔接，引领学生进行各层面重要知识内容的学习。

第二节　跨专业虚拟仿真综合实训各类机构的基本业务功能模块及流程

一、各类机构的基本业务功能模块及主要职责

（一）制造企业子系统

制造企业子系统是模拟企业经营过程的多人协同实训系统，它采用仿真技术建立模拟公司，仿真在现代服务业环境下企业同周边各类服务性机构的业务往来，让实训者扮演相关岗位上的员工进行业务决策和操作。系统所虚拟的企业包含厂区模块、生产模块（含研发模块）、采购模块、市场模块、企业管理模块（含人力资源模块和行政管理模块）、销售模块、财务管理模块与数据观测仓模块等8大模块，企业可根据业务情况设置相应的部门或岗位。各部门之间业务相互独立，可独立与市场监管局、税务局、商业银行、会计事务所、物流公司等相关机构开展业务往来。

制造企业子系统的业务功能模块主要有：

1. 厂区模块

（1）至少有6个国内市场，可根据实训课程逐级难度增加，对各个市场产品的订单进行动态调整，调整后观测舱实时响应。

（2）企业可根据经营规划完成厂区选址，厂房购买，产成品库购买，原材料库购买，另增设租赁模块，可租赁产成品库和原材料库。

2. 生产模块

企业根据实际经营计划制定生产、研发规划。

（1）生产线：企业可根据生产规划购买生产线，根据生产线的磨损情况、产能、工艺清单、人员利用率情况、技术水平等信息设置生产计划。实际操作功能包括开始生产、技术升级、管理维修、生产线转产、调入/调出人员、拆除、重置生产线状态、设置编号等功能。

（2）产品研发：企业可根据产品规划制定研发计划，并根据产品名称，研发状态，研发资金，研发成功率计算公式，研发能力完成产品研发。

3. 采购模块

企业可根据生产规划制定物料采购计划。

（1）物料采购：根据原材料、半成品、产成品采购价格，物料规格，交货周期、物料库存成本等完成采购任务。

（2）采购订单：企业可查看当前交易、历史交易的订单详情，包括物料类型、数量、价格、交货周期等信息。

（3）交易请求：企业间可针对某种物料的型号、数量及合同总额展开自由交易，销售方有权接受或拒绝其他企业发来的交易请求等。

（4）BOM 单：又称产品结构表。企业可通过 BOM 查看已研发产品工艺清单的技术水平、物料结构、所属产品型号。

4. 市场模块

企业根据销售计划，制定市场开拓、广告宣传、投资等活动。

（1）市场投资：提供至少 4 种广告投放方式，可通过个体投放或群体投放的方式对市场进行广告投放，开拓销售市场。

（2）市场情报：企业可根据市场开拓状态，查看市场需求状况，影响力状况、竞争对手状况、市场供应状况等信息。

5. 企业管理模块

企业根据整体经营规划制定组织机构、人员招聘计划、资质认证等企业管理相关工作。

（1）组织机构管理：企业根据部门、岗位、操作权限完成企业组织架构设置。

（2）人力资源：提供至少 4 种岗位人员信息，企业可依据各岗位人员需求、招聘费用、工资、管理能力、专业能力等完成招聘任务。

（3）资质认证：提供至少 2 种资质认证方式，企业可根据每种认证的资金、竞单加分和期限等完成资质认证。

（4）企业日常管理：企业根据日常经营计划完成工作日志、会议纪要、企业预算、学习报告的记录。

6. 销售模块

企业根据已开拓成功的市场开展销售竞单，在竞单过程中可查看每个市场订单信息、物料需求剩余数量、竞争情况、完成销售订单报价、合同签订、订单交付等业务。

7. 财务模块

根据企业日常经营情况完成预算规划、资金使用、融资贷款、纳税、审计等财务相关工作。

（1）资金监管：可完成对当前所有应收/应付账款的收取/支付。

（2）贷款：企业可根据资金状况向商业银行申请贷款，贷款合同中所涉及的金额、利率、期限可通过与银行协商完成。

（3）转账：企业日常经营活动中，可自助选择汇款方式、汇款账户、收款人、转账用途、收款银行卡号、汇款金额等向其他机构进行转账。

（4）企业经营管理：包括银行对账单查询、合同历史查询、操作记录查询、凭证查询、明细账查看；总账科目表编制、资产负债表编制、损益表编制等。

（5）企业现金管理，包括个人借款业务、个人还款业务、个人报销业务、现金记录查看等。

8. 数据观测仓模块

（1）可实时查看市场需求繁荣状况，市场需求预测，企业资金使用状况，企业资金收入状况，仓库容量剩余状况，仓库吞吐量剩余状况，生产线产量状况。

(2) 企业可在经营期内，随时查看企业账户详情，操作提示，当前经营阶段，市场开拓情况，产品研发情况，资质认证情况等信息。

制造企业子系统的经营业务模拟，主要是模拟生产、采购、销售、企管、市场、财务六个部门。各部门主管的主要职责如下：

总经理（CEO）模拟的主要职责：制定发展战略、竞争格局分析、经营指标确定、业务策略制定、全面预算管理、管理团队协同、企业绩效分析、业绩考评管理、管理授权与总结。

财务总监模拟的主要职责：日常财务记账和登账、纳税申报与税务筹划、提供财务报表、日常现金管理、企业融资策略制定、成本费用控制、资金调度与风险管理、财务制度与风险管理、财务分析与协助决策。

销售总监模拟的主要职责：市场调查分析、市场进入策略、品种发展策略、广告宣传策略、制订销售计划、争取订单与谈判、签订合同与过程控制、按时发货与应收款管理、销售绩效分析等。

生产总监模拟的主要职责：产品研发管理、管理体系认证、固定资产投资、编制生产计划、平衡生产能力、生产车间管理、产品质量保证、成品库存管理、与营销部协同。

采购总监模拟的主要职责：编制采购计划、供应商谈判、签订采购合同、仓储管理、采购支付抉择、与财务部协调、与生产部协同。

（二）市场监督管理局（原工商局）

市场监督管理局模拟的业务范围是：在仿真实训环境中主要负责对仿真市场中的制造、商贸、供应商、物流、会计师事务所、货代等企业注册成立以及对企业的年度检查进行管理，同时接受企业的监督投诉，其业务功能模块如下：

1. 企业登记

企业根据创立期的实际需求，完成企业注册登记、企业商标注册、企业名称变更申请、企业分公司登记、企业变更登记、企业注销登记、企业现金收据等行政信息。

2. 企业年检

企业根据运营年份完成企业年检、企业分支机构年检。

3. 投诉监督

企业在经营过程中，可对违反企业竞争行为进行举报登记、申诉登记、工商局可对其进行罚款等。

4. 查看企业信息

工商局行使监督权力，查看企业发票使用情况、财务报表情况、企业不良付款信息等，对违反相关法规的行为出具相关通知书。

5. 工作日志

用户可记录工作日志、会议纪要、企业预算、学习报告并生成操作日志。

6. 组织架构

企业根据部门、岗位、人员分工自由设定岗位职责。

7. 财务系统

市场监管局可以查看企业各类财务数据、包含凭证、报表参数、明细账、总账报表、资产负债表、损益表等，并可根据不同的财务科目生成不同的数据统计。

市场监督管理局局长模拟的主要职责：制定市场监督管理制度；制定市场监督管理局员工绩效考核方案；制定市场监督管理局的工作计划；监督企业用人制度；制定企业工资方案；做好企业季度销售大户的统计与奖励工作；做好市场监督管理局组织管理与工作总结。

市场监督管理局主管模拟的主要职责：为企业提供优质的注册登记服务；指导企业完成商标注册；受理解决企业间的申诉；监督企业规范完成工商年检；为企业提供季度市场开拓情报调研服务；做好市场总产量的季度统计与公示工作；做好市场监督管理局的日常工作总结。

（三）税务局

税务局模拟的业务范围是：是对企业进行税收的管理并对企业的缴税纳税情况进行监督管理，其业务功能模块如下：

1. 行政审批

（1）税务报到：企业根据国家相关政策规定，完成增值税一般纳税人资格登记、纳税人税务补充信息的报道补充。

（2）发票领购：企业根据经营阶段，与税务局协同完成领购发票，发票缴销记录登记工作。

（3）纳税征收方式审批：税务局制定税务征收申请审批流程，企业所得税征收方式鉴定、企业所得税年度核定鉴定工作，企业根据相关规定及自身需求完成企业审批。

（4）减免税审批：税务局制定减免税相关制度，企业根据相关规定及自身需求完成企业减免税的审批，并完成退税。

（5）延期纳税审批：税务局制定延期纳税相关制度，企业根据相关规定及自身需求完成企业延期纳税审批。

（6）税务检查：税务局制定税务检查规定，对完成行政处罚书、执行决议书、复议申请书、税务罚款等规定，对企业违反行为作出处罚。

2. 纳税申报

（1）国税：税务局根据企业认定的纳税资格，对增值税、企业所得税、消费税等税种进行检查审批，并按照纳税金额收取税金。

（2）报表签收：税务局根据企业提交的某经营阶段内的资产负债表、损益表进行签收，备案企业经营状况。

（3）不良信息查询：税务局在企业运营的某一阶段，可随时查看企业不良付款记录，并对此不良记录发放处理通知意见书或强制执行等反应。

3. 工作日志

（1）工作日志：用户可记录工作日志、会议纪要、企业预算、学习报告并生成操作日志。

（2）组织架构：企业根据部门、岗位、人员分工自由设定岗位职责。

（3）财务系统：税务局可以查看企业各类财务数据、包含凭证、报表参数、明细账、总账报表、资产负债表、损益表等，并可根据不同的财务科目生成不同的数据统计。

税务局局长模拟的主要职责：制定税务局管理制度；制定税务局工作人员的绩效考核方案；制订税务局的工作计划；为企业适时推出并宣传税收优惠政策；为企业做好季度生产大亨的统计、分析与奖励工作；为企业做好季度新品研发进度统计与公示；适时出台相关政策扶持企业科技进步；做好税务局的组织管理与工作总结。

税务局主管模拟的主要职责：为企业提供优质的纳税识别登记服务；做好季度增值税与年度所得税的纳税监督；为企业做好税务指导工作；完成按时准确地完成季度和年度的税款征收工作；对企业开展税务审查；为企业宣传、执行税收优惠政策；做好企业季度和年度的纳税先锋、纳税大户等奖项的评比；做好税务局日常工作总结。

（四）银行

根据《中华人民共和国商业银行法》的规定，中国商业银行可以经营下列业务：吸收公众存款，发放贷款；办理国内外结算、票据贴现、发行金融债券；代理发行、兑付、承销政府债券，买卖政府债券；从事同业拆借；买卖、代理买卖外汇；提供信用证服务及担保；代理收付款及代理保险业务等。在综合实验平台的金融服务区，我们也设立了商业银行子系统。

商业银行子系统是通过存款、贷款、汇兑、储蓄、商业信用认证等业务，为各企业提供银行服务，是重要金融机构之一，其业务功能模块如下：

1. 开户管理

商业银行根据相关规定办理企业临时账户、基本账户、一般账户的开户业务。

2. 现金业务

受理企业对相关机构的电子转账业务，并可实时查看企业资金情况及资金使用历史记录。

3. 贷款业务

商业银行可根据企业资金需求，开展贷款申请调查、质押合同、抵押合同、信用合同、人民币资金借贷合同的签订与审批，对贷款的额度、期限、利率进行制定，并可随时可查看贷款的相关情况。

4. 询证函

银行可对企业的资金使用情况，通过询证函的方式给予企业出具相关资金证明。

5. 信用证

银行支持企业货物在出口业务中使用信用证的方式进行资金结算。

6. 日常工作

（1）银行公告：银行可对仿真环境内的企业通过公告的形式公布银行相关业务信息；

（2）工作日志：用户可记录工作日志、会议纪要、企业预算、学习报告并生成操作日志。

（3）银行收款：商业银行在虚拟环境运营前，完成银行前期资金的领取。

7. 银行经营

（1）财务系统：银行可以查看企业各类财务数据、包含凭证、报表参数、明细账、总账报表、资产负债表、损益表等，并可根据不同的财务科目生成不同的数据统计。

（2）企业报表签收：银行根据企业提交的某经营阶段内的资产负债表、损益表进行签收，备案企业经营状况。

（3）组织架构：企业根据部门、岗位、人员分工自由设定岗位职责。

银行行长模拟的主要职责：制定发展战略；金融政策分析；经营指标确定；业务策略制定；管理制度制定；企业客户绩效分析；银行岗位业绩考评管理；商业银行管理授权与总结。

银行贷款专员模拟的主要职责：信贷调查、企业信用管理、贷款业务、资本充足率管理、信贷资产证券化管理；商业银行日常工作总结。

银行柜台专员模拟的主要职责：商业银行常规业务办理；转账结算；企业投资业务；企业理财业务；企业保险业务；做好商业银行日常工作总结。

（五）会计师事务所

会计师事务所子系统是通过审计、会计、咨询、税务等业务，为企业提供会计方面专业的业务咨询服务，帮助企业解决会计专业问题，其业务功能模块如下：

1. 事务所设立

（1）企业登记：企业根据企业注册相关法规与工商局进行业务往来，通过企业名称预先核准、设立登记申请、住所或营业场所使用证明、法人代表登记等审批，获得工商局发放的《营业执照正本》《营业执照副本》。

（2）税务报道：通过纳税人税务信息补充、资格认定完成企业在税务局的税务信息报道。

（3）银行开户：企业根据商业银行开户业务流程，完成在商业银行的开户业务，并获得《机构信用代码证》《银行开户许可证》。

2. 审计

负责办理企业财务审计的相关工作。可对审计部门、审计项目、审计业务约定书进行设计、并对企业运营状况以审计工作小结的形式出具审计报告。

3. 工作底稿

办理企业提交的财务报表，并根据企业实际运营状况进行核对，并留案备查。

4. 工作日志

用户可记录工作日志、会议纪要、企业预算、学习报告并生成操作日志。

5. 组织架构

企业根据部门、岗位、人员分工自由设定岗位职责。

6. 财务系统

会计事务所可以查看企业各类财务数据、包含凭证、报表参数、明细账、总账报表、资产负债表、损益表等，并可根据不同的财务科目生成不同的数据统计。

会计师事务所所长模拟的主要职责：制定会计师事务所的经营政策；与企业客户签署相关法律文书；主持研究事务所业务实施；制订员工培训计划；做好企业客户绩效分析；做好会计师事务所业绩考评管理；为企业做好季度净利润排名、总资产排名、获奖总次数等财务指标的统计工作、分析与奖励。

会计师事务所主管模拟的主要职责：与企业客户做好审计业务接洽；完成企业客户审计工作底稿；为企业客户做好财务咨询、代理记账、代理纳税、代发工资、代办投资、税收筹划等工作；做好会计师事务所的日常工作总结。

（六）物流企业

物流企业子系统是通过物料运输、仓库存储、产品配送等各项物流业务，由物流管理的代理企业（物流企业）为供应方和需求方提供专业物流服务，其业务功能模块如下：

1. 物流企业设立

（1）企业登记：企业根据企业注册相关法规与工商局进行业务往来，通过企业名称预先核准、设立登记申请、住所或营业场所使用证明、法人代表登记等审批，获得工商局发放的《营业执照正本》《营业执照副本》。

（2）税务报到：通过纳税人税务信息补充、资格认定完成企业在税务局的税务信息报到。

（3）银行开户：企业根据商业银行开户业务流程，完成在商业银行的开户业务，并获得《机构信用代码证》《银行开户许可证》。

2. 合同管理

物流公司根据企业的货物运输需求，通过签订国内货物运输协议办理国内货物运输，并对运输订单进行处理，完成运输业务。

3. 仓储业务

物流公司在办理企业货物运输业务过程中，处理签收的货物入库、出库、货物盘点等工作。

4. 运输业务

物流公司在办理企业货物运输业务过程中，处理货物运输过程中的运单、核销单、费用结算、路单、签收单、成本等工作。

5. 银行账户查询

在企业运营过程中，通过银行账户查询企业资金状况。

6. 工作日志

用户可记录工作日志、会议纪要、企业预算、学习报告并生成操作日志。

7. 组织架构

企业根据部门、岗位、人员分工自由设定岗位职责。

二、各类机构的基本业务流程

（一）各类机构的基本业务流程

各类机构的基本业务流程是描述综合实训中各类机构的基本业务处理过程中之间的关系，其基本业务流程如图 2－2 所示：

（二）综合实训模拟企业资金流业务流程

综合实训模拟企业资金业务流程如图 2－3 所示：

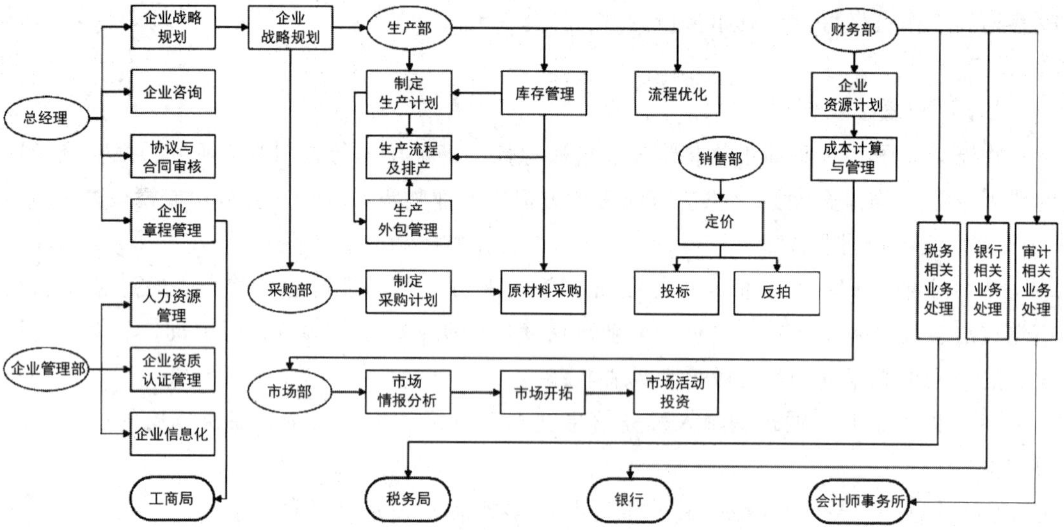

图 2－2　综合实习模拟企业业务流程

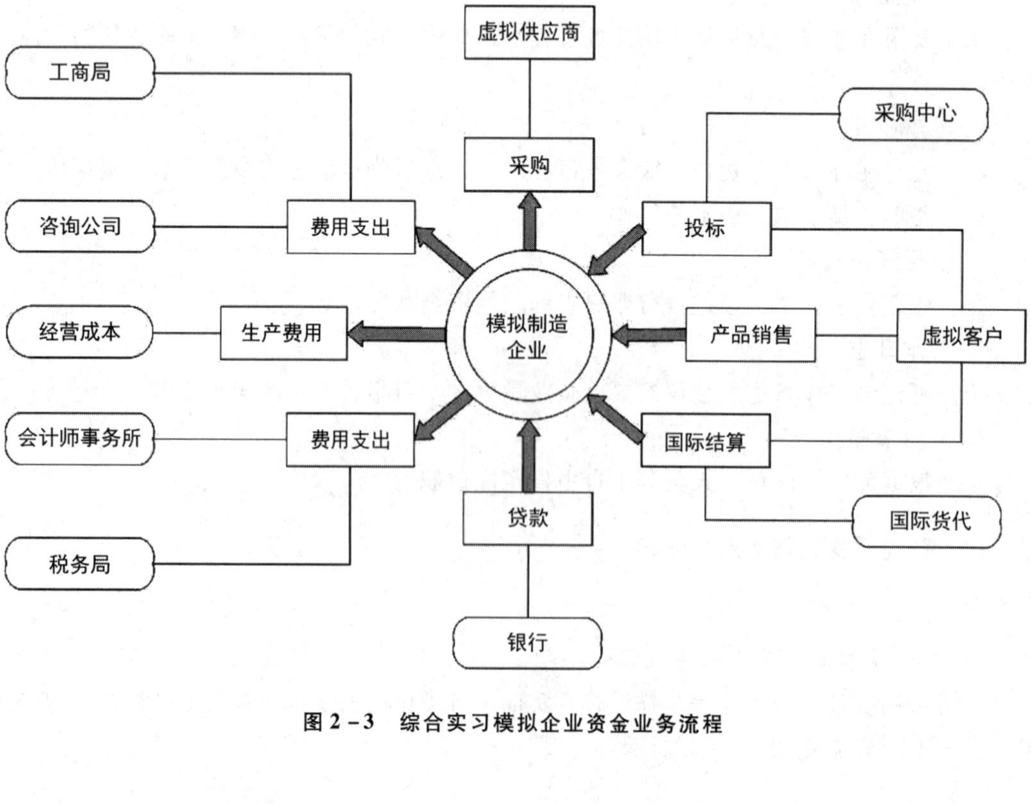

图 2－3　综合实习模拟企业资金业务流程

第三章

跨专业虚拟仿真综合实训软件企业注册

公司注册是由全体股东指定的代表或者共同委托的代理人向公司登记机关申请名称预先核准，凭名称预先核准通知书到银行开户，然后到会计师事务所进行验资，由会计师事务所出具验资报告后，带上全体股东指定代表或者共同委托代理人的证明、企业名称预先核准通知书、验资报告、股东会决议（选举法定代表人的决议）、股东身份证、公司章程、营业场所证明材料（房屋租赁协议）到市场监管局办理注册登记；然后到税务局办理税务登记证，到市场监管局办理机构代码证，到银行获取开户许可证。这一整个过程，用户注册使用说明可参考教学辅助平台：http：//mc. sz. fytech. net：8181/index/。

第一节　企业注册业务流程

公司注册的主要步骤为：工商注册；税务登记；银行开户；组织架构构建。

具体步骤如下：第一步，名称预先核准登记；

第二步，填写企业设立登记，并提交公司章程，法人代表登记、注册资本缴付情况、股东会议情况，单位投资者名录，住所营业场所使用证明等；

第三步，去税务窗口获取纳税人识别号和密码；

第四步，填写税务登记表，税务机关审核通过后，再填写纳税人税种登记表；

第五步，去银行窗口，填写一份开户申请，开户申请通过后，到银行部门完善自己的开户登记；

第六步，进行组织架构的安排。

第二节　企业工商注册

一、平台注册与登录

1. 点击注册按键（参见图 3－1），出现注册信息：

（1）正确的填写用户名邮箱、密码、姓名（参见图 3－2）。

（2）正确的输入教师给用户独有的注册码。

（3）点击提交之后自动登录。

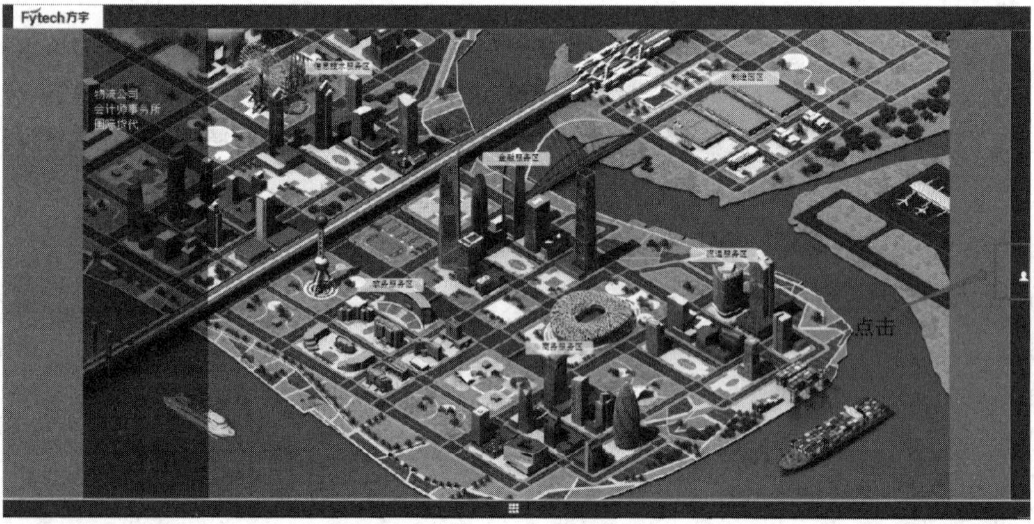

图 3－1　注册按键

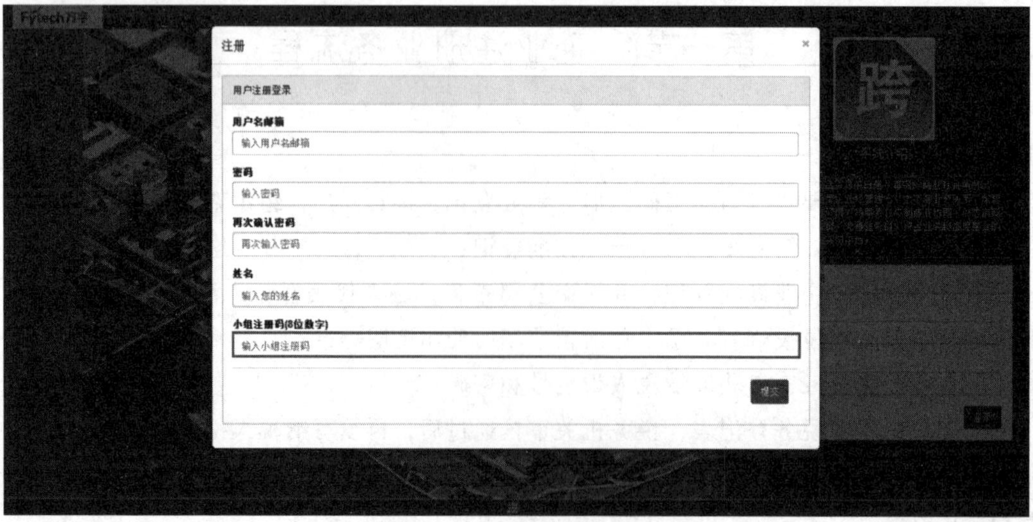

图 3－2　注册信息填写界面

2. 如果用户已经注册，直接输入用户、密码（参见图 3－3），点击登录即可。

图 3－3　注册用户界面

3. 系统中存在很多类型的企业：如图 3－4 所示园区：

图 3－4　各类企业界面

（1）制造园区（制造企业）；

（2）金融服务区（商业银行、会计事务所）；

（3）政务服务区（市场监管局、税务局）；

（4）流通服务区（国际货代、物流公司）。

4. 选择（3）模块，点击市场监管局，进入具体企业。

注意：点击具体企业的时候，系统会判断，如果点击的是本企业，则自动进入企业。如果不是归属企业，则进入这家企业的外围服务机构（相当于归属企业去这家企业办理业务）。

例如：如果账号绑定的企业是制造企业，就要跑到市场监管局去办理工商注册和年检业务。

二、制造公司设立

进入制造公司界面后（参见图 3－5），按照步骤进行企业工商注册。

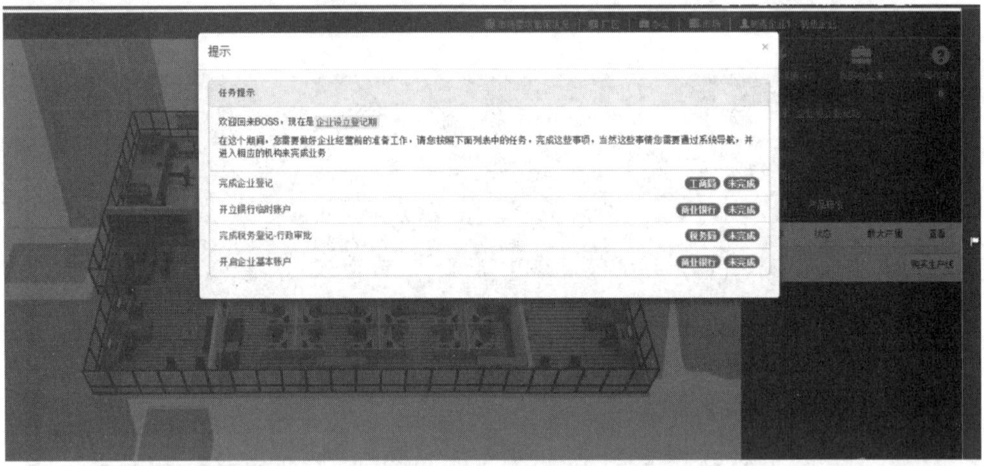

图 3-5　制造公司设立任务界面

1. 单击“企业注册”进入到任务界面，单击“企业登记”菜单，选择“名称预先核准托人代理申请书”选项（参见图 3-6 和图 3-7）。

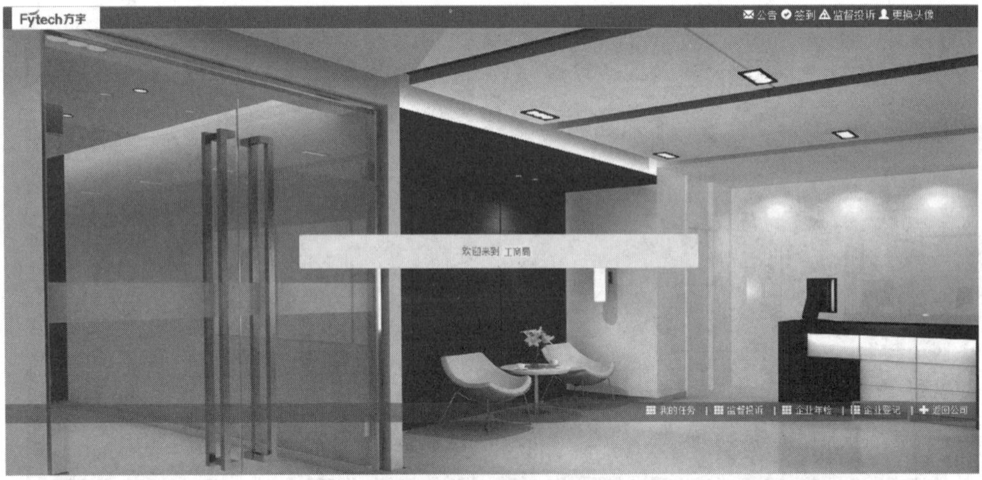

图 3-6　进入企业登记任务界面

图 3-7　企业登记任务界面

2. 在名称预先核准委托人代理申请书界面中，看到流程后，点击“新建”，填写名称预先核准委托人代理申请书（参见图 3－8 和图 3－9）。

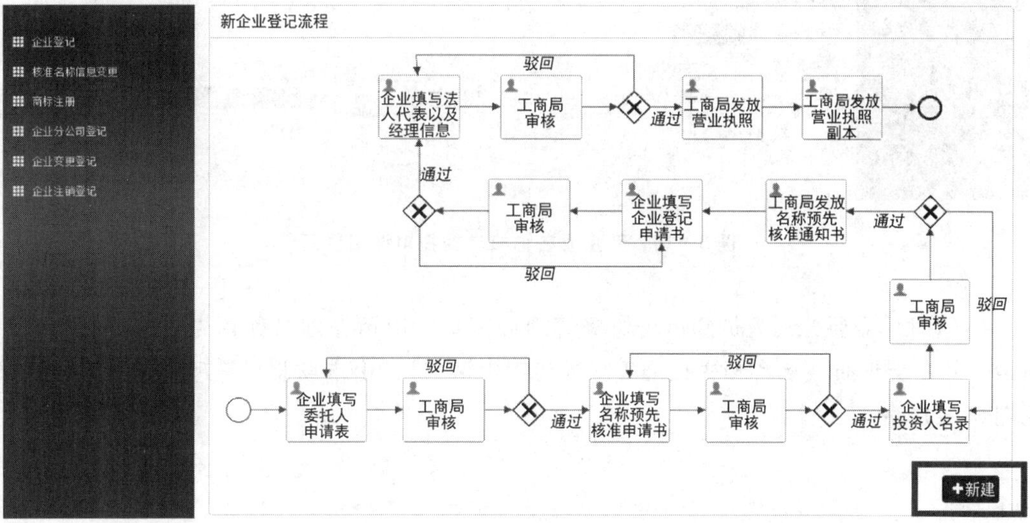

图 3－8　企业成立流程

名称预先核准委托书

本人 张三 ，接受投资人（合伙人）委托，现向登记机关申请名称预先核准，并郑重承诺：如实向登记机关提交有关材料，反映真实情况，并对申请材料实质内容的真实性负责。

委托人（投资人或合伙人之一）①　　申请人（被委托人）②

（签字或盖章）张三　　（签字）张三

申请人身份证明复印件粘贴处

（身份证明包括：中华人民共和国公民身份证（正反面）、护照（限外籍人士）、长期居留证明（限外籍人士）、港澳永久性居民身份证或特别行政区护照、台湾地区永久性居民身份证或护照、台胞证、军官退休证等）

联系电话：137165****9　邮政编码：100000

通信地址：北京市海淀区中关村大街***号

申请日期：**** 年　**** 月　**** 日

注：①委托人可以是本申请书第 3 页“投资人（合伙人）名录”表中载明的任一投资人（合伙人）。委托人是自然人的，由本人亲笔签字；委托人为非自然人的，加盖其公章；委托人为外方非自然人的，由其法定代表人签字。

②申请人（被受托人）是指受投资人委托到登记机关办理名称预先核准的自然人，也可以是投资人（合伙人）中的自然人，由后者亲自办理的，无需委托人签字。

图 3－9　《名称预先核准委托人代理申请书》样本

3. 提交后，再次点击“名称预先核准登记”，看到如下界面（参见图 3－10）。

图 3－10　新企业名称核准委托申请书界面

4. 这时，需要公司人员到市场监督管理局窗口，申请办理名称预先核准委托人代理申请，并提交纸质《名称预先核准委托人代理申请书》，由市场监督管理局予以审核（参见图 3－11）。

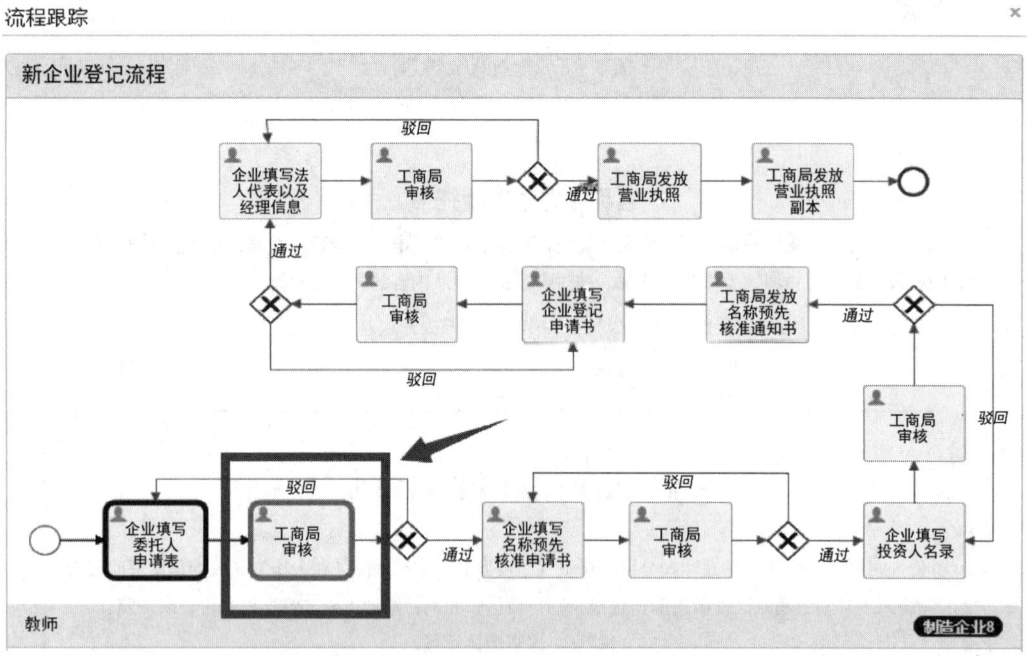

图 3－11　名称预先核准委托人代理申请审核流程

5. 如果，名称预先核准委托人代理申请被市场监督管理局驳回，企业将看到如下界面（参见图 3－12）。

6. 点击领取并处理，可重新填写并提交。

7. 派公司人员再次到市场监督管理局提出申请。

8. 如果名称预先核准委托人代理申请被市场监督管理局柜员准予通过，企业将看到如下界面（参见图 3－13）。

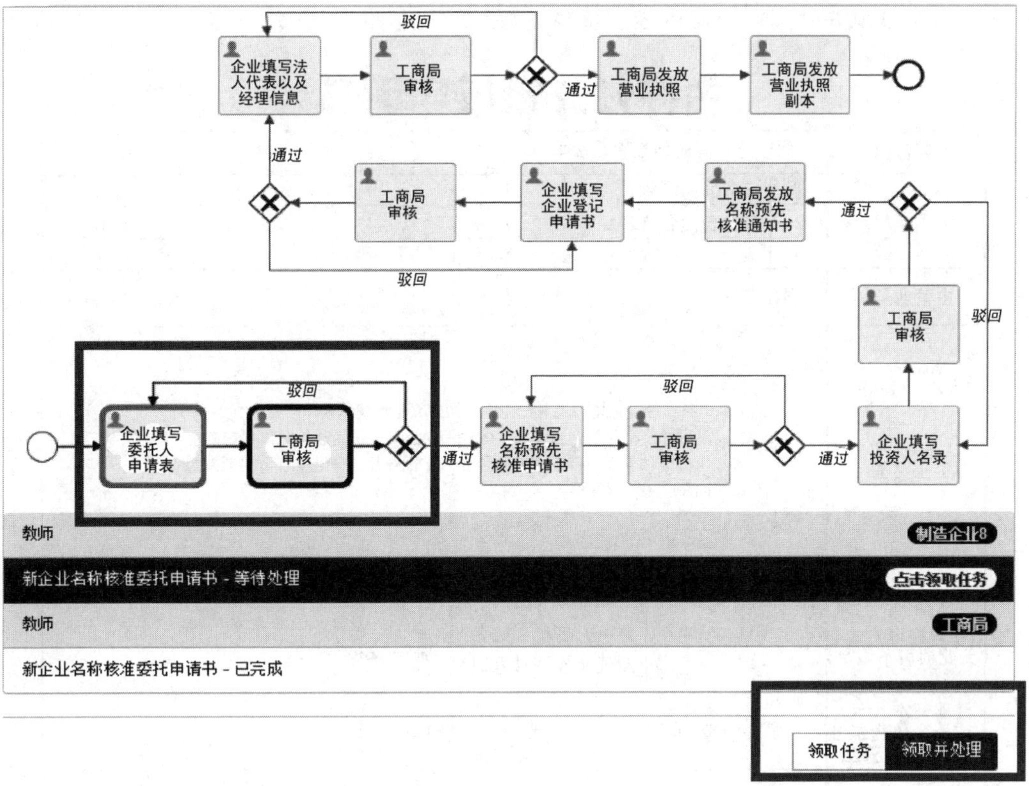

图 3－12　名称预先核准委托人代理申请被市场监督管理局驳回界面

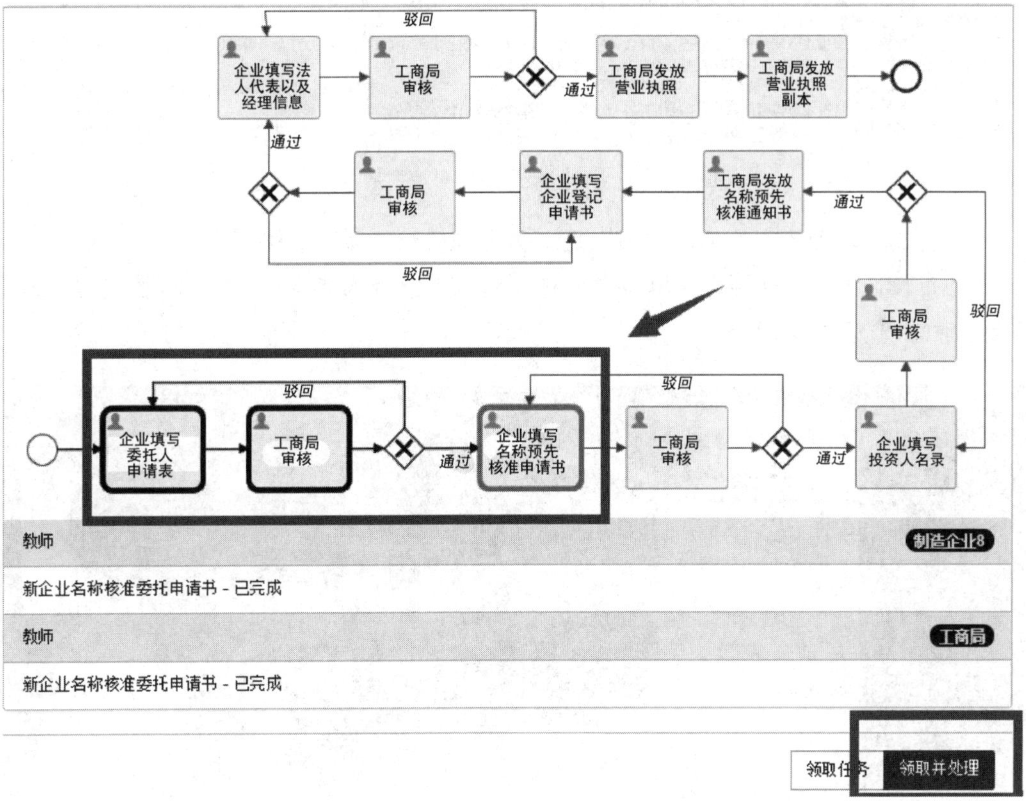

图 3－13　名称预先核准委托人代理申请被市场监督管理局准予通过界面

9. 点击领取并处理，企业可继续填写《名称预先核准申请书》（参见图 3－14）。

名称预先核准申请书

申请名称	北京方宇博业科技有限公司			
备选字号	1	备选公司名称1	4	
	2	备选公司名称2	5	
	3		6	
主营业务①	科技开发			
企业类型②	◎合资经营企业 ◎港澳台个体工商户 ◎股份有限公司 ◎合伙企业 ●有限责任公司 ◎股份合作 ◎个人独资企业 ◎外资企业 ◎集体所有制企业 ◎个体工商户 ◎合作经营企业 ◎农民专业合作组织 ◎全民所有制企业			
	□分支机构			
字号许可方式（无此项可不填写）		许可方名称（姓名）及证照或证件号码	张三 123456789	
注册资本（金）或资金数额或出资额（营运资全）	（小写）1000 万元（如为外币请注明币种）______			
备注说明				

注：①申请名称：行政区域+字号+行业特征+组织形式，例如：北京无敌科技有限公司，无敌就是其中的字号并且也是他的名字，备选字号就是需要多写几个名字，以免重复。

②“主营业务”是指企业所从事的主要经营项目。例如：信息咨询、科技开发等。企业名称中的行业用语表述应当与其“主营业务”一致。主营业务包括两项及以上的，以第一项主营业务确定行业用语。

③填写“企业类型”栏目时，请在相应选项对应的“口”内打“√”。“√”选“分支机构”类型的，请对其所从属企业的类型也进行“√”选。例如：北京华达贸易有限公司分公司的“企业类型”请选择有限责任公司和分支机构两种类型。

④本申请表中所称企业均包括个体工商户。

图 3－14 《名称预先核准申请书》样本

10. 提交《名称预先核准申请书》后，去市场监督管理局审核。

11. 审核通过后，回到企业填写《名称预先核准投资人名录》，并去市场监督管理局审核（参见图 3－15 和图 3－16）。

图 3－15 名称预先核准投资人名录界面

投资人（合伙人）名录①

序号	投资人（合伙人）② 名称或姓名	投资人（合伙人） 证照或身份证件号码	投资人③（合伙人）类型	拟投资额（出资额）（万元）	国别④（地区）或省市（县）
1	张三	123456789	企业法人	1000	中国
2					
3					
4					
5					
6					

注：①请您认真阅读《投资办照通用指南及风险提示》中有关投资人资格的说明，避免后期更换投资人给您带来不便。

②投资人（合伙人）名称或姓名应当与资格证明文件上的名称或身份证明文件的姓名一致，境外投资人（合伙人）名称或姓名应翻译成中文，填写准确无误。申请设立分支机构，请在“投资人（合伙人）名称或姓名”栏目中填写所隶属企业名称。

③“投资人（合伙人）类型”栏，填自然人、企业法人、事业法人，社团法人或其他经济组织。

④“国别（地区）或省市（县）”栏内，外资企业的投资人（合伙人）填写其所在国?e（地区），内资企业投资人（合伙人）填写证照核发机关所在省，市（县）。

⑤本页填写不下的可另复印填写。

一次性告知记录

您提交的文件、证件还需要进一步修改或补充，请您按照第________号一次性告知单中的提示部分准备相应文件，此外，还应提交下列文件：

被委托人：　　　　　　受理人：　　　　　　时间：

图 3－16　《名称预先核准投资人名录》样本

12. 市场监督管理局审核完成后，等待市场监督管理局发放《名称预先核准通知书》（参见图 3－17）。

图 3－17　设立登记申请书界面

13. 收到通知书后，回到企业填写《企业登记申请书》（参见图 3 - 18）。

内资公司设立登记申请书

公司名称：北京方宇博业科技有限公司

郑重承诺

本人 张三 拟任 北京方宇博业科技有限公司 （公司名称）的法定代表人，现向登记机关提出公司设立申请，并就如下内容郑重承诺：

1. 如实向登记机关提交有关材料，反映真实情况，并对申请材料实质内容的真实性负责。

2. 经营范围涉及照后审批事项的，在领取营业执照后，将及时到相关审批部门办理审批手续，在取得审批前不从事相关经营活动。需要开展未经登记的后置审批事项经营的，将在完成经营范围变更登记后，及时办理相应审批手续，未取得审批前不从事相关经营活动。

3. 本人不存在《公司法》第一百四十六条所规定的不得担任法定代表人的情形。

4. 本公司一经设立将自觉参加年度报告，依法主动公示信息，对报送和公示信息的真实性、及时性负责。

5. 本公司一经设立将依法纳税，自觉履行法定统计义务，严格遵守有关法律法规的规定，诚实守信经营。

法定代表人签字：张三

年 月 日

登记基本信息表

公司名称	北京方宇博业科技有限公司		
住所	北京 市 区（县） （门牌号）		
生产经营地	省（区、市） 市 县 （门牌号）		
法定代表人	张三	注册资本	1000 万元
公司类型			
经营范围			
经营期限	长期/20 年	申请副本数	1 份
股东（发起人）名称或姓名	张三		

注：①填写住所时请列详细地址，精确到门牌号或房间号，如“北京市××区××路（街）××号××室”。

②生产经营地用于核实税源，请如实填写详细地址：如不填写，视为与住所一致，发生变化的，由企业向税务主管机关申请变更。

③公司“法定代表人”指依据章程确定的董事长（执行董事或经理）。

④“注册资本”有限责任公司为在公司登记机关登记的全体股东认缴的出资额；发起设立的股份有限公司在公司登记机关登记的全体发起人认购的股本总额；募集设立的股份有限公司为在公司登记机关登记的实收股本总额。

图 3 - 18 《企业登记申请书》样表

14. 市场监督管理局审核通过后，回到企业填写《法人代表以及监理等信息表》，并到市场监督管理局审核（参见图 3 - 19 和图 3 - 20）。

图 3－19　法人代表以及监理等信息表界面

法定代表人、董事、经理、监事信息表

股东在本表的盖章或签字视为对下列人员职务的确认。如可另行提交下列人员的任职文件，则无需股东在本表盖章或签字。

姓名	现居所	职务信息			是否为法定代表人	法定代表人移动电话
		职务	任职期限	产生方式		
张三	北京	董事长	20	选举	√	******
全体股东盖章签字	张三					

注：①本页不够填的，可复印续填。

②“现居所”栏，中国公民填写户籍登记住址，非中国公民填写居住地址。

③“职务”指董事长（执行董事）、副董事长、董事、经理、监事会主席、监事。上市股份有限公司设置独立董事的应在“职务”栏内注明。

④“产生方式”按照章程规定填写，董事、监事一般应为“选举”或“委派”；经理一般应为“聘任”。

⑤担任公司法定代表人的人员，请在对应的“是否为法定代表人”栏内填“√”，其他人员勿填此栏。

⑥“全体股东盖章（签字）”处，股东为自然人的，由股东签字；股东为非自然人的，加盖股东单位公章。不能在此页盖章（签字）的，应另　行提交有关选举、聘用的证明文件。

核发营业执照情况

发照人员签字		发照日期	
领执照情况	本人领取了执照正本一份，副本____份。 签字：　　　　时间：		
备注			

一次性报告情况

您提交的文件、证件还需要进一步修改或补充，请您按照第____号一次性告知单中的提示部门准备相应文件，此外，还应提交下列文件：

被委托人：　　　　受理人：　　　　时间：

图 3－20　《法人代表以及监理等信息表》样表

15. 市场监督管理局审核通过后接收市场监督管理局发放的营业执照及副本，企业登记完成（参见图3－21）。

图3－21　企业登记完成界面

第三节　税务登记

1. 企业开始经营之前需要进行税务登记，在生产企业主界面的财务管理部，单击“税务登记”选项卡（参见图3－22），进入到税务局登录界面，单击“获取识别码”按钮，然后单击“查看密码”按钮，获得识别号和密码。

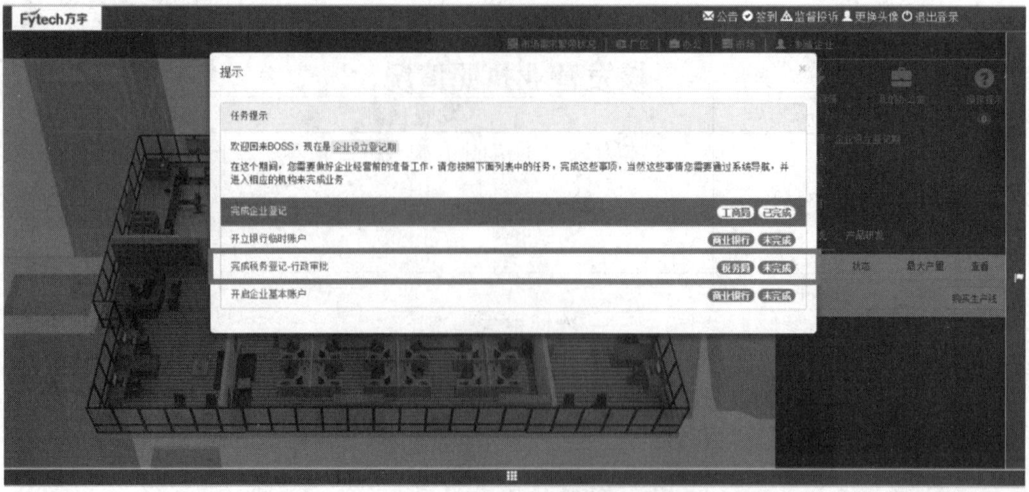

图3－22　税务局领取任务界面

2. 在登录界面输入识别号和密码，单击“登录”按钮，进入到税务局界面，选择“行政审批”菜单，在打开的界面中选择“税务登记”选项卡，进入税务登记界面（参见图 3－23）。

图 3－23　税务局税务登记界面

3. 去税务局完成企业税务信息补充登记后，才能进行企业临时账户开立。其流程为：(1) 点击税务报到——增值税一般纳税人资格登记；(2) 点击新建；(3) 填写《增值税一般纳税人资格登记表》；(4) 填写完毕提交并点击任务流程；(5) 查看流程，带纸质《增值税一般纳税人资格登记表》去税务局柜台办理；(6) 驳回就修改继续提交，通过则如下图 3－24 所示。

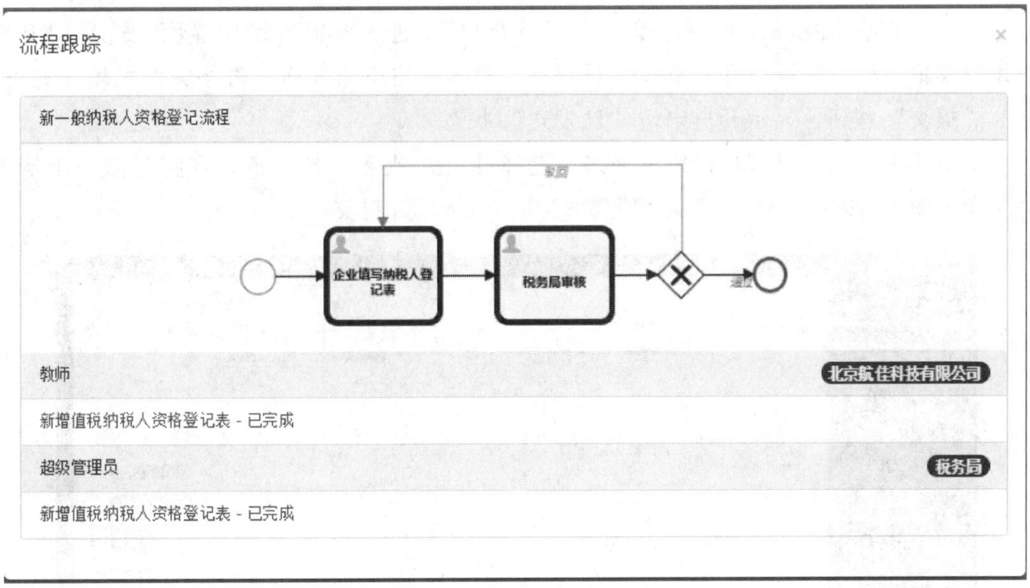

图 3－24　查看税务登记流程

4. 点击税务报到（参见图 3－25）——纳税人税务补充信息表，点击新建，填写《纳税人补充信息表》，填写完毕提交，查看流程跟踪，看是否通过。

图 3-25　税务报到界面

5. 税务登记机构的其他操作都和税务登记申请书的流程相同，即填写完内容后提交到税务局进行审核，审核通过，则此次业务结束。再次进入生产企业界面，如果系统信息提示税务登记状态为完成，则说明企业已经完成了税务登记业务。

第四节　银行开户

一、企业临时账号申请

1. 在生产企业业务主界面，单击“银行开户”，进入到银行操作界面。选择“开户业务”菜单，然后选择“开户申请”选项卡，进入开户申请界面。将相关信息填写完整，单击“提交”按钮，显示开户申请“已发送”状态。

2. 如果其提交的开户申请审核通过，选择“开户业务”选项卡，在临时账户申请界面（参见图 3-26），新建流程并填写临时开户申请单并提交。

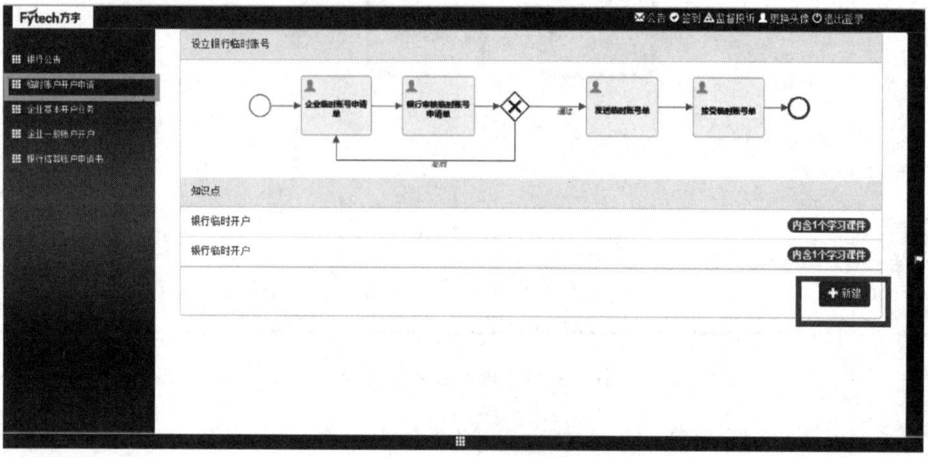

图 3-26　银行开户申请任务领取界面

3. 同时，公司人员携带《企业名称预先核准通知书》和《临时开户申请单》到银行柜台办理（参见图 3 – 27）。

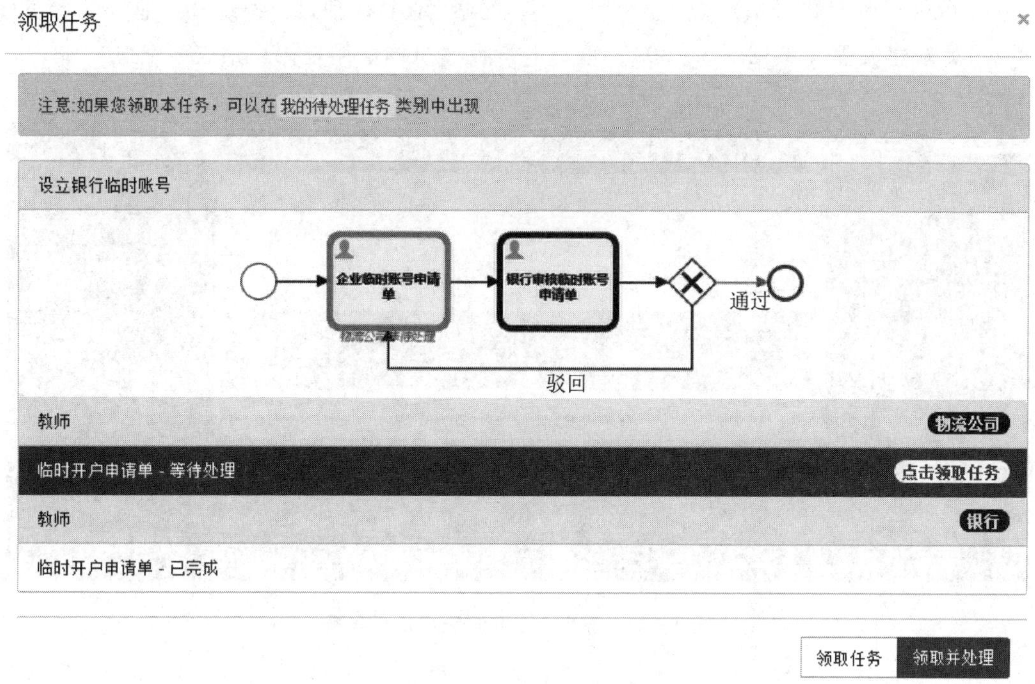

图 3 – 27　企业临时账号申请单任务领取界面

4. 如果临时开户申请单被银行驳回，企业需要再次点击开户申请，进行修改并提交。同时派公司员工再次到银行申请；如果银行审核通过，开户申请界面，点击流程跟踪将显示如图 3 – 28 所示。

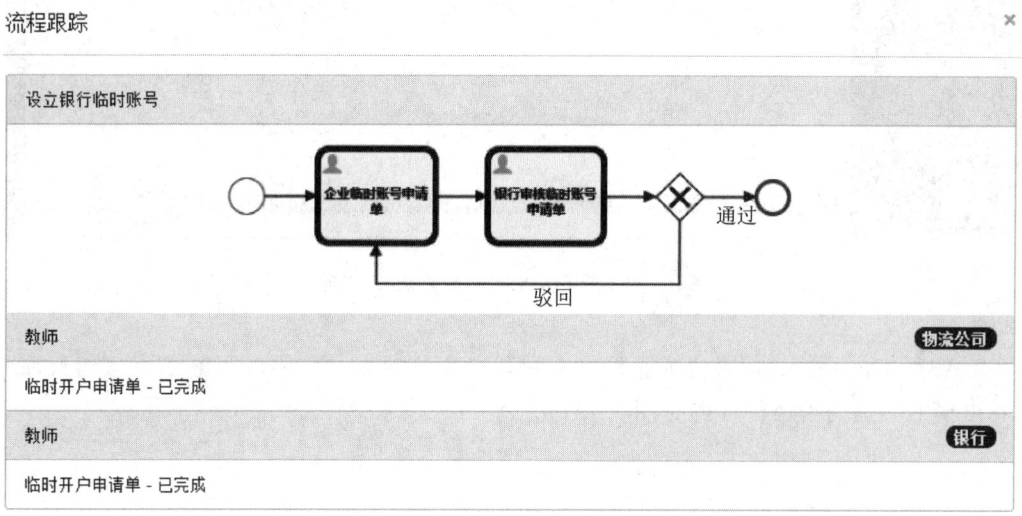

图 3 – 28　企业临时账号申请完成界面

5. 公司从银行领取《临时账号单》。

二、开启企业基本账户

1. 携带《临时账号单》《营业执照》《营业执照副本》到银行办理开户业务（参见图 3－29）。新建流程（参见图 3－30），填写电子版《机构信用代码申请表》。

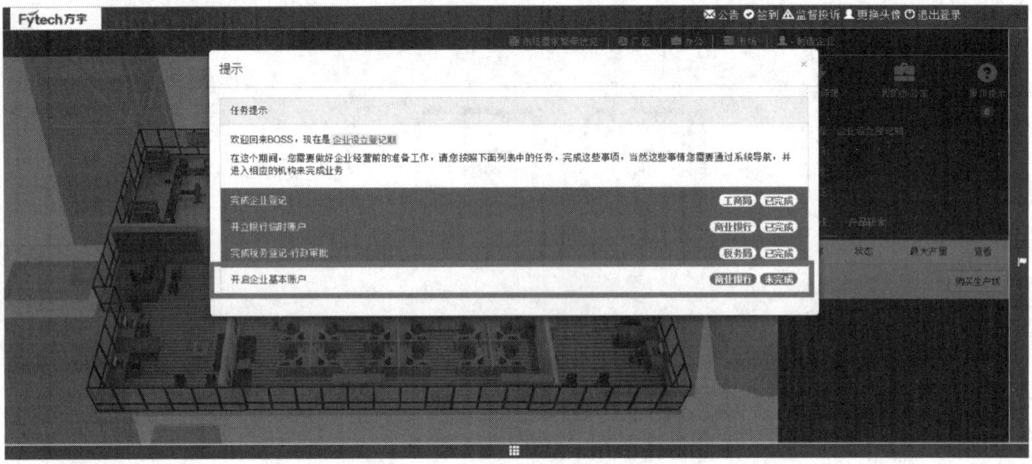

图 3－29 开启企业基本账户任务界面

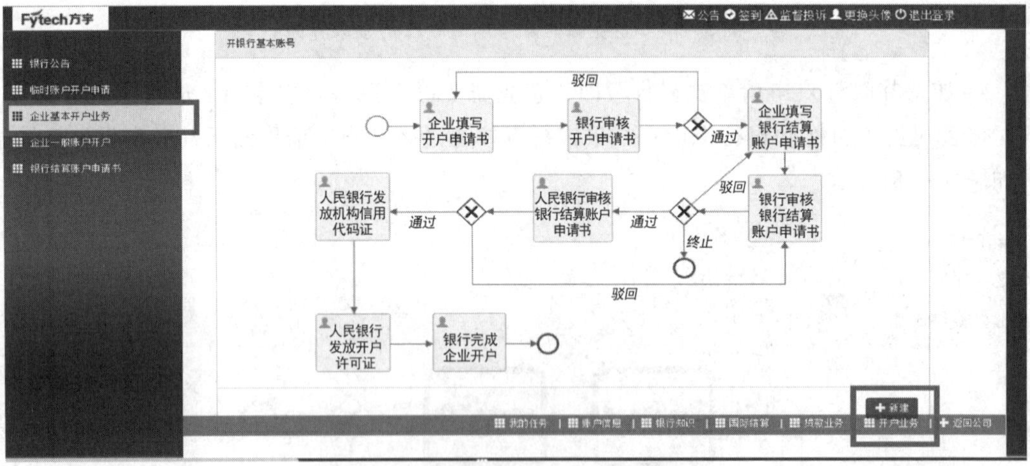

图 3－30 开启企业基本账户流程界面

2. 银行审核通过后，制造企业再次来到开户业务功能，需要填写电子版《银行账户结算申请书》提交给银行（参见图 3－31）。

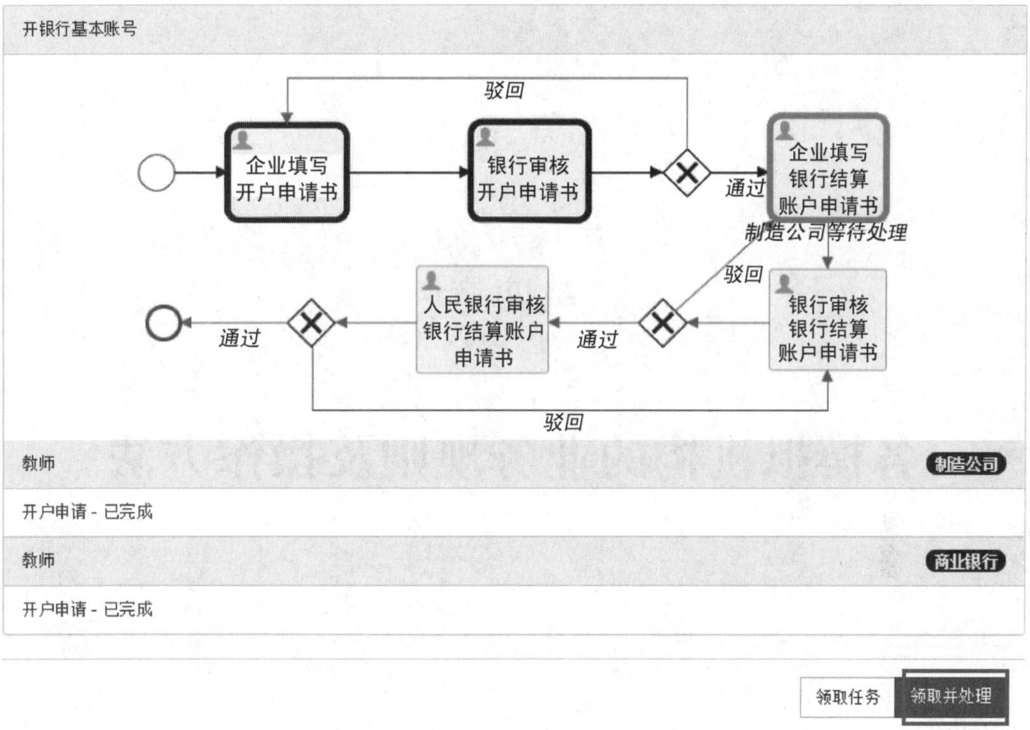

图 3－31　银行账户结算申请书任务领取界面

3. 银行审核完《开立单位银行结算账户申请书》开户业务办理完毕，公司可以领取《机构信用代码证》《开户许可证》，企业基本账户开立完成。所有业务完成后（参见图 3－32），企业可以进入企业经营期。

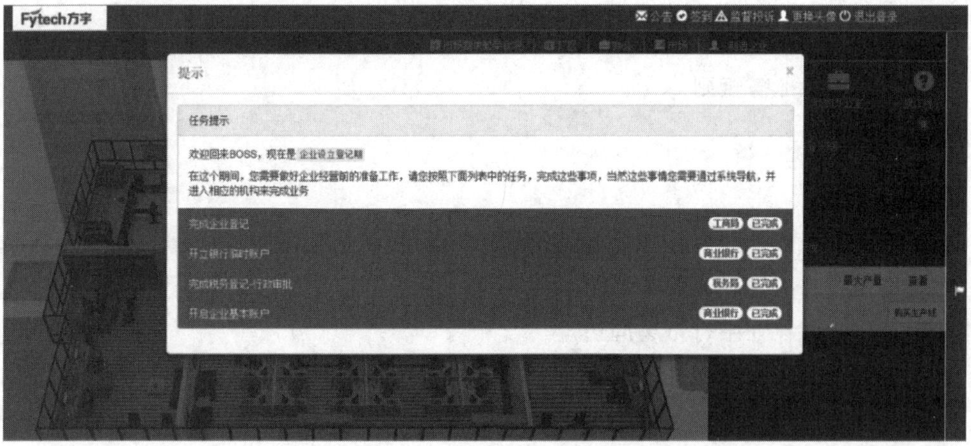

图 3－32　查看银行账户申请书任务清单

第四章

各模拟机构的业务规则及操作方法

第一节　制造（贸易）企业经营业务规则及操作方法

本节详细介绍软件平台上制造企业不同职能的业务规则，贸易公司与制造企业相比，除生产环节没有外，其他业务规则与制造企业一样，就不再另行说明。

一、厂区建设业务规则

（一）厂区选址

1. 业务规则

企业确定了经营计划后，即可开始筹建产区。在企业筹建中首先需要完成厂区选址，厂区地址的选择将决定企业的本地市场所在地，因此，需要紧密结合企业的营销战略，尽可能地将该厂区建设在主打市场周边。

系统为制造公司提供了六种不同的厂区选址区域，即北京、大连、沈阳、武汉、深圳、成都，每个区域内都有不同类型的大、小型厂房可供选择。两个国外厂区，亚洲和欧洲，国外市场不允许厂区建设。

系统中的厂区相当于土地，企业购置厂区后，在厂区内可以依需要分别建设产成品库、原材料库、厂房。在厂区决策中，企业竞争者需共同遵守如下规则：

（1）系统默认每个企业在整个经营过程中，只能购买一个厂区。

（2）购买厂区后，所有类型厂区系统默认一定大小面积，可以根据需要建设产成品库、原材料库、厂房。

（3）当企业在经营过程中要求增加各类建筑物数量时，需对厂区进行扩建，或用于建造产成品库，或用于建造原材料库或厂房。厂区每期都有一定的扩建的面积，每次扩建面积＝厂区现有面积/（已扩展次数＋1），每次扩建金额＝每次扩建面积×土地的价钱。

（4）厂区购买必须一次性付款。

（5）不同厂区的土地价格不同，不同类型的厂区，面积大小不同。

（6）厂区购买后，不需要支付开拓费用即可拥有本地市场资格，并在系统中将该市场标记为“本地市场”，并在竞单中具有永久市场加成30分。

厂区是企业组建的基础，可以在厂区内建设产成品库、原材料库和厂房。厂区容量的大小，将决定企业能够在自己厂区内建设多少个产成品库、原材料库和厂房。在系统初始阶段，所有类型的厂区的建筑容量分别为允许企业建造产成品库一座、原材料库一座、厂房一座。当企业在经营过程中根据实际需要增加各类建筑数量时，需要将厂区进行扩建，使其能够建造更多的产成品库、原材料库或厂房。厂区建设决策相关参数见表4－1：

表4－1　　厂区建设基本情况表

代表城市	类型	土地价格（元/平方米）	厂区面积（平方米）	每期最大可扩建面积（平方米）	最大可扩建次数	竞单加分
北京	小型	1000	1000	1000	3	30
	大型	1000	1200	1200	2	30
大连	小型	850	1000	1000	3	30
	大型	850	1200	1200	2	30
武汉	小型	800	1000	1000	3	30
	大型	800	1200	1200	2	30
深圳	小型	1100	1000	1000	3	30
	大型	1100	1200	1200	2	30
沈阳	小型	900	1000	1000	3	30
	大型	900	1200	1200	2	30
成都	小型	700	1000	1000	3	30
	大型	700	1200	1200	2	30

2. 业务概述

根据公司决策内容选择公司建厂地址，点击每个厂区的时候，可以显示该市场在本地的市场份额，做出决策后购买并签收。

签收完成后，显示厂区画面，并根据企业需求在建造中心选择建造厂房、产成品库、原材料库、厂区扩建，租赁中心租赁产成品库、原材料库等内容（参见图4－1和图4－2）。

整个系统供求采用“以产定销”制，即生产制造型企业本季度生产的产品越多，下一季度市场上的需求量就越大；未有企业生产的产品型号下一季度市场上不发放订单。

例：北京地区第1年一季度制造企业共生产10000件产品，则北京地区第1年二季度的市场需求量为：{10000件×30%（北京本地市场消费需求比例）＋10000件×（1－30%）×（北京地区第一季度投入广告总费用/所有市场第一季度投入广告总费用）}×（1±市场需求繁荣状况）。

图 4－1　厂区画面

厂区选址

本区域介绍

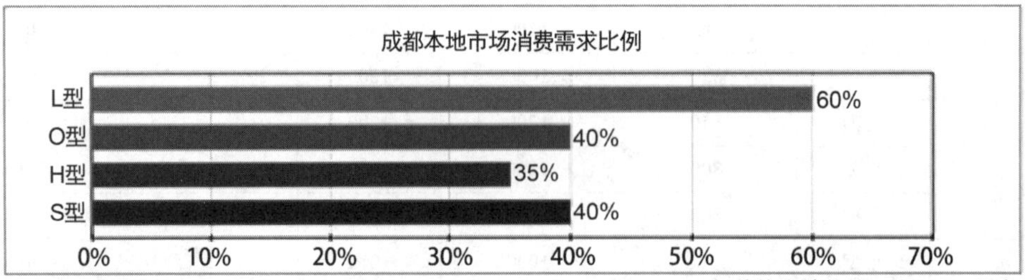

每单位土地价格：¥700元/平方米

说明 该比例仅表示当您在这个区域内选址建立企业后，你生产的产品，本地市场产生的需求固定比例（例如：您本季度生产L型1000件，在没有竞争对手的情况下，下季度将会根据1000和市场固定比例，计算出本市场一定最少不会低于这个数量的L型需求订单）

序号	名称	所在地区	厂区容积（平方米）	价格合计	操作
1	大型厂区	成都	1200平方米	¥840,000	购买
2	小型厂区	成都	1000平方米	¥700,000	购买

图 4－2　厂区选址界面

厂区购买后，当季度可以使用，扩建后，当季度可使用。

厂区内的建筑物，当季度租赁或者是建造后，当季度可以使用；租赁的建筑物不占用厂区的面积，建造的建筑物占用厂区面积。

原材料仓库、产成品仓库的吞吐量每个季度开始时会还原最大值。

本系统中建造的厂房、原材料库、产成品库属于固定资产。购买/扩建厂区，建造厂房、原材料库、产成品库须一次性付款，支付后可立即投入使用，购买的厂区，建造厂房、原材料库、产成品库每季度须承担维护费用，维护费用在下一期支付；租赁的建筑物在确认租赁后即可投入使用，租赁费在下一季度支付，不支付租金，将不能使用，即使仓库中有物料或产品也不可出库或入库使用。

无论购买或租赁的原材料仓库、产成品仓库，在进入新的经营周期前，仍未出库，都需支付原材料或产成品库存费用，费用在下季度支付。

（二）厂区建设业务规则

选择厂区后，企业根据企业规划决策，选择购买或租赁厂房、原材料库、产成品库，这三类库房分别用于存放生产线、原材料和产成品。厂房、原材料库、产成品库的基本信息分别见表4－2、表4－3和表4－4。另外，每季度对自行建造的库房收取一定数量的维护费用，并对存放在库房中的原材料和产成品收取一定数量的保管费用。

1. 厂房购建规则

（1）购买厂区后，企业可以根据规划决策，选择购买（自行建造）厂房，企业只有购买厂房后，才可以购买生产线。

（2）厂房有大、中、小三种规格，不同规格厂房的价格、面积大小及容量都不同。其基本参数见表4－2：厂房基本信息表。

表4－2　厂房基本信息表

厂房类型	容量（条）	兴建价格（元）	厂房占地面积（平方米）	折旧期限（季度）
小型厂房	1条	250000	200	40
中型厂房	2条	400000	400	40
大型厂房	3条	600000	500	40

2. 原材料仓库购建规则

（1）选择购买厂区后，企业可以根据规划决策，选择购买（自行建造）或者租赁原材料库，用来存放开展生产所需的原辅材料。

（2）系统中，企业购买的原材料库每个周期都有吞吐量限制。

（3）原材料库有大、中、小三种规格，不同规格的原材料库的价格、吞吐能力、面积大小及容量都不同，相关参数见表4－3。

表4－3　原材料库基本信息表

<table>
<tr><th rowspan="2">原材料库类型</th><th rowspan="2">容量（件）</th><th colspan="4">兴建</th><th>租赁</th><th rowspan="2">吞吐量</th></tr>
<tr><th>兴建价格（元）</th><th>维护费用（元/季度）</th><th>折旧期限（季度）</th><th>占地面积（平方米）</th><th>租赁费（元/季度）</th></tr>
<tr><td>小型原材料库</td><td>6000</td><td>400000</td><td>2000</td><td>40</td><td>200</td><td>80000</td><td>30000</td></tr>
<tr><td>中型原材料库</td><td>8000</td><td>600000</td><td>2000</td><td>40</td><td>400</td><td>150000</td><td>40000</td></tr>
<tr><td>大型原材料库</td><td>10000</td><td>800000</td><td>2000</td><td>40</td><td>500</td><td>160000</td><td>50000</td></tr>
<tr><td>数字化仓储</td><td>8000</td><td>1000000</td><td>2000</td><td>40</td><td>800</td><td>600000</td><td>80000</td></tr>
</table>

3. 产成品库购建规则

（1）购买厂区后，企业可以根据规划决策，选择购买（自行兴建）或者租赁产成品库，用来存放各类产成品。

（2）系统中，企业购买的原材料库每个周期都有吞吐量限制。

（3）产成品库大、中、小三种规格，不同规格的原材料库的价格、吞吐能力、面积大小及容量都不同，详细信息见表4－4。

表4－4　　产成品库基本信息表

产成品库类型	容量（件）	兴建				租赁	吞吐量
		兴建价格（元）	维护费用（元/季度）	折旧期限（季度）	占地面积（平方米）	租赁费（元/季度）	
小型产成品库	1000	300000	2000	40	200	80000	4000
中型产成品库	2000	400000	2000	40	400	100000	8000
大型产成品库	3000	600000	2000	40	500	150000	12000

（三）名词解释

1. 产成品库容量：该厂区允许存放的最大产成品数量（可通过厂区扩建增加）。

2. 原材料库容量：该厂区允许存放的最大原材料数量（可通过厂区扩建增加）。

3. 厂房容量：该厂区允许建造厂房的最大数量（可通过厂区扩建增加）。

4. 厂区扩建：厂区扩建能够增加企业最大建造建筑数量，使企业获得额外的容量。但是，每种不同类型的产区，允许扩建的等级（次数）及每次扩建允许建筑的数量都不相同。企业根据自己企业的具体情况，选择相应的扩建方案。

企业初始阶段的厂区等级为0级，每扩建一次等级增长一级，并且扩建费用也增加到原始扩建费用的1倍。因此，企业在扩建厂区的同时一定要在扩建容量内合理地扩建各种建筑（如产成品库、原材料库、厂房），以免发生厂区硬件建设比例倾斜，造成资源浪费。

5. 最大扩建等级：厂区允许扩建的最多次数。

6. 扩建费用：厂区扩建的基本费用，具体厂区扩建花费＝扩建费用×扩建等级。

7. 购买价格：企业建造该项建筑需要花费的金额。

8. 租赁价格：企业租赁建筑每季度支付的租赁价格。

9. 最大容量：该类建筑允许存放物品的最大数量。

10. 维修费用：每季度该类建筑需要支付维修费用（租赁方式下不计算）。

11. 折旧年限：按多少个季度对该类固定资产进行折旧（租赁方式下不计算折旧）。

12. 产成品库：存放企业生产（自行生产、外包）产品的容器。

13. 原材料库：企业自行生产需求的原材料的存放容器，生产不同的产成品需要的原材料类型及数量也各有差异。

14. 厂房：企业自行购买生产线的存放容器（租赁生产线的不占厂房容量）。

15. JIT生产：只在需要的时候，按需要的量，生产所需的产品，也就是一种追求无库存或库存达到最小的生产系统。

16. 自行建设：企业厂区建设的过程中，允许用户在厂区建筑容量范围内，自行建造各种建筑（产成品库、原材料库、厂房），用户购买成功后，可立即投入使用。根据建筑功能的不同，具体划分为三类建筑：产成品库，原材料库，厂房。每种类型的建筑允许存放物品的最大容量不同，购买价格也不相同，当建筑内存放物品的数量超出最大容量时，该建筑将再也无法存放任何物品，直到再次腾出存储空间。建议在经营初期建设小型建筑，以节约资金。

自行建造的建筑在每个季度，都要支付相应的建筑维修费用，以维持建筑的完好。在支付维修费用的同时，对于产成品库和原材料库来说，库内存在的产成品和原材料每个季度也需要按数量支付相应的库存保管费用，因此，在每个经营周期完成之后进入下一周期之前，保持库内剩余物料数量越少，所支付的费用也将越少，从而减少不必要的花费，即保证产成品和原材料的零库存做到 JIT 生产。

17. 租赁建设：租赁不同于自行建造，企业决定租赁建筑时，只需要按季度向租赁方支付一定费用，便获得了该建筑的使用权。租赁建筑不需要支付建筑维护费用，但依然需要负责支付物料库存保管费用。

当用户库存决策失误，导致用户生产、购买的物料在入库时发生容量不足的情况时，为了挽救企业损失，系统“惩罚”地的自主为企业租赁一个最贵的建筑以存放物料，直到租赁库内的物料全部清空，再自动退租。

当企业和租赁方确定租赁时间到期时，如果库内存在物料，经营者也不必担心库内物料丢失，因为在这种情况下，系统会自动将租赁合同延期一个季度，作为临时租赁，直到库内物料完全清空后再回收。

18. 容量及吞吐量：

（1）容量：指一个仓库所能容纳的货物数量，量化后数值实时更新。

（2）吞吐量：指一个仓库所能承受的吞吐能力，量化后数值隔季度更新，当季度消耗不可再生。系统中，企业购买的原材料库每个周期都有吞吐量限制。

（3）吞吐量查看方式：制造企业采购部中所能采购的所有货物后显示的“体积（箱）”即为相应货物消耗的单件吞吐量。

例：原材料 M1 的体积为 1，产成品 H 型的体积为 3。那么分别入库 1000 件 M1 和 1000 件 H 型，则分别消耗 1000 点和 3000 点吞吐量。若把 M1 投入生产，则需进行出库，再次消耗 1000 点吞吐量；若把 H 型进行交易售卖，则同样需要出库，再次消耗 3000 点吞吐量。综上所述，M1 出入库共计消耗 2000 点吞吐量，H 型出入库共计消耗 6000 点吞吐量（注：所有货物企业接收后必须经历一次出入库处理，若当前仓库剩余吞吐量不足则无法进行出入库，且已入库货物当季度内无法进行出库）。

19. 本地市场：每个地区的厂区都有各自相应的本地市场，厂区一旦购买，将自动为企业开拓市场，并将该市场标记为“本地市场”。被确定为“本地市场”的市场地区，将获得参加竞单的特权，具体特权请参照“销售竞单”。

20. 物流费用：根据具体企业销售的情况，将产成品从厂区运输到客户单位的费用。当企业在进行订单交付时，需要将产成品从本地运输至客户所在地区。在不同的厂区内，由于市场消费问题，每个厂区内的物流运输费用也不相同，具体见表 4－5。

表 4－5　　本地市场物流费用详细信息表

运输区段	运输时间（季度）	运输费用（元）
京津唐地区——北京	1	6000
长江三角洲地区——武汉	1	5000
珠江三角洲地区——深圳	1	6000
环渤海地区——大连	1	5000

二、生产部业务规则

（一）生产线业务规则

1. 业务概述

生产线是企业生产产品的工具。生产线进行生产时，企业原材料库内的原材料数量和种类必须满足生产所需，否则生产线将无法正常运转。当生产线成功开始生产后，产成品将在下一季度从生产线下线，进入企业产成品库中，入库的产成品便可以开始投入市场进行销售。因此，企业在实际决策过程中，需要合理安排生产线的生产、原材料出库、销售和完工入库的时间，以免发生生产线停工的情况。生产线信息见表 4－6。

表 4－6　　生产线基本信息表

生产线类型	体积	购买价格（元）	安装周期（周期）	转产周期（周期）	生产线强度	技术水平	最大产能（件/季度）	人员使用率	折旧期限（季度）
劳动密集型生产线	1	500000	0	0	3	2	500	50%	40
半自动生产线	1	1000000	0	1	4	3	500	100%	40
全自动生产线	1	1500000	1	1	4	4	450	1000%	40
柔性生产线	1	2000000	1	0	4	4	400	300%	40

注：最大产能指购买生产线后通过调入人员进入生产线能达到的最大产能。

2. 业务规则

（1）企业可以根据生产决策，购买生产线，用于组织开展生产。

（2）购买的生产线需安放在厂房中，厂房容量不足时，无法购买安装生产线。

（3）购买生产线一次性支付全部价款，在价款支付完毕后开始安装，在安装周期完成的当季度可投入使用。

（4）生产线的产能初始都是为 0，每种生产线都有最大产能。企业必须通过招聘初级工人、高级工人和生产管理人员，并且将人员调入生产线进行生产，使生产线的产能得到提高，产能提高到最大产能时不再增加。

（5）每条生产线都具有技术水平，只能生产低于或者等于该生产线技术水平的工艺产品。生产线的产量 =（生产线技术水平 - 产品的工艺水平）× 产能。每条生产线都可以升级技术水平，每升级一次提升 1 ~ 2 点不等，最高可升级到 5 ~ 9 点不等；提升费用 = 生产线购买价格/2；生产线技术升级消耗 1 个季度，期间该生产线无法进行生产。

（6）生产线转产须在生产线建成完工，而且在空闲状态下才能进行。转产不须支付转产费，但有的生产线有转产周期，并且注意转产期间不能对这条生产线进行任何操作，因此在转产之前，如果需要调出人员，应先调出人员，然后再进行转产。（转产：一条生产线在已选择产品工艺的前提下，若要生产其他研发产品，则需进行转产处理；新购入生产线第一次使用，可直接进行产品工艺选择，无需转产）。

（7）劳动密集生产线、柔性生产线购买——签收——验收后，可以购买原材料，可直接投入生产；半自动、全自动的生产线需要一个季度的安装周期。

（8）每条生产线的生产周期全部为一个季度，到下个季度后产品可出货并入库。

（9）生产线在由现有的生产产品改为其他的产品生产（包括不同工艺的产品）需要一个季度的转产周期。

（10）生产线的磨损值是会降低的，降低后需要进行维修，生产线维修时间为一个季度，维修期间生产线无法进行生产（例如劳动密集型生产线初始磨损值为1000/500，当该数值降低至499/500时生产线产能减半，当该数值降低至0/500时生产线报废，只能做拆除处理，且系统不会给予任何补偿）。

（11）生产线的产量 =（初级工人专业能力 × 数量 + 高级工人专业能力 × 数量）×（1 + 管理人员管理能力 × 数量）× 生产线人员利用率 ×（生产线技术水平 - 产品工艺水平）。

（二）产品研发规则

1. 业务概述

模拟企业开始都可以生产L型产品，如果企业想生产新的产品，就要进行产品研发。产品研发分为两种类型：一种是新品研发；另一种是技术研发。新品研发主要包括H型、O型和S型三种，研发出这三种类型的新产品后，就可以生产新型的产品，赚取更多的价值。技术型研发主要是为了符合招投标中的需求。产品研发信息参见表4-7。

表4-7　　产品研发基本信息表

研发项目	基本研发能力要求	最少投放资金	推荐资金	代表 BOM	技术水平
L型产品研发	0	0	0	L型产品A型工艺清单	1
L型产品工艺改进	50	100000	420000	L型产品B型工艺清单	0
H型产品研发	100	300000	1400000	H型产品A型工艺清单	2
H型产品工艺改进	50	100000	420000	H型产品B型工艺清单	1
O型产品研发	100	1000000	2800000	O型产品A型工艺清单	3
S型产品研发	100	1500000	4200000	S型产品A型工艺清单	4
高端工艺改进	30	300000	840000	O型产品B型工艺清单	2

2. 业务规则

（1）制造企业初始都可以生产L型产品A型工艺清单，如果企业想生产新的产品，就需要投入资金和人力进行产品研发（注：每次投入的研发资金和人员不得少于推荐资金和基本研发能力要求，否则下季度一定不成功）。

（2）本期投入资金，下一期系统会提示产品研发是否成功。如果研发成功率达到100%～120%，下一期肯定研发成功。研发成功的当季度可以投入生产。

（3）基本研发能力要求：对应研发人员的研发能力，只有该研发项目的研发人员能力达到该项要求后，研发才能开始。

（4）推荐资金：推荐企业在资金有效期内达到的资金额，以保证研发成功，系统中显示为剩余投放资金。

（5）资金有效期：企业投入研发资金能够对研发产生效果的时间。产品研发可一次性集中投入资金研发，也可分期投入资金研发（一般只生效4个季度，若4个季度还未研发成功，则资金消失）。

（6）研发成功率＝（企业投入的有效研发资金/推荐资金×80%＋（投入的研发人员研发能力－基本研发能力要求）/100×20%）－（20%～40%）。

例：甲企业准备投放200万元资金和15个研发人员用来研发H型产品，两者都投入后的研发成功率为（2000000/1400000×80%＋15×10－100）/100×20%）－（20%～40%），算出成功率为84%～104%。

（三）产品生产规则

实训中，我们简化了产品的生产过程，将生产直接简化为“投料——生产——完工入库”几个环节。企业自己生产产品，必须要拥有自己的厂房、生产线、工人，而且还必须以下规则：

（1）产品生产需要投入原材料，仓库中的原材料数量只有满足现有产能时，才能开始生产。

（2）每条生产线的本季产量不能低于该生产线的额定产能，不能高于本生产线的允许最大产能。

（3）各生产线可以生产企业研发成功的产品，但只能生产一种产品，如要生产其他类型产品，需进行转产。

（4）制造企业每种产品的生产周期均为一个季度，供应商的生产周期为0期。即产品本季度投入生产，下季度即完工入库。

生产线生产产品详细信息如图4－3所示：

图4－3　生产线生产产品详细信息

（四）产品库存规则

（1）产品存放在产成品库房，所有存放在仓库的产品均发生库存成本。

(2) 库存成本按照季末库存数量计算，一次性支付。

(3) 库存费用详细信息见表 4－8：产成品库存费用一览表。

表 4－8　　产成品费用一览表

产成品名称	市场售价（元）	库存成本（元/件·季度）
L 型	4000	100
H 型	6000	150
O 型	8000	150
S 型	10000	150

三、采购部业务规则

（一）业务概述

企业自行生产，需要在原材料库中准备足够的原材料后，才能够开始生产。因此，在开始生产之前，必须采购足够数量和种类的原材料，以保证生产继续进行。因为每种产成品生产时需要的原材料种类及数量有区别，所以在采购时需要仔细查看：BOM 结构，以免发生失误。

当企业采购某种原材料时，系统将会提示用户制定“采购提前期”，当用户确定为 0 时，表示采购订单当季下发，随着数字的增加以此类推。但是，订单的下发和原材料的入库并不是同步的。供应商会在订单下达的下一季度开始为企业供货，具体供货的多少和价格与用户采购原材料的数量及选择采购的供货方案有关。

（二）产品 BOM 结构

产品的物料清单结构如图 4－4 至图 4－10 所示（括号中的数字为所需原材料个数）。

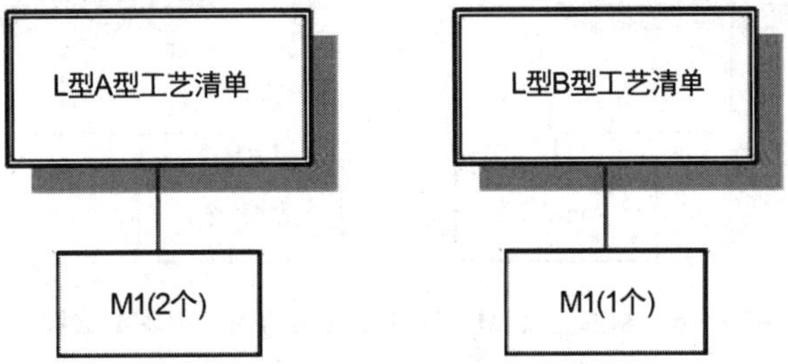

图 4－4　制造企业 L 型产品物料清单（BOM 结构）

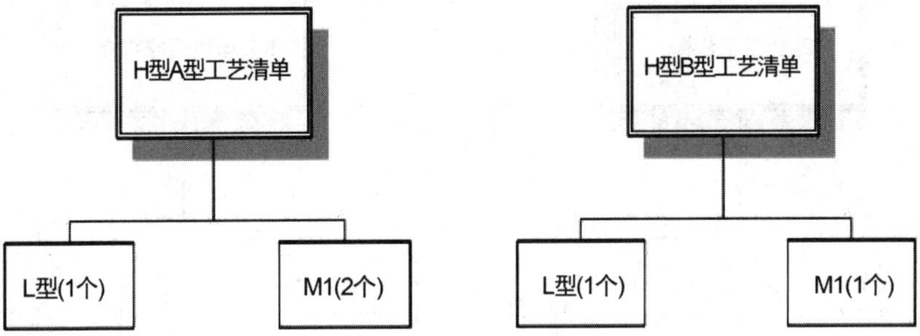

图 4－5　制造企业 H 型产品物料清单（BOM 结构）

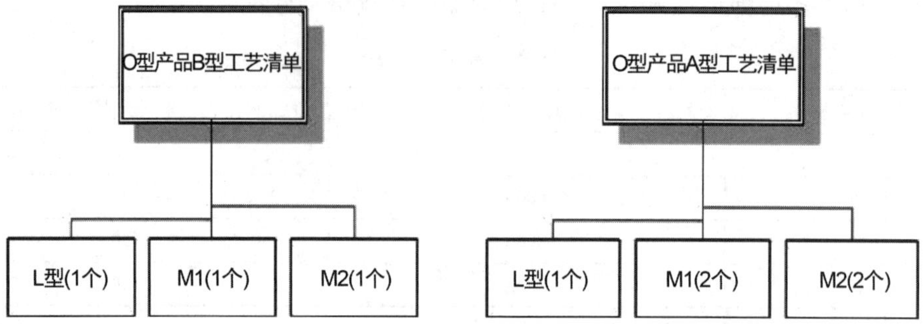

图 4－6　制造企业 O 型产品物料清单（BOM 结构）

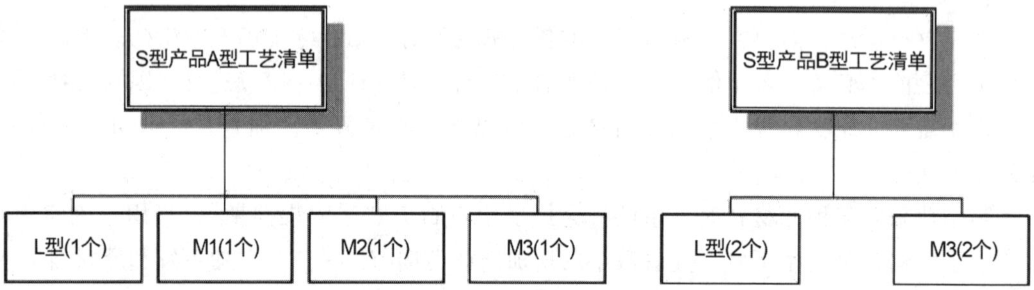

图 4－7　制造企业 S 型产品物料清单（BOM 结构）

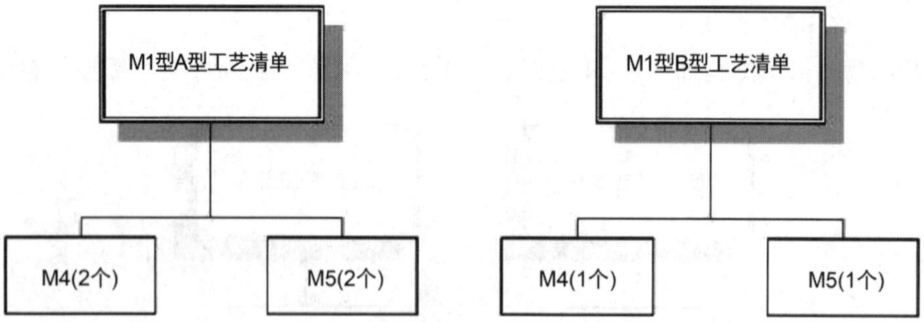

图 4－8　制造企业 M1 型产品物料清单（BOM 结构）

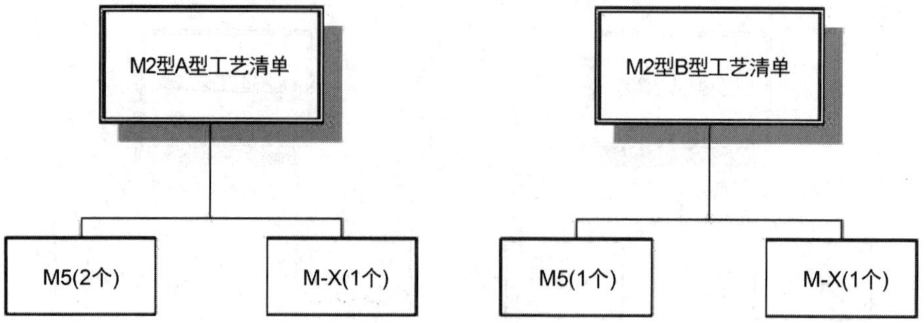

图 4－9　制造企业 M2 型产品物料清单（BOM 结构）

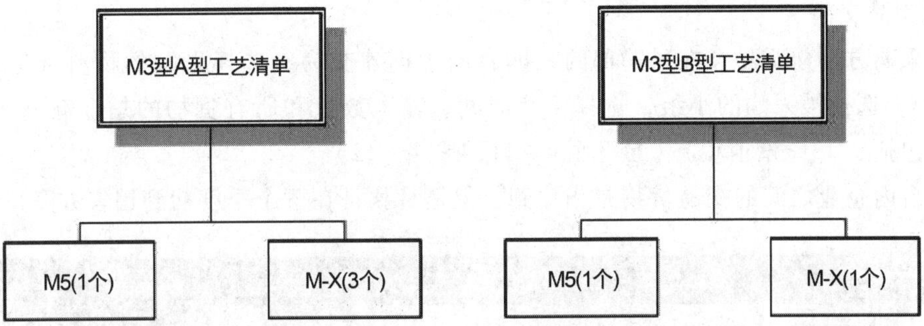

图 4-10　制造企业 M3 型产品物料清单（BOM 结构）

（三）业务规则

1. 原材料采购

（1）企业组织生产需提前按照产品 BOM 结构采购原辅材料。

（2）当企业采购某种原辅材料时，系统供货的时间可选择本期供货和下一期供货，本期供货价钱多出 1 倍，下期供货原价购买。

（3）库存成本在每期期末按库存的材料数量计算，在下一期支付。

（4）紧急采购当季度是可以收到原材料的，但价格为正常价格的 1 倍。

（5）一般采购后在下个季度才能收到该单原材料。

（6）BOM 单可以查看该产品的工艺水平。

（7）原辅材料的详细费用信息详见表 4-9。

表 4-9　原辅材料费用信息表

原辅材料名称	原材料平均市场价格（元）	库存成本（元/件）
M1	600	50
M2	600	50
M3	1000	50
M4	100	50
M5	200	50
M-X	300	50

2. 名词解释

（1）价格：每采购一件原材料的价格。

（2）库存成本：每件原材料在库存中存放一季度的维护保养费用。

（3）采购提前期：物料从下订单到收入仓库所需要的周期。

（4）供货机制：供应商按照比例分批次向企业进行供货的方案。

（5）批量采购：当企业采购原材料时，采购的数量越多，供应商给出的优惠折扣就越高。因此，企业可以通过一次性的大量采购，来减少采购费用，但是买得越多，按照供应商的配送方法，每个季度入库的原材料也会越多，而如果在采购入库后，原材料并没有在该季度内完全使用，即产生了剩余原材料，这些原材料将计算额外的库存维护保养费用。因此，合理分配企业的生产、采购和销售，才能达到成本最低。

3. 产品交易

由采购方创建交易，在采购部的采购合同里创建交易，选择采购的物料（原材料和产成品），选择被采购的小组，选择到货时间，输入数量和所有货物的总金额（含税价，总金额包括了13%增值税）（参见图4－11和图4－12）。

平台内企业之间的交易货物是当期到，但是货款是在下个季度初到销售方账户中。

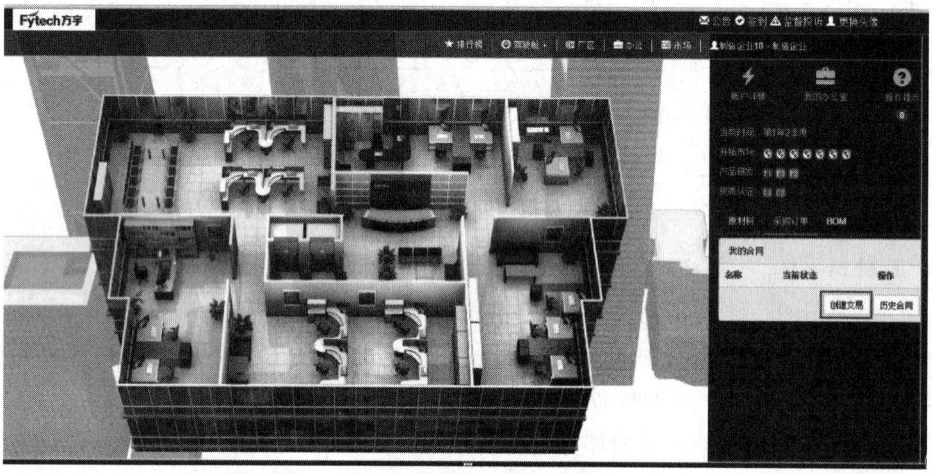

图4－11　企业创建交易操作界面

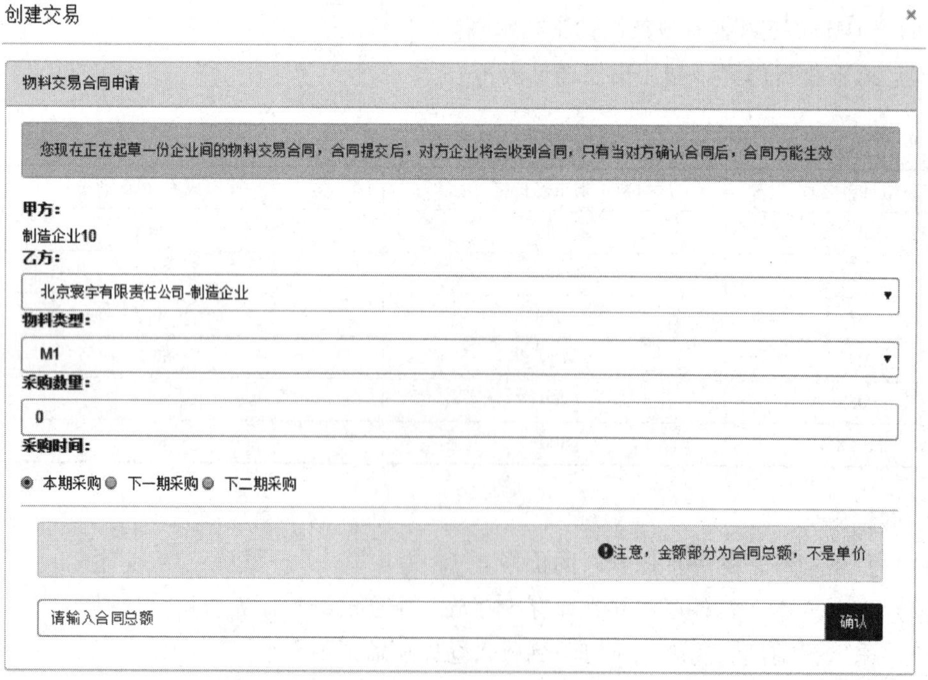

图4－12　企业交易示意图

注：(1) 紧急采购当季度是可以收到原材料的。

(2) 下期采购后在下个季度才能收到该单原材料。

(3) BOM单可以查看该产品的工艺水平。

四、市场部业务规则

（一）业务概述

企业获得发展，需要有不断的订单，而订单来自不同的市场，企业在经营初始除了系统根据厂区的选址而自动开拓的本地市场外，没有任何市场可以使用。由此可见，开拓市场是企业未来发展的关键部分，但是市场的开拓和维护费用是高昂的，所以企业在决定开拓多少市场时，一定要谨慎处置，以免每个季度都需要高昂的市场维护费用而导致最终倒闭。

（二）业务规则

（1）企业可以通过各种宣传手段，投入广告费，来开拓市场和提高市场影响力。

（2）本期投放的广告费用，在下一期市场竞单中会转化为相应的竞单得分，每种宣传手段有次数限制，使用后4个季度重置。

（3）市场投资的宣传手段详细信息见表4－10。

表4－10　各宣传手段信息表

宣传手段	最少投入资金（元/市场）	资金分配比率	投放形式	每季度允许投放次数
网络新媒体广告	400000	50%	群体市场	1
电视广告	300000	100%	个体市场	2
电影广告植入	600000	150%	个体市场	1
产品代言	500000	60%	群体市场	1

（4）市场分配率是指投入本项宣传的广告费将会按照分配率进入选中的市场形成有效资金。例：A企业采用“网络新媒体广告”方式，一次性向“沈阳”“武汉”“北京”三个地区投入150万，按照分配比率将实际在三个市场同时产生150万×50%＝75万。

分配率的调整，关系着影响力的生成，每种类型的市场投资项目都有自己的分配率，当企业投入广告时，真正进入广告市场的资金将按照投入资金×各自的分配率计算，然后分别进入各个市场，产生影响力。因此，企业在决定采用哪一种分配率的群体投放类型的广告时，为了保证不造成浪费，应尽可能地保证投放市场数量×分配率≥100%。这样的投资将会扩大效果。

（5）个体投入的广告一次只能面向一个市场，在投放次数受限制的企业大面积进行单个市场的广告投入的情况下，个体投放将决定企业主要进攻的市场。企业在支付高额的广告费时，要注意收益和支出的平衡，以免造成大量的销售成本，而无法通过盈利来保证企业的正常运营。

群体投放广告投入时，可以一次性向多个市场投放，只需要投放一次资金。个体投放广告时，投入的广告一次只能面向一个市场。当企业开拓的市场数量比较多时，往往需要大面积的广告投放，而群体投放类型的广告主要解决企业利用有限资金，统一向市场内投放广告，并且产生小部分影响力的问题，以保证企业在竞单中不会丧失过多的特权。

（6）当企业某季度投放该市场的有效资金超过该市场的“临时性开拓所需”时，则下季度该市场标注为“临时开拓”，企业可以在下季度进入本市场竞单；当企业某季度投放该市场的有效资金超过该市场的“永久性开拓所需”时，则下季度该市场标注为“永久开拓”，企业可以永久进入本市场竞单。（注：无论以何种广告形式、投放多少个地区、投放多少资金投放市场，资金在市场竞单中所转化得分只在下季度竞单中生效）。

（7）临时开拓是指企业在资金周转比较困难，但急需市场支持的情况下，可以通过临时开拓模式，即投入最少的开拓费用，来使下一季度获得市场的开拓。但是，这种开拓不是无限制的，需要在支付开拓费用的同时，每季度支付额外的市场维护费用，直到市场开拓周期结束、关闭市场为止，或在市场拥有期内，将投入资金增加到最大投入资金，把临时开拓市场变成永久开拓市场。

永久开拓是指永久开拓只需要企业将投入的开拓有效资金增加到最高投入资金，使该市场在下一季度转化为永久开拓状态。因此，企业利用开拓周期和开拓有效资金，可以通过在不同季度投入相应的费用，将临时开拓的市场转化为永久开拓市场。

“临时开拓所需资金”“永久性开拓所需资金”详细信息见表4-11。

表4-11　　市场开拓费用表

市场名称	代表城市	临时性开拓所需（元）	永久性开拓所需（元）	永久市场竞单加分
东北	沈阳	200000	3000000	30
南部沿海	深圳	250000	3000000	30
黄河中游	北京	300000	4000000	30
国外	亚洲	300000	5000000	30
大西北	成都	250000	2000000	30
北部沿海	大连	250000	1500000	30
长江中游	武汉	150000	1500000	30

（8）企业进入市场的有效资金数额直接影响企业在本市场的市场影响力。市场影响力是指当企业投入资金进行广告宣传后，系统将在下个季度初期生成企业在该季度每个市场上的影响力分配，并且该影响力在下季度一直存在，直到系统再次生成新的影响力分配。

某市场影响力=本企业市场有效投资总额/该市场所有有效投资总额。

市场影响力将直接影响企业在本市场的销售竞单的竞标得分，影响办法见销售部“竞单评分分值标准”。

（三）名词解释

（1）开拓周期（资金有效期）：开拓市场投入资金累计的计算周期。

（2）开拓有效资金：从本季开始，往前推移开拓周期内的季度，在这些季度内投入的开拓资金总和为有效资金。

（3）最少投入（临时开拓）资金：当开拓有效资金满足该项资金时，下一季度该市场标注为开拓。当有效资金再次少于最少投入时，标注为未开拓。

（4）最高投入（永久开拓）资金：当开拓有效资金满足该项资金时，下一季度该市场标注为开拓。

（5）市场维护费用比（%）：开拓的市场，每个季度都需要支付投入有效资金的百分比作为市场维护费用。

（6）周期：当广告费用投入市场后，将在多少个季度后产生市场影响力，并且该影响力持续多少个季度。

（7）有效资金：某市场产生影响力的资金总和。

（8）最少投入：每次投入广告费用的最少投入额。

（9）市场影响力：影响力按照百分比计算，企业影响力为企业在某市场的有效资金占所有企业有效资金的比例。

（10）投放次数：每季度允许该项广告投放的次数。广告投放次数达到上限时，本季度该类型的广告将无法投放。

五、企业管理部业务规则

（一）人力资源

1. 业务规则

驱动生产线生产、提高研发项目的效率都需要员工，企业通过人力资源招聘各式各样的人才，并且将人员分配到合适的岗位开始工作。每种类型的人员都有各种能力，企业在人才招聘时，要注意能力的搭配，尽可能地在减少人力成本的同时提高工作效率。相应规则如下：

（1）招聘的人员在当季即可投入工作，招聘费用在招聘时立即支付。

（2）科研人员进入研发项目后，在产品研发成功以前，可以随时调出。

（3）生产工人在生产线生产中的状态下不能从生产线上调入/调出。当每季度产品投产前，生产工人可自由调度。

（4）人员工资在下一季度支付。

（5）向生产线安排生产类人员是提升生产线产能的唯一途径，人员安排有多种组合，其主要决策为减少人力成本，提高生产效率。多种组合计算方式为：

总提升产能 =（初级工人专业能力 × 人数 + 高级工人专业能力 × 人数）（1 + 管理人员管理能力 × 人数）× 生产线人员利用率

总提升研发能力 = 科研人员专业能力 × 人数（科研人员数量）

（6）解聘人员时，需一次性支付两个季度工资。

（7）人员为空闲状态时也需要支付工资。

（8）人员招聘后当季度可以使用，并投入到相应的岗位上。

（9）资质认证投入后，下季度才能产生作用，并永久生效。

（10）人力资源详细信息见表 4－12：人力资源信息表。

表 4－12 人力资源信息表

人员类型	招聘费用（元）	人员类型	管理能力	专业能力	工资（元/人·季度）
初级工人	6000	生产人员	0	10	4000
高级工人	10000	生产人员	0	20	6000
车间管理人员	8000	生产人员	25%	0	5000
研发人员	10000	研发人员	0	10	10000

2. 名词解释

（1）招聘费用：企业招聘需要通过第三方平台，招聘费用为每招聘一人支付给第三方平台的费用。

（2）工资：每季度支付给员工的工资。

（3）生产能力：每一个员工进入生产线后能够提升的生产线生产的能力。

（4）研发能力：进入研发项目后，提升研发项目的研发能力。

（二）资质认证

1. 业务概述

质量认证也叫合格评定，是国际上通行的管理产品质量的有效方法。质量认证按认证的对象分为产品质量认证和质量体系认证两类；按认证的作用可分为安全认证和合格认证。

产品质量认证是指依据产品标准和相应的技术要求，经认证机构确认并通过颁发认证证书和认证标志来证明某一产品符合相应的标准和技术要求的活动。当产品通过质量认证后，在市场竞争中，同价格的产品无形中有着更优越的竞争力。因此，在模拟企业当中，拥有更多质量认证的企业将在“销售竞单”环节获得更大的优势。

2. 业务规则

（1）资质认证包括 ISO9000 和 ISO14000，企业通过资质认证后将降低销售竞单中的竞标扣分，影响办法见销售竞单规则。

（2）资质认证详细信息见表 4－13。

（3）资质认证投入后，下季度才能产生作用，并永久生效。

表 4－13　　资质认证信息表

资质认证名称	需要时间（季度）	最少投入（元/季度）	是否可分期	竞单加分	总投入（元/季度）
ISO9000	1	1000000	不可	10	1000000
ISO14000	1	500000	可连续性 2 期	10	1000000

3. 名词解释

（1）所需时间：认证所需要花费的时间。当资金全部投入完成并达到总投入数额后，认证将于下一季度通过，该认证正式获得。

（2）维护费用：当获取认证后，每季度需支付的维护费用。

（3）增加产品竞单得分：一旦认证获取后，会给竞单中相应的得分，永久有效。

（4）总投入：资金有效期投入资金总和达到该数值时，开始申请质量认证。

六、销售部业务规则

（一）销售竞单

1. 业务概述

竞单是企业获得订单的唯一途径。在整个竞单环节中，各个市场会随机抛出不同产成品需求和数量的订单，但是该订单没有销售价格，企业需要根据自身状况决定是否参与该订单的竞争，并决定企业的竞标价格。系统将根据企业的出价，以及企业市场占有率、质量认证、产品等级最终确定竞标扣分。当订单时间到期时，竞标扣分最低者获得该订单。

这种竞单模式通俗称之为“反向拍卖”。

2. 竞单规则

竞单规则如下：

（1）进入某市场，输入需求订单量（小于等于该市场剩余需求量），操作如图 4－13 和图 4－14 所示。

在企业运营中，点击右上角的“市场”按钮，如图 4－13 所示：

图 4－13　点击右上角的“市场”按钮示意图

根据提示内容输入计划销售数量（必须为阿拉伯数字），如图 4－14 所示：

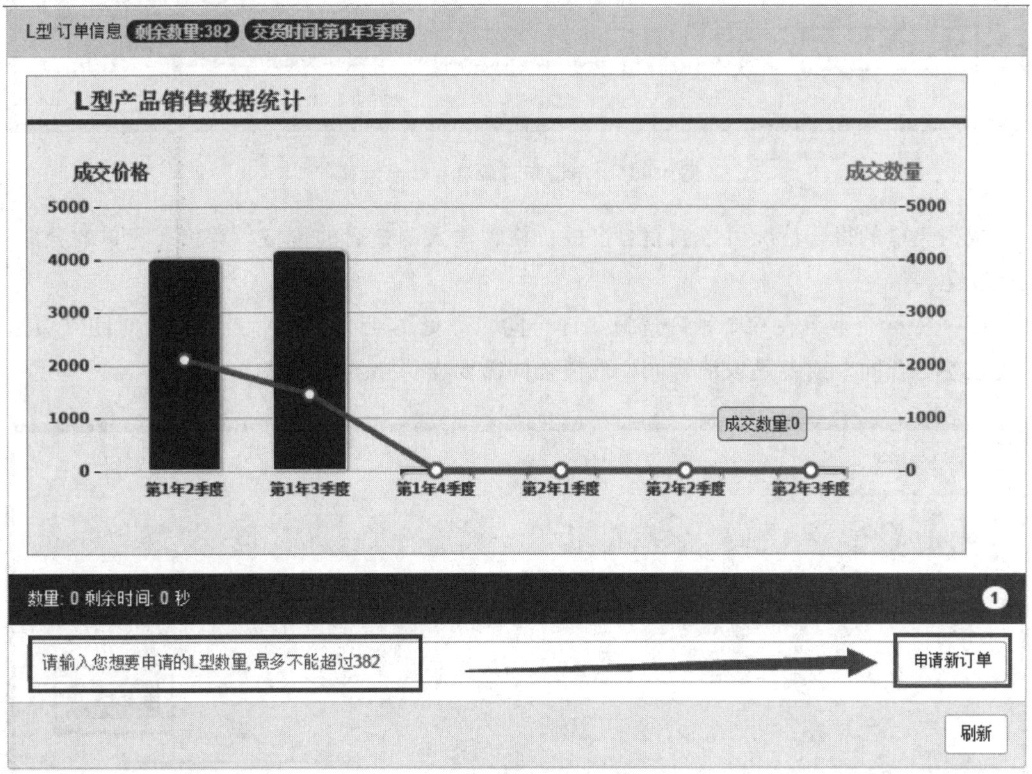

图 4－14　输入计划销售数量示意图

（2）申请新订单时，点击进入申请的新订单，可实时重复输入报价，看到各企业得分，150 秒倒计时结束后，得分最高的企业中标，并进入 600 秒倒计时，如图 4－15 和图 4－16 所示；申请后，点击订单信息，查看分数以及基础价格。

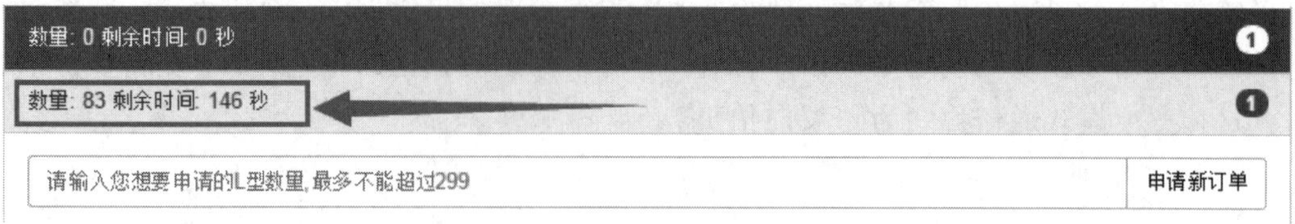

图 4－15　申请新订单流程 1 示意图

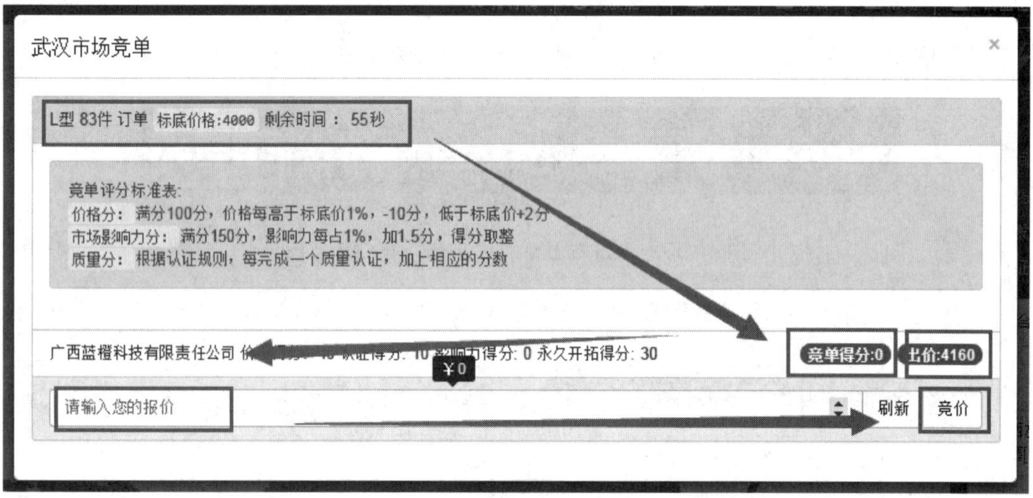

图 4－16　申请新订单流程 2 示意图

根据竞单的得分情况可以调整自己的价格，输入调整后的价格，竞价，竞单的分即会发生变化。

（3）中标企业可在 600 秒内选择签订合同，详见图 4－17 所示；当报价时间结束后，便可以签订合同，或者是取消合同，取消合同需要支付违约手续费。

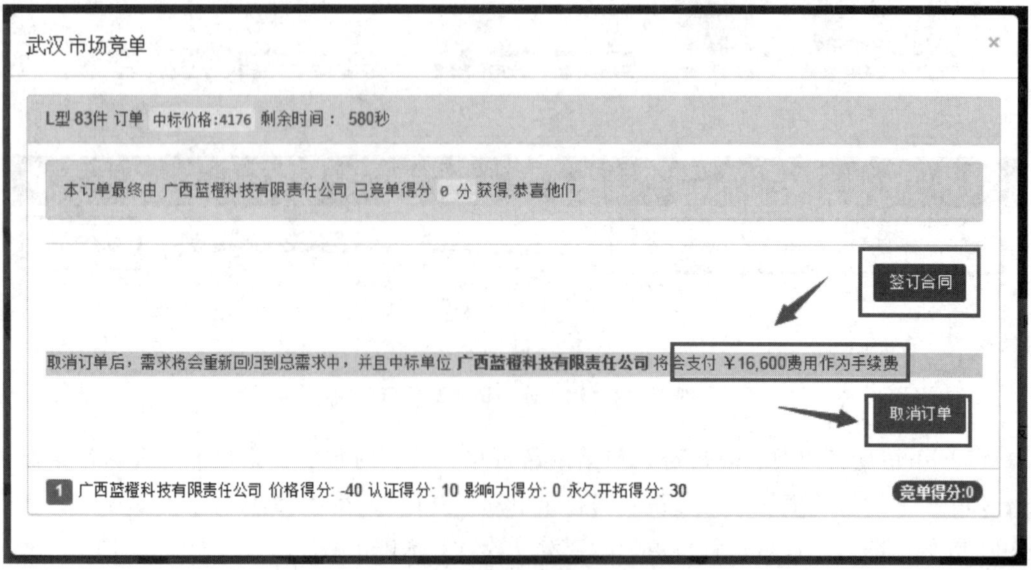

图 4－17　中标企业签订合同示意图

（4）在销售部或者是操作提示里面，可根据提示将此笔按照业务流程进行发货即可，如图4－18所示；在与物流公司签字运输费用的时候，运输费用只能是阿拉伯数字，不允许出现其他符号以及汉字；企业与企业之间的货物交易，不需要运输时间，货款是下季度收款；企业与系统之间的货物交易，需要一个季度的运输时间，货款是下季度收款。

图4－18 订单发货示意图

（5）600秒倒计时结束后，若中标企业未选择签订合同，则该企业可选择取消该订单并支付订单总额5%的手续费，该订单需求量重新回归市场，由其他企业继续申请订单并竞单。

（6）在600秒倒计时结束后，若中标企业既不签订合同，也不取消订单，则其他企业也可进入此订单取消，所需手续费仍由中标企业支付。

（7）竞单分值评分标准：①价格分：满分100分，价格每高于标底价1%，－10分；低于标底价，＋2分。②市场影响力分：满分150分，影响力每占1%，加1.5分，得分取整。③质量分：根据认证规则，每完成一个质量认证，加上相应的分数。

3. 名词解释

（1）最高竞价：每种产成品都有最高的竞标价格，企业在竞单时不能超出该价格进行竞价。

（2）交付时间：该订单需要在该日期或者该日期前进行产成品的交付，否则将扣除竞单总价20%的违约金。

（3）竞标扣分：每个订单系统根据企业的出价、市场占有率、产品研发等级、质量认证等级综合计算后的扣除分值。

（4）竞单时间：该订单保持的时间。当时间为零时，竞单结束，此时“竞标扣分”最少的企业将获得该订单；如果订单无人问津，则该订单流失，将不会再出现。

（5）“本地市场”保护：是指企业在参与竞单时，只有本地市场在没有产生市场影响力（上季度在该市场投入广告）的情况下，能够第一个出价，即在订单还是无人问津状态时，能够出价；反之，非本地市场在无市场影响力、订单无人问津状态的情况下，无法参与竞单，只有该订单有人参与竞单后，才能跟单。

（二）销售方式

在本模拟实训中，制造企业的主要销售方式包括三种：

第一种：电子商务竞单。也即通过在系统模拟的市场中进行竞单销售。采用此方式销售产品，企业必须投入广告费，开拓市场，才能接到该市场的订单，本地市场除外。

第二种：竞标。制造企业分别可以在经营中，参与招投标中心的市场竞标活动，取得销售订单。竞标必须按照招标人的要求准备标书参与竞标。

第三种：谈判。企业之间谈判，并在企业采购部采购订单（创建交易功能）中签订销售合同进行产品销售（注：企业间创建交易由采购方向被采购方发起）。

（三）订单交付

订单的交付时间都是本期交付，只要库存及仓库吞吐量满足订单要求，无论是否到交付时间，便可以通过物流和国际货代进行产品交付，交付完成后，订单将变成“绿色”予以标识，并且将在下一季度获得收款。但是，在交付时需要支付相应的物流费用。物流流程走完后，货款下一季度收取。

注：（1）同一订单可由不同仓库同时出货，但每笔订单必须一次性交付，不能分期。

（2）本地市场产品数量计算方法：

本地需求 = 本市场内所有公司的上一季度总产量 × 对应的市场需求比例 + 本市场内所有公司的上一季度总产量 ×（1 – 对应的市场需求比例）× 本地市场在全部市场中所占到市场份额

（3）系统回收产品的基础价格是4000元，每降低或者调高4元，将降低或者调高1分。

（四）订单交易

企业与企业之间可以通过市场交易将订单出售给对方。但是订单在未出售完成时（有出售方没有确认交易），依然属于出售订单企业。当订单到期未交付时，依然会扣除企业20%的违约金作为惩罚。因此，企业在进行订单交易出售时，一定要在找到买家后再进行出售。如果企业出现误操作，将订单进行了出售，可以通过市场再将订单买回来。当然自己买自己的东西是不会有任何损失的。

七、财务部业务概述

财务部主要办理企业记账、贷款、纳税、年检（或者企业管理部去办理年检）等业务；其操作流程为：

1. 财务部——实习导航——去外围机构办理相关业务，操作流程如图4 – 19所示。

图4 – 19　财务部业务操作流程1

2. 企业凭证查询、明细账查询、报表制作在“我的办公室”——“企业经营管理”，操作流程如图 4－20 所示。

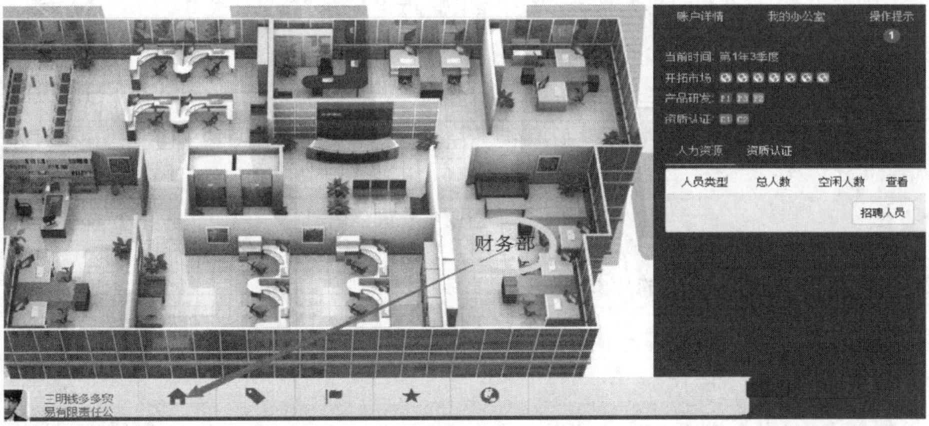

图 4－20 财务部业务操作流程 2

第二节 市场监督管理局业务规则及操作方法

一、企业登记

企业登记环节的相关业务，我们在上一章已经针对制造企业注册做过介绍，且因其他企业的登记环节比制造企业还简单，所以，在此不再赘述。

二、企业年检

（一）企业年检管理

1. 点击企业年检→企业年检管理（参见图 4－21 和图 4－22）。

图 4－21 企业年检任务界面图

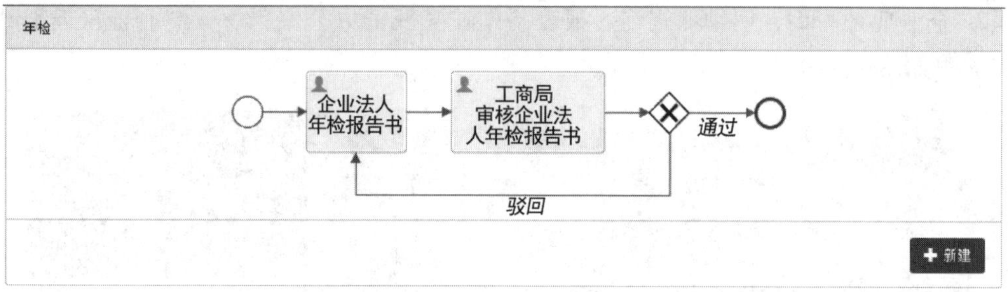

图 4 - 22　企业年检流程图

2. 获取任务并审核企业的年检报告书（参见图 4 - 23 和图 4 - 24）。

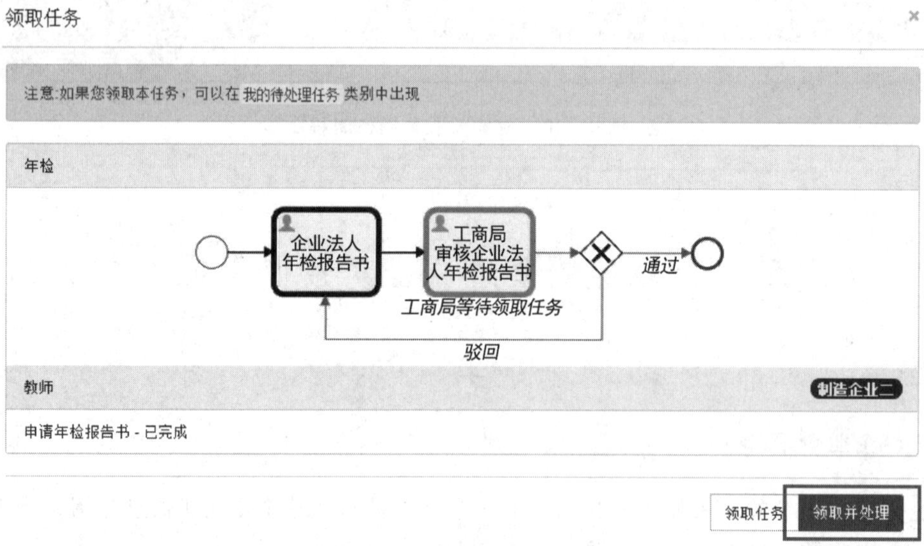

图 4 - 23　领取企业年检任务图

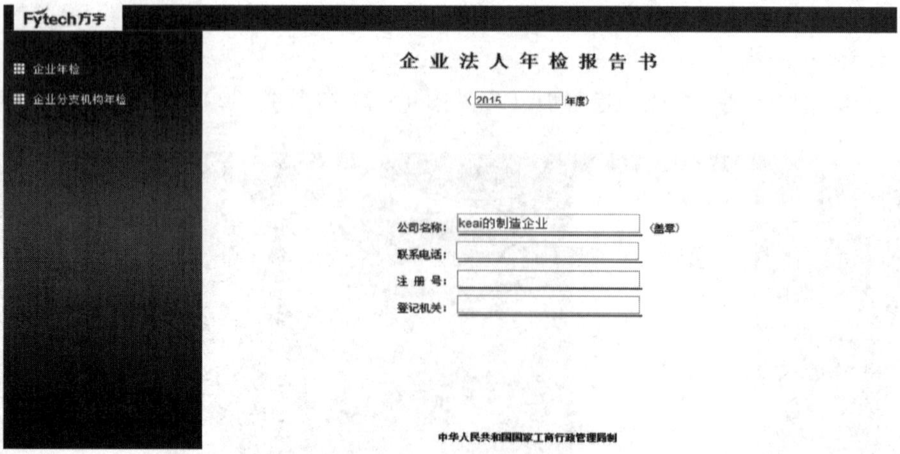

图 4 - 24　企业年检报告

对填写不符合规范的企业驳回。完成企业年检，市场监督管理局审核完成后在营业执照副本加盖年检公章（线下完成）。

（二）企业分支机构年检

市场监督管理局对企业分支机构进行年检，查看分支机构企业年检报告书。审核过程同企业年检相同，市场监督管理局审核完成后在企业分支机构营业执照副本加盖年检公章。

三、监督投诉

对企业填写的《举报登记单》进行审核，核实举报信息，给予通过或驳回处理。

（一）审核检举登记单

操作流程如图 4－25 和 4－26 所示。

图 4－25　领取举报登记单界面图

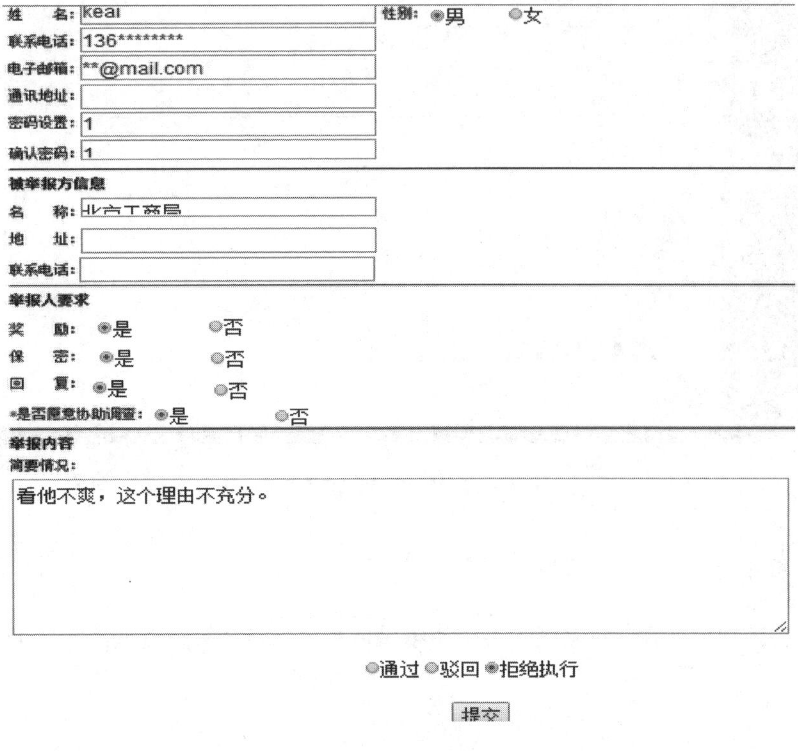

图 4－26　处理领取举报登记单界面图

（二）审核申诉登记单

处理流程如图 4－27 所示。

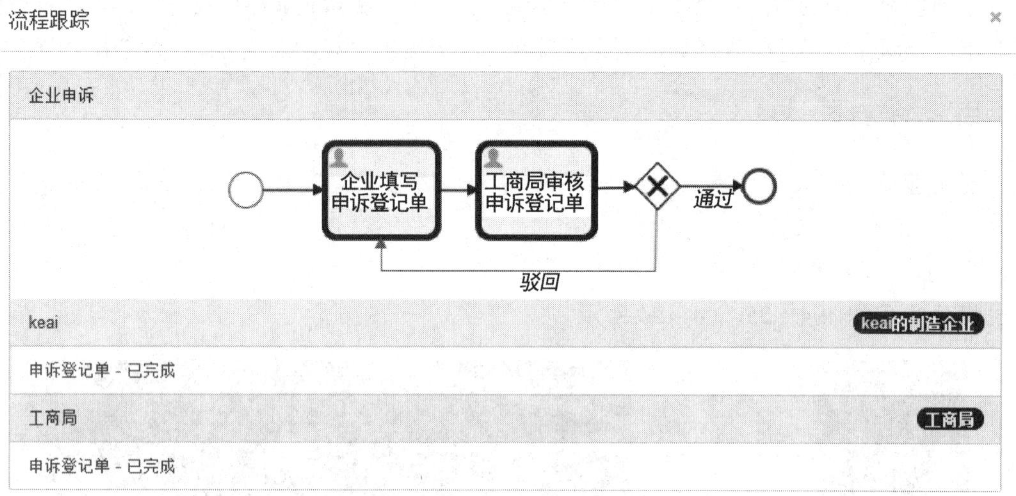

图 4－27　申诉处理流程图

核心企业到市场监督管理局申请登记单（参见图 4－28），市场监督管理局进行登记单审核并通过执行行政处罚。

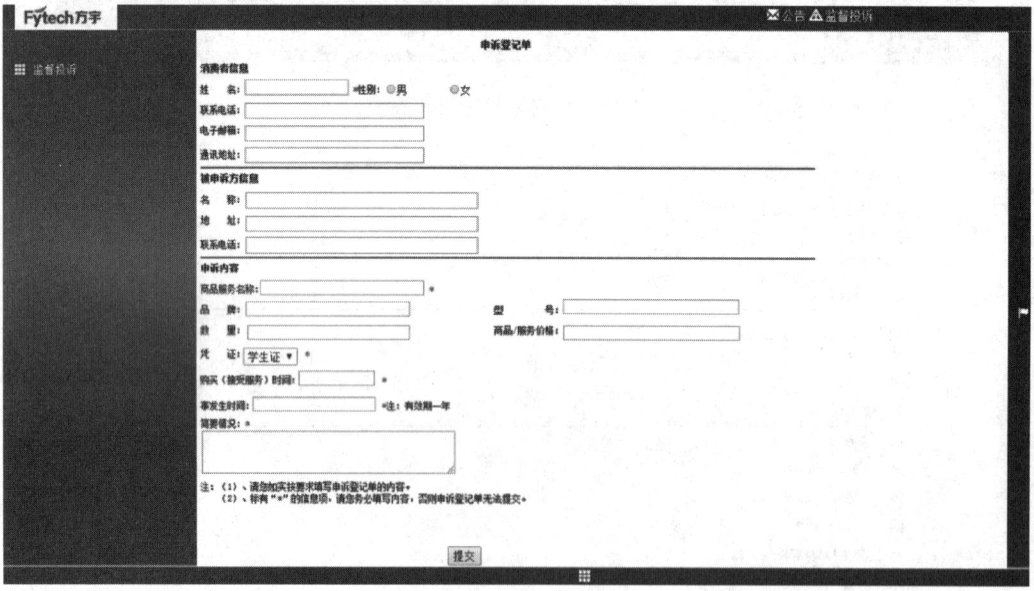

图 4－28　申诉登记单界面图

四、查看企业

市场监督管理局可查看每家企业各个季度编制的资产负债表及利润表（参见图 4－29）。

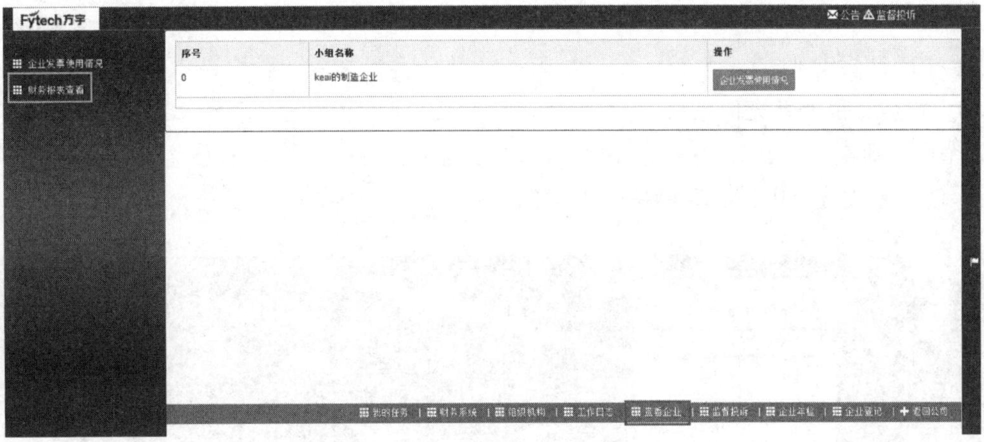

图 4－29　财务报表查看界面图

五、工作日志

编写市场监督管理局每天工作日志。

六、组织机构

可以改变成员所在角色，通过拖动人员至其他分页栏目内即可。其中经理角色不能改变。

第三节　税务局业务规则及操作方法

一、业务办理

进入税务局界面，如图 4－30 所示。

图 4－30　税务局界面图

（一）行政审批

1. 新企业税务补充信息表

企业注册期内，在开立企业临时账户之前需先去税务局填写《新企业税务补充信息表》，填写完成提交由税务局审核（参见图4－31）。

图4－31　税务补充信息表界面图

如果税务局驳回，企业需要重新填写提交，然后税务局再次审核。

税务局通过企业注册信息审核之后税务报到完成，企业可返回银行进行临时账户申请。

2. 增值税一般纳税人资格登记

企业点击行政审批——税务登记——增值税一般纳税人资格登记提交。并带上纸质版税务申请到税务局审核（参见图4－32，图4－33，图4－34）。

图4－32　增值税一般纳税人资格登记任务图

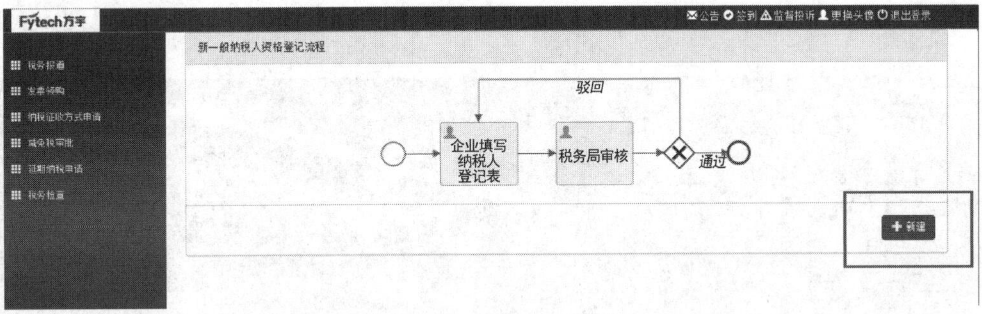

图 4－33　值税一般纳税人资格登记流程图

增值税一般纳税人资格登记表

填表日期　***年**月**日

社会信用代码（纳税人识别号）　营业执照上的统一信用编码

纳税人名称　北京天启物流有限公司

法定代表人（负责人、业主）	张三	证件名称及号码	身份证/学号　111111	联系电话	123456789
财务负责人	李四	证件名称及号码	身份证/学号　111111	联系电话	123456789
办税人员	王五	证件名称及号码	身份证/学号　111111	联系电话	123456789
税务登记日期	***年**月**日				
生产经营地址	北京市海淀区***号				
注册地址	北京市海淀区***号				
纳税人类别（单选）：　企业					
主营业务类别：　商业					
会计核算健全：　是					
一般纳税人资格生效之日：　次月1日					

填表说明：
1. 本表由纳税人如实填写。
2. 表中“证件名称及号码”相关栏次，根据纳税人的法定代表人、财务负责人、办税人员的居民身份证、护照等有效身份证件及号码填写。
3. 表中“一般纳税人资格生效之日”由纳税人自行勾选。
4. 本表一式两份，主管税务机关和纳税人各留存一份。

图 4－34　值税一般纳税人资格登记表

填写完成后提交由税务局审批，审核通过后税务登记完成；若税务局驳回，则企业需重新填写提交并审核。

（二）纳税申报

企业选择纳税申报进入税务局业务界面（参见图 4－35）。

图 4－35　税务局纳税申报界面图

国税：审核企业填写的增值税申报/企业所得税申报/缴款书申报表等（参见图4－36）。

图4－36　国税界面图

申报表有：增值税纳税申报表、附表、资产负债表、利润表等（参见图4－37），所有的申报都是独立的流程。

税务局点击增值税纳税申报表进行查看，符合给予通过。并处理纸质版单据。

图4－37　增值税纳税申报界面图

若企业填写不符合规范，税务局给予驳回，企业修改再次提交，税务局再次审核（参见图4－38和图4－39）。

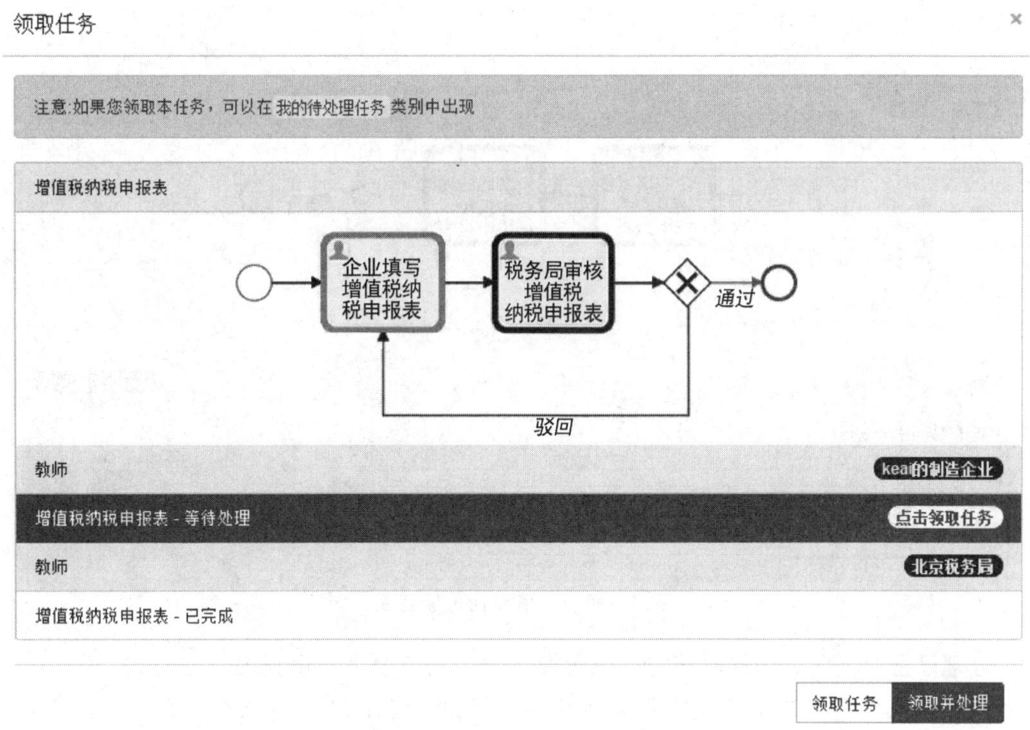

图 4－38 税务局审核流程图 1

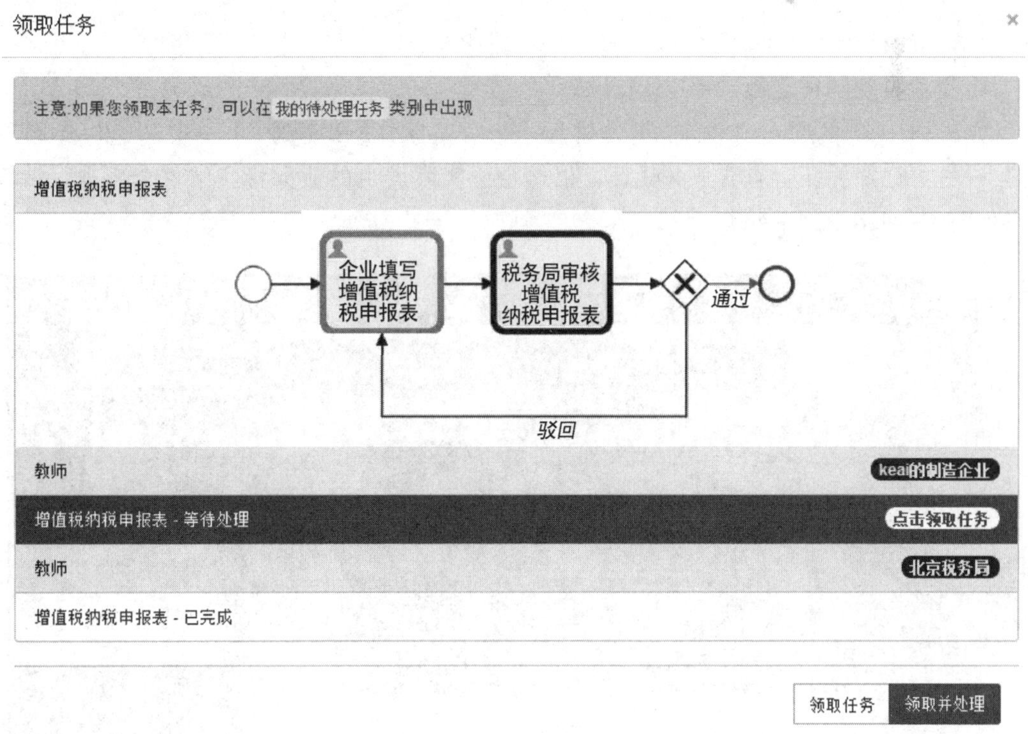

图 4－39 税务局审核流程图 2

企业填写税收缴款书，提交税务局审核，通过后，税务局完成扣税操作（参见图 4－40）。

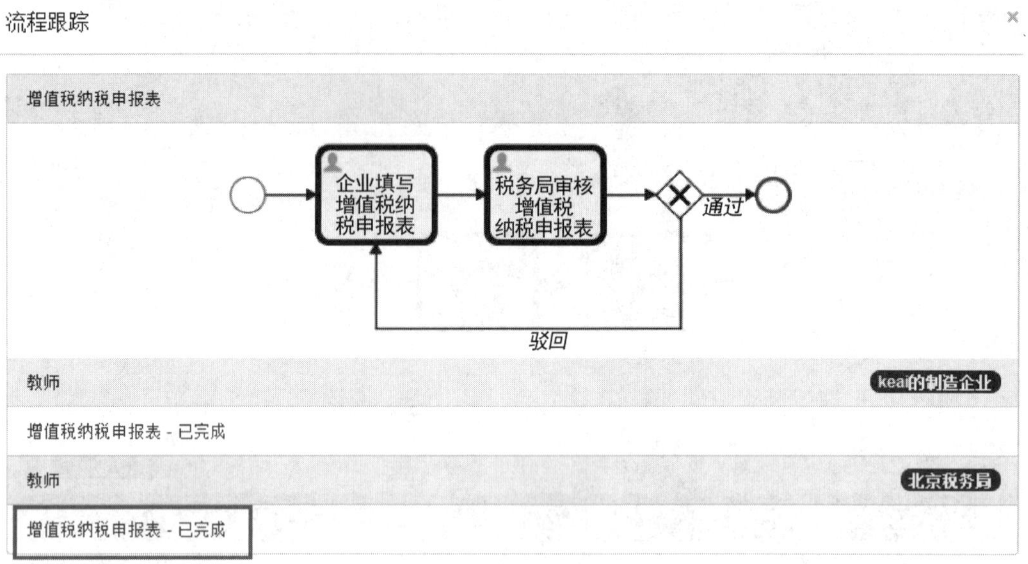

图 4-40　增值税任务流程图

办理以上业务时，须同时核对企业所携带的《增值税纳税申报表》。

当企业填写完企业增值税或是企业所得税款后，务必填写《缴款书》，并由税务局核对。

（三）纳税计算

1. 企业自查纳税金额

方法一：企业点击“我的办公室”——“企业经营管理”——“历史合同管理”——“记账凭证”查看业务凭证，根据企业实际发生的业务将应纳税金额进行计算（参见图 4-41 至图 4-43）。

图 4-41　企业自查纳税金额流程 1

图 4－42　企业自查纳税金额流程 2

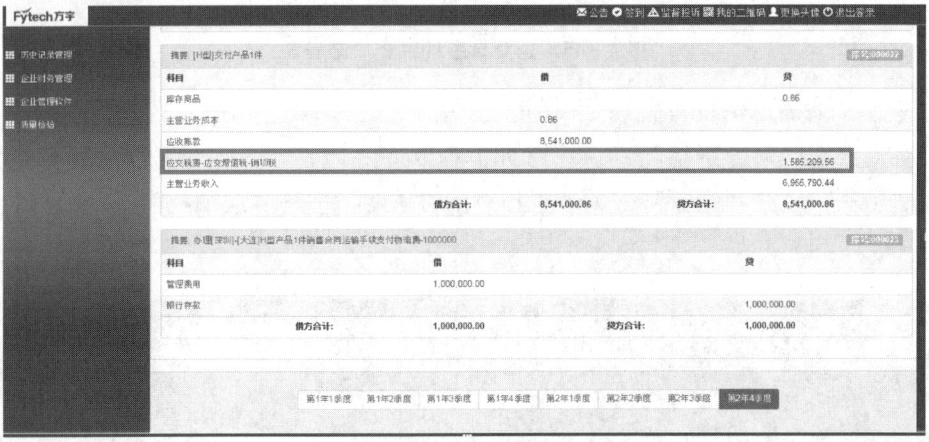

图 4－43　企业自查纳税金额流程 3

方法二：企业点击“我的办公室”——“企业经营管理”——“历史合同管理”——“明细账管理”——“应纳税额”，根据企业实际发生的业务将应纳税金额进行缴纳（参见图 4－44 和图 4－45）。

图 4－44　企业自查纳税金额流程 4

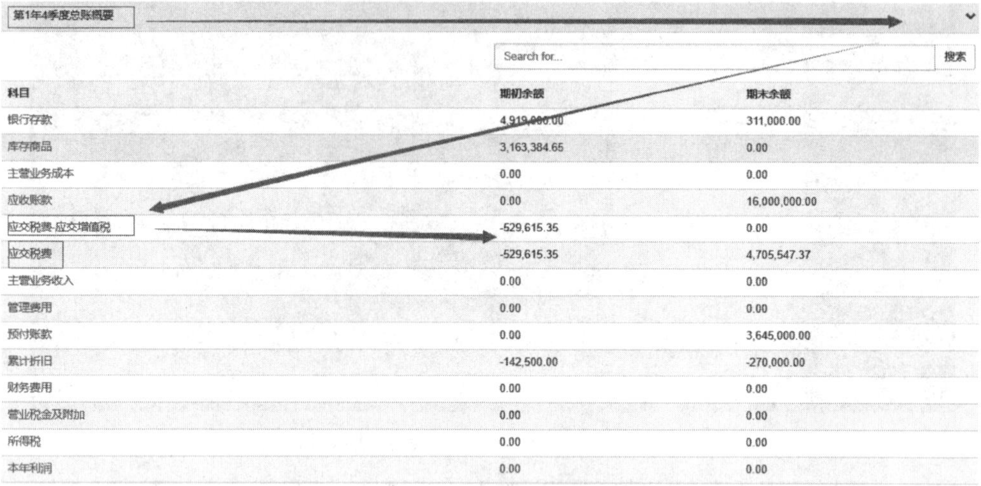

第1年4季度总账概要

Search for... 搜索

科目	期初余额	期末余额
银行存款	4,919,000.00	311,000.00
库存商品	3,163,384.65	0.00
主营业务成本	0.00	0.00
应收账款	0.00	16,000,000.00
应交税费-应交增值税	-529,615.35	0.00
应交税费	-529,615.35	4,705,547.37
主营业务收入	0.00	0.00
管理费用	0.00	0.00
预付账款	0.00	3,645,000.00
累计折旧	-142,500.00	-270,000.00
财务费用	0.00	0.00
营业税金及附加	0.00	0.00
所得税	0.00	0.00
本年利润	0.00	0.00

图 4－45　企业自查纳税金额流程 5

2. 税务局查看应纳税金额

税务局点击“财务系统”——“财务报告”——“科目数据报告”——“总账/明细账报告”——“选择企业”——“选择对应的季度”——“应纳税额”（参见图 4－46 至图 4－48）。

图 4－46　税务局查看应纳税金额流程 1

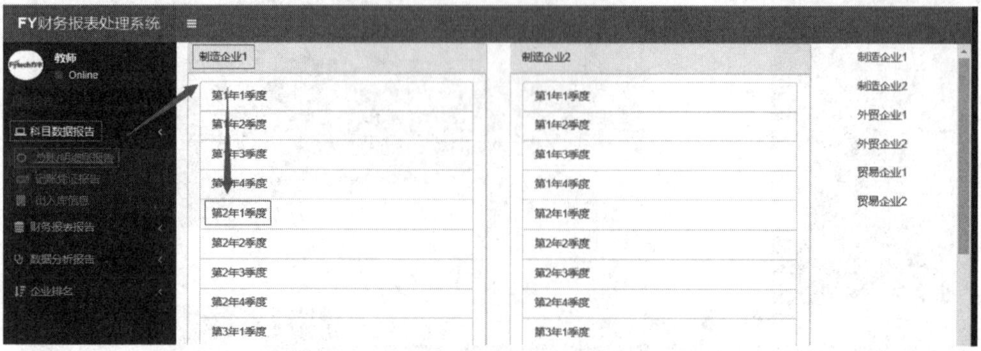

图 4－47　税务局查看应纳税金额流程 2

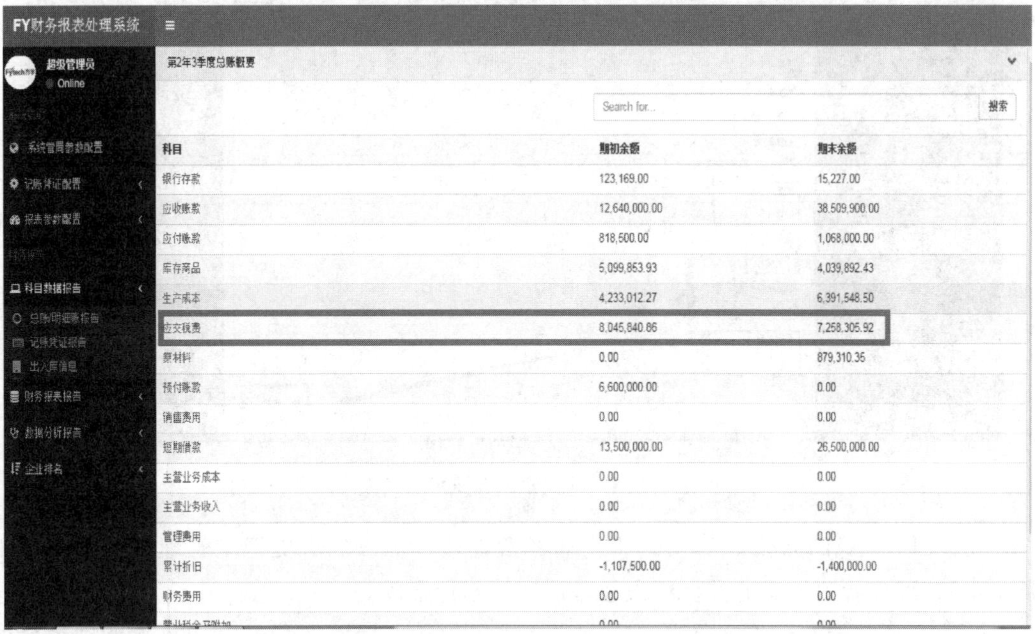

图 4 – 48 税务局查看应纳税金额流程 3

3. 企业缴税

企业点击“财务部”——“转账”——“电子支票”，依次填写“收款人小组”——“转账用途”——“收款银行卡号”——“汇款金额”，然后点击“转账”，完成后，前往商业银行完成转账业务（参见图 4 – 49 和图 4 – 50）。

图 4 – 49 企业缴税流程 1

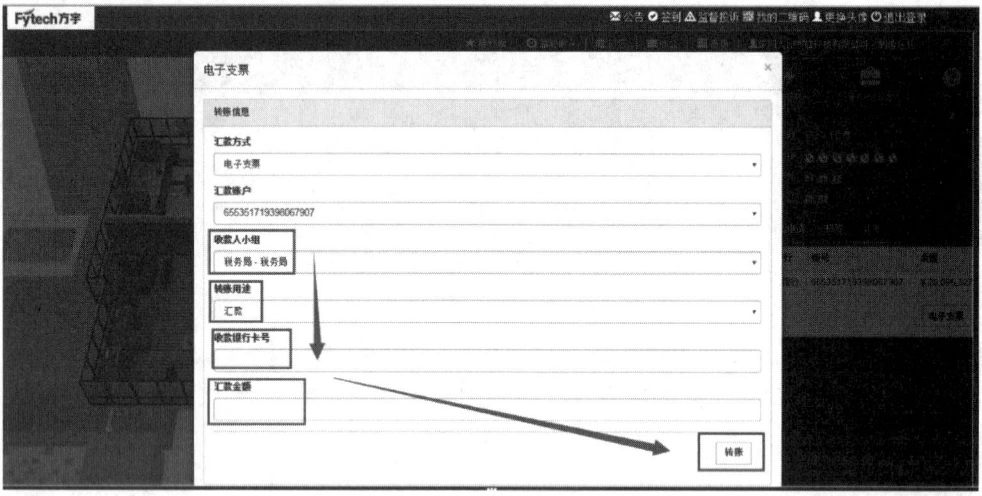

图 4－50　企业缴税流程 2

注：(1) “我的办公室”——“企业经营管理”——“历史记录管理”——“明细账查看”，可查看到的应纳税金额为经营周期的累计金额。

(2) 企业选择在某季度通过转账方式缴纳了税额，后面经营的时候再次缴纳税额的时候需要将上次缴纳的税额扣除。

(3) 当某个季度的纳税金额出现负数的时候，税务局无需将金额转给企业，企业可将这一部分的应纳税额，作为上期留抵，计入下期。

二、辅助功能

（一）工作日志

填写每日税务局的业务操作，和一些简要的日志。

（二）纳税辅导

1. 查看单据

在查看单据界面，税务局可以查看税务登记和发票领购的相关表格样本（参见图 4－51）。

图 4－51　查看单据界面图

2. 税务流程

提供税务局业务办理的流程（参见图 4－52）。

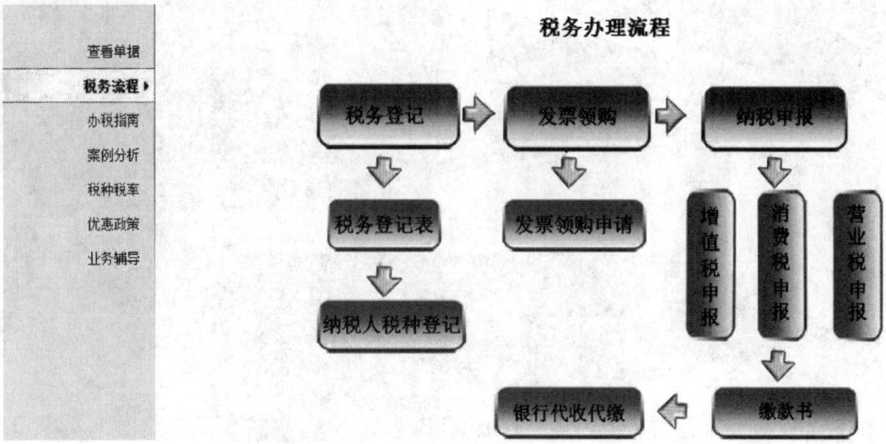

图 4－52　税务局业务流程图

（三）组织机构

可以从组织机构界面中管理税务局人员岗位分工（参见图 4－53）。

图 4－53　税务局组织结构设置界面图

第四节　银行业务规则及操作方法

一、银行业务

银行界面如图 4－54 所示。

图 4－54　银行业务界面图

（一）开户管理

点击开户管理——进入开户管理主界面（参见图 4－55）。

图 4－55　开户管理界面图

（二）临时账户管理

（1）首先银行必须核对被审企业所携带的《临时账户申请单》；

（2）点击开户管理——临时账户开户申请管理；

（3）点击领取任务开始处理企业申请的临时账户（参见图 4－56）。

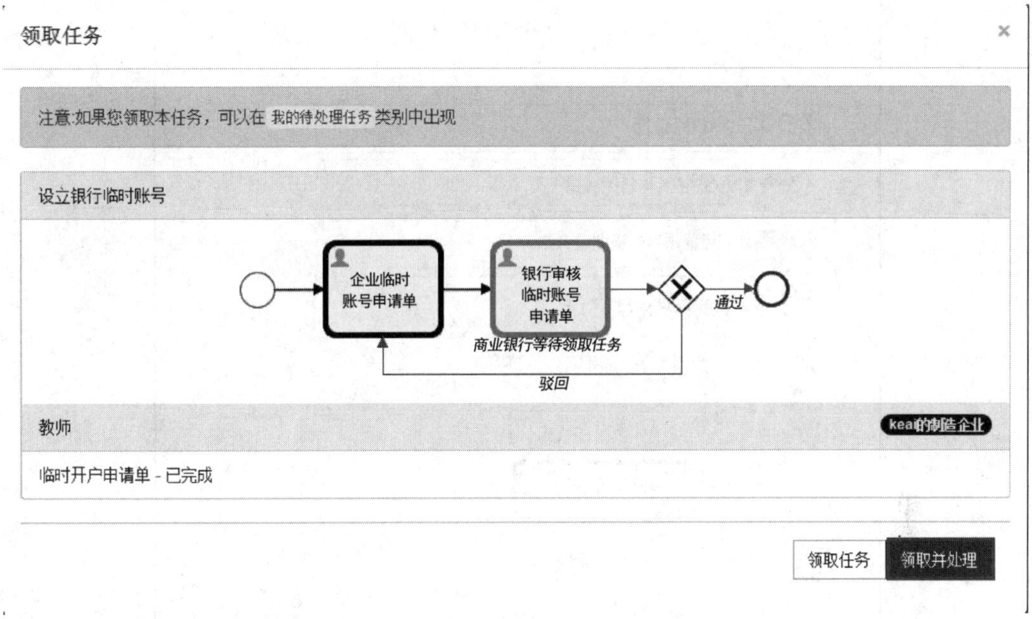

图 4-56 临时账户任务领取界面图

(4) 点击领取并处理——确定——点击“审核”(公司名称处须填写公司预先核准的名称，确认无误后点击通过，提交。若不符合标准，点击驳回后提交)(参见图 4-57)。

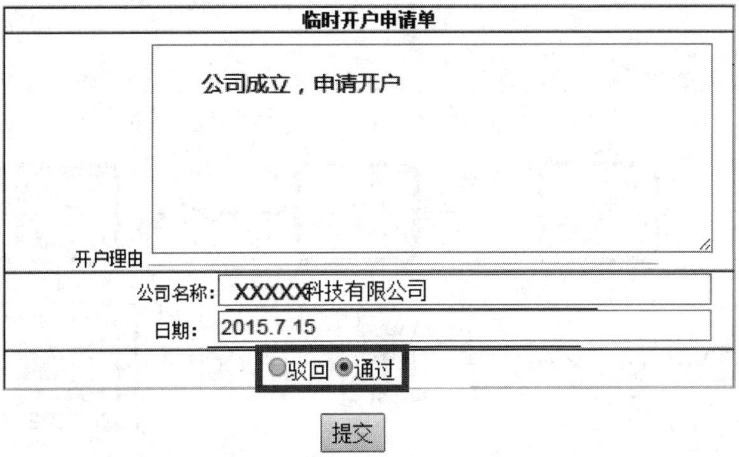

图 4-57 临时开户申请审核图

(5) 被审企业临时账户开立成功后，点击查看流程跟踪，选择最后一个临时开立账号，查看企业开立的临时账户账号，并向企业发放《临时账户》。

(三) 开户申请书管理

点击开户管理：点击开户申请书管理——点击领取任务——弹出框点确定。

审核银行开户申请(参见图 4-58)。

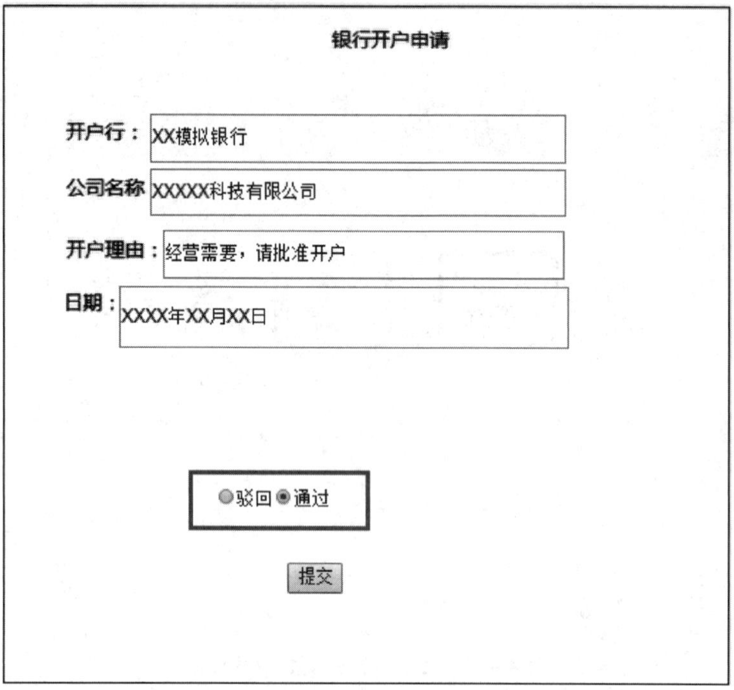

图 4－58　银行开户申请管理界面图

1. 开户银行管理

（1）到银行开户管理——开户申请书管理——再次领取任务，如图 4－59 所示。

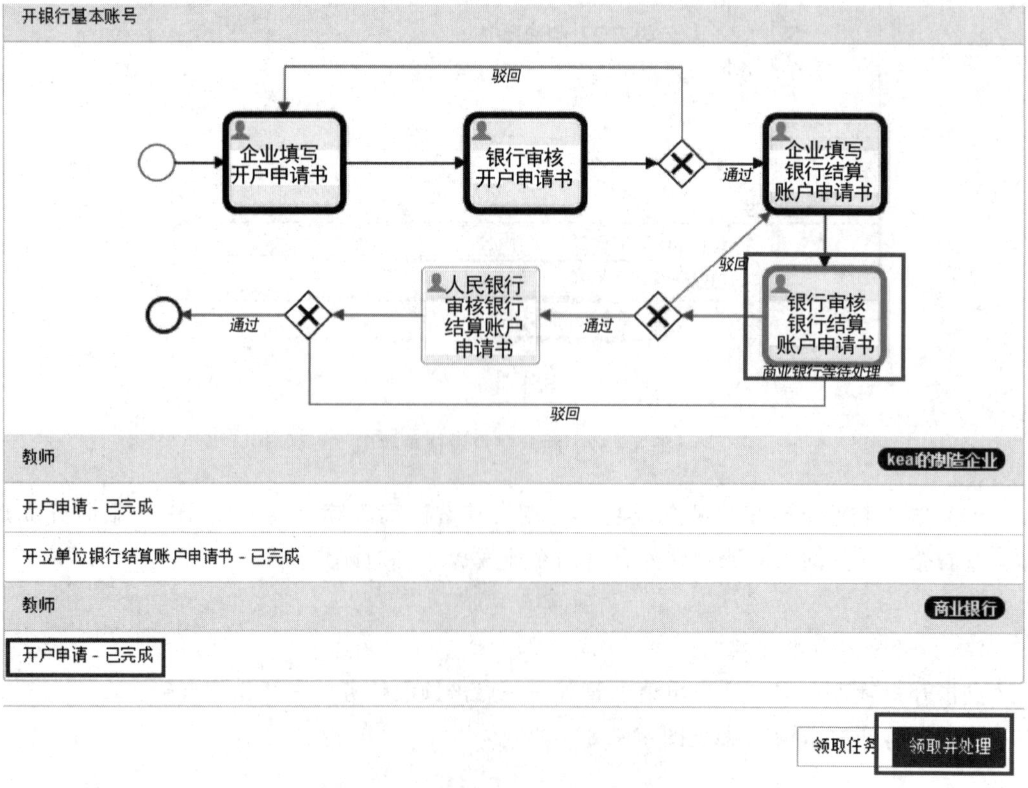

图 4－59　银行开户申请管理界面图

（2）接下来，审核《银行结算账户申请书》（参见图 4-60）。

开立单位银行结算账户申请书

存款人名称	xx市xx公司	电话	13xxxxxxxxx
地　址	xx市xx区xx街xx号	邮编	01xxxx
存款人类别	组织机构代码	91827263-7	
◉ 法定代表人 ○ 单位负责人	姓　名	张三	
	证件种类	身份证	证件号码 22039197012122879
行业分类	A（☐）B（☐）C（☑）D（☐）E（☐）F（☐）G（☐）H（☐） I（☐）J（☐）K（☐）L（☐）M（☐）N（☐）O（☐）P（☐） Q（☐）R（☐）S（☐）T（☐）		
注册资金	10000000	地区代码	00000001
经营范围	手机制造与生产		
证明文件种类	营业执照	证明文件编号	9281762536475
税务登记（国税或地税）编号	920283721827372		
关联企业	关联企业信息填列在"关联企业登记表"上		
账户性质	基本（◉）一般（○）专用（○）临时（○）		
资金性质	独资	有效期至	20xx 年 xx 月 xx 日

以下栏目由开户银行审核后填写：

开户银行名称	xx市xx银行	开户银行代码	1000000
账户名称	xx市xx公司	账号	6222010515208716
基本存款账户开户许可证核准号	892726151382	开户日期	20xx年xx月xx日

本存款人申请开立单位银行结算账户，并承诺所提供的开户资料真实，有效 存款人公章 xx市xx公司 20xx 年 xx 月 xx 日	开户银行审核意见： 同意 经办人（签章） 李四 银行（签章） xx市xx银行 20xx 年 xx 月 xx 日	人民银行审核意见： （非核准类账户除外） 经办人（签章） 人民银行（签章） 年　月　日

提交　打印

填表说明：

1. 申请开立临时存款账户，必须填列有效日期；申请开立专用存款账户，必须填资金性质．

2. 该行业标准有银行在营业场所公告．"行业分类"中各字母代表的行业种类如下：A：农、林、牧、渔业；B：采矿业；C：制造业；D：电力、燃气及水的生产供应业；E：建筑业；F：交通运输、仓储和邮政业；G：信息传输、计算机服务及软件业；H：批发和零售业；I：住宿和餐饮业；J：金融业；K：房地产业；L：租赁和商务服务业；M：科学研究 技术服务和地质勘查业；N：水利、环境和公共设施管理；O：居民服务和其他服务业；P：教育业；Q：卫生、社会保障和社会福利业；R：文化、教育和娱乐业；S：公共管理和社会组织；T：其他行业

图 4-60　银行开户申请管理界面图

2. 人民银行管理

（1）银行到开户管理——人民银行管理——再次领取任务，如图 4-61 所示。

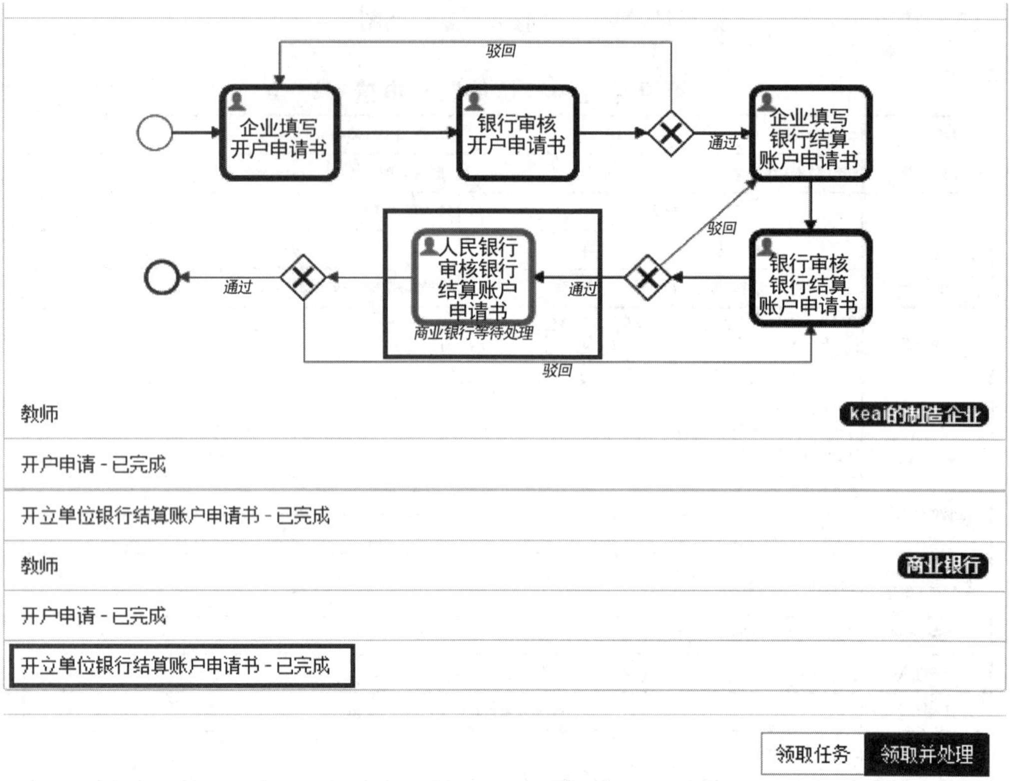

图 4－61　人民银行管理界面图

（2）点击审核，进行查阅。查阅完毕填写开立单位银行结算账户申请书，审核意见（请在图 4－62 框处填写审核意见，审核通过则点击通过并提交。若审核不合格点击驳回并提交）。

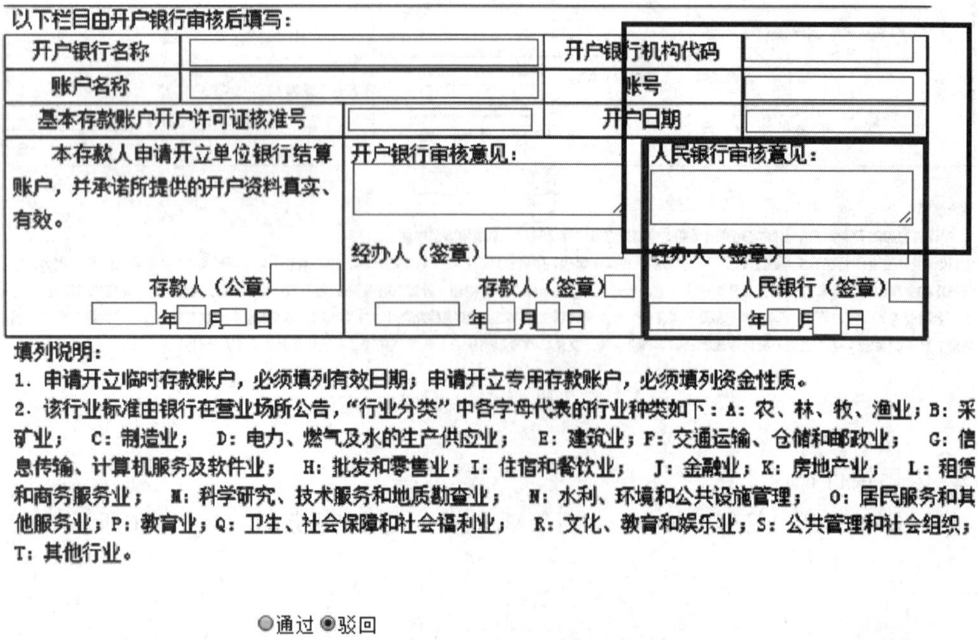

以下栏目由开户银行审核后填写：

开户银行名称		开户银行机构代码	
账户名称		账号	
基本存款账户开户许可证核准号		开户日期	
本存款人申请开立单位银行结算账户，并承诺所提供的开户资料真实、有效。 存款人（公章） 年 月 日	开户银行审核意见： 经办人（签章） 存款人（签章） 年 月 日	人民银行审核意见： 经办人（签章） 人民银行（签章） 年 月 日	

填列说明：

1. 申请开立临时存款账户，必须填列有效日期；申请开立专用存款账户，必须填列资金性质。
2. 该行业标准由银行在营业场所公告，“行业分类”中各字母代表的行业种类如下：A：农、林、牧、渔业；B：采矿业；　C：制造业；　D：电力、燃气及水的生产供应业；　E：建筑业；F：交通运输、仓储和邮政业；　G：信息传输、计算机服务及软件业；　H：批发和零售业；I：住宿和餐饮业；　J：金融业；K：房地产业；　L：租赁和商务服务业；　M：科学研究、技术服务和地质勘查业；　N：水利、环境和公共设施管理；　O：居民服务和其他服务业；P：教育业；Q：卫生、社会保障和社会福利业；　R：文化、教育和娱乐业；S：公共管理和社会组织；T：其他行业。

◎通过 ◉驳回

图 4－62　人民银行审核意见界面图

二、企业账户余额查询

银行可通过结算业务——企业账户余额，在此处可查询企业余额（参见图 4－63）。

图 4－63　查询企业账户余额界面图

三、贷款管理

（一）申请贷款

银行点击贷款管理——填写贷款申请——新建（参见图 4－64）。

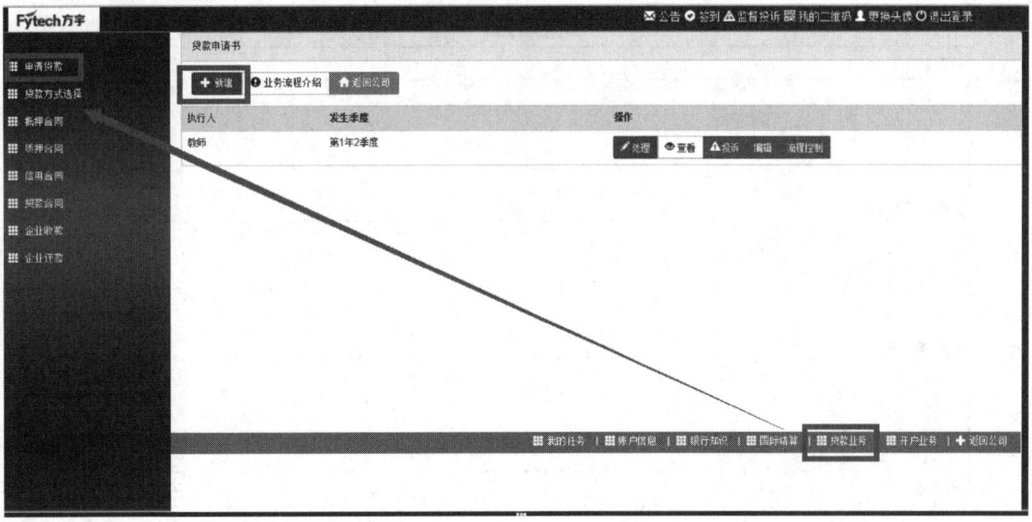

图 4－64　申请贷款面图

（二）调查报告管理

1. 银行按照贷款流程（参见图 4－65），首先点击贷款管理——调查报告管理——点击领取任务。

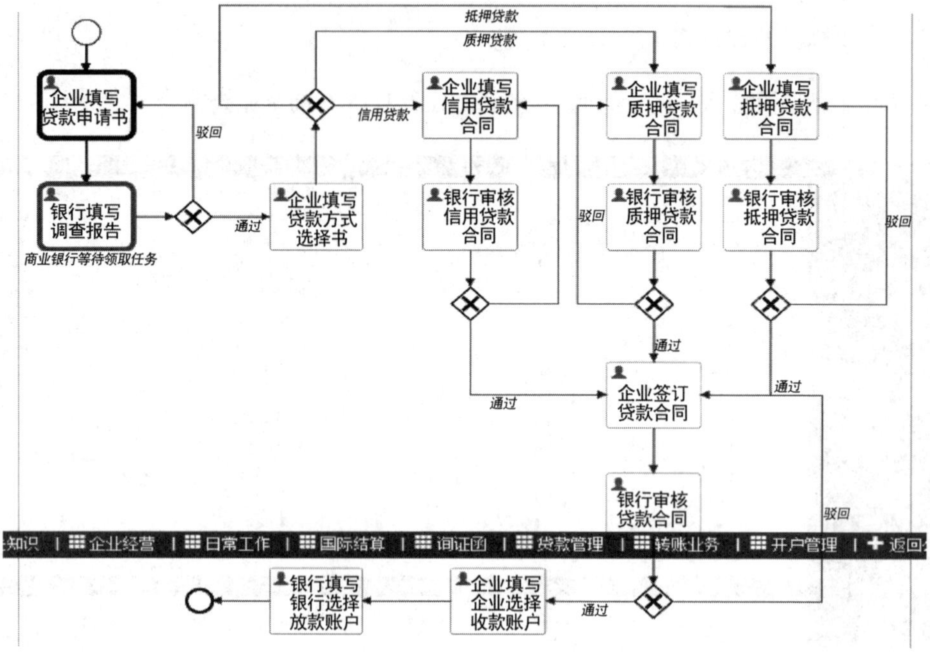

图 4-65 贷款流程图

2. 点击领取并处理，处理任务。

3. 银行贷款业务办理，首先需提交调查报告。

4. 填写调查报告（经过审核后，情况属实则点击通过并提交。若企业情况不符合贷款标准，则在调查结论处填写不同意贷款，点击驳回并提交）（参见图 4-66）。

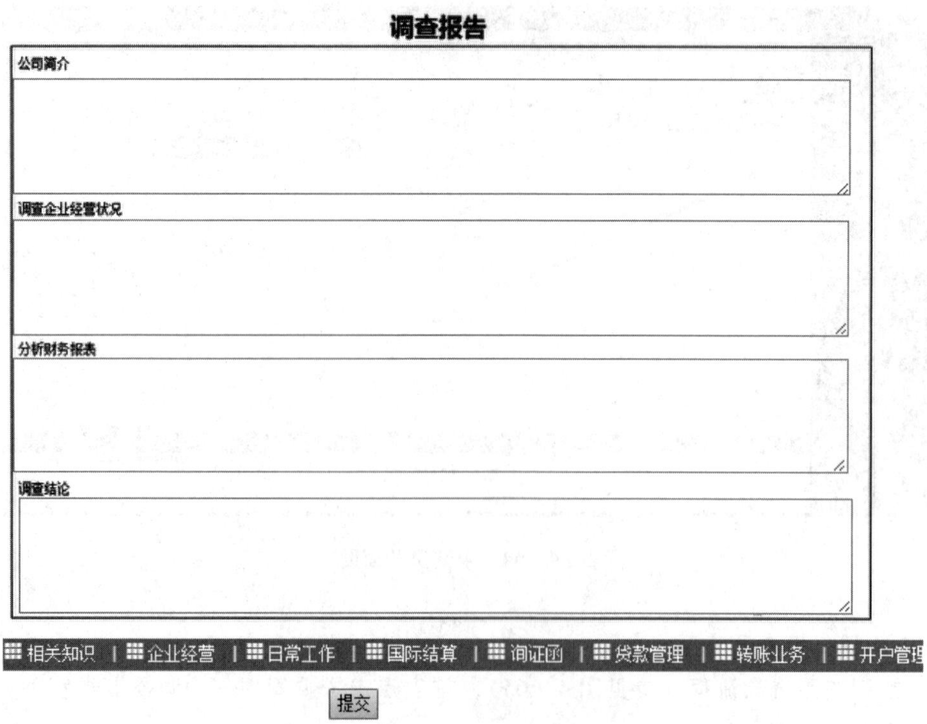

图 4-66 贷款调查报告界面图

5. 贷款调查报告填写后，等待企业提交贷款合同签订书，并处理纸质版《调查报告》。

（三）贷款合同类型选择

贷款合同分为抵押合同、质押合同、信用合同，企业选择其中一种。这几种类型贷款流程都一样，下面以抵押贷款为例来说明。

1. 查看企业携带的纸质《抵押贷款》，核对无误后银行签字盖章。

2. 银行点击贷款管理——抵押合同。

3. 点击领取任务并处理（参见图 4－67）——签订质押合同，以下为质押合同样本（参见图 4－68）。

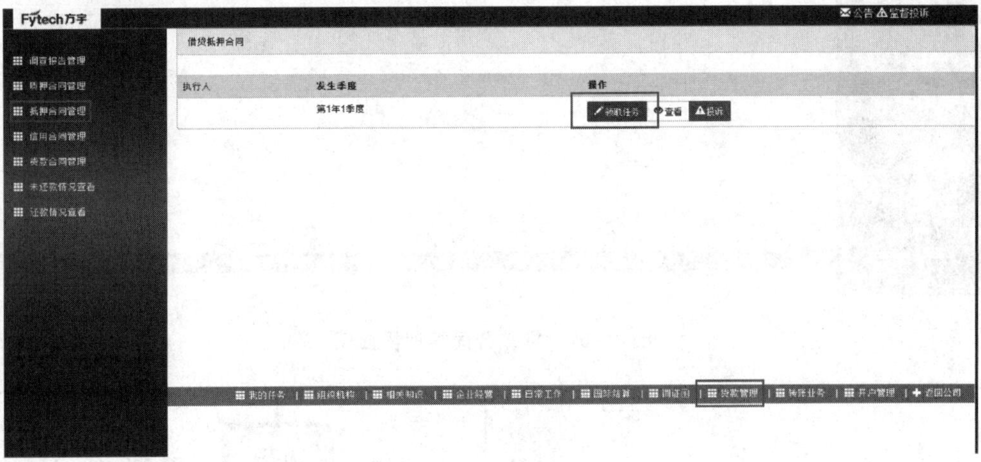

图 4－67 抵押合同管理界面图

借贷抵押合同

合同编号：			
抵押人(甲方):			
住址：		邮政编码：	
法定代表人(负责人):			
传真：		电话：	
抵押权人(乙方):	银行		
住址：		邮政编码：	
负责人：			
传真：		电话：	
1. 抵押物名称及清单			
2. 担保范围 ______种			
3. 担保金额			
4. 抵押财务登记			
5. 甲方 乙方各自的权利与义务及承担的债务			
6. 甲乙双方的违约责任			

图 4－68 抵押合同样本图

4. 抵押合同签订完，贷款企业需要签订《贷款合同》。

（四）人民币资金借贷合同

1. 查看企业携带的纸质《人民币资金借贷合同》，核对无误后银行签字盖章。
2. 银行点击贷款管理——贷款合同管理（参见图 4－69 和图 4－70）。

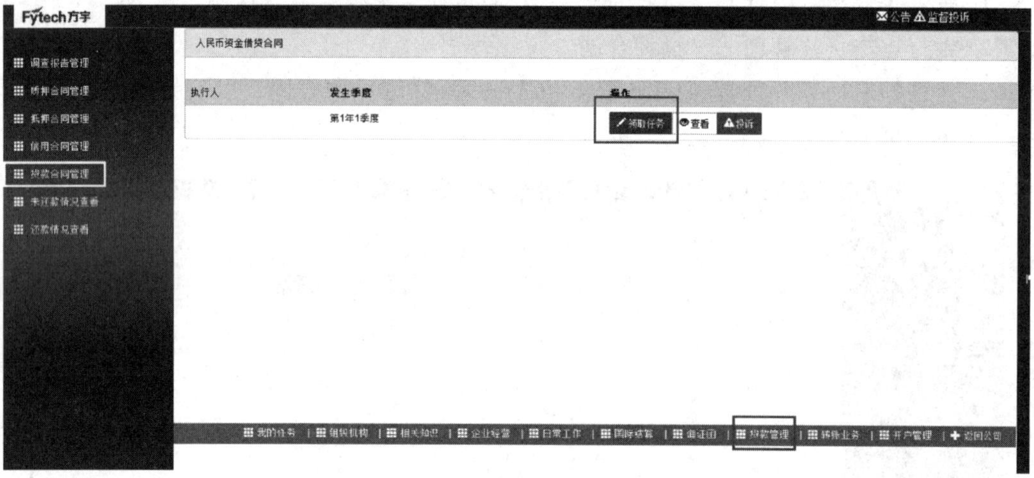

图 4－69　贷款合同管理界面图

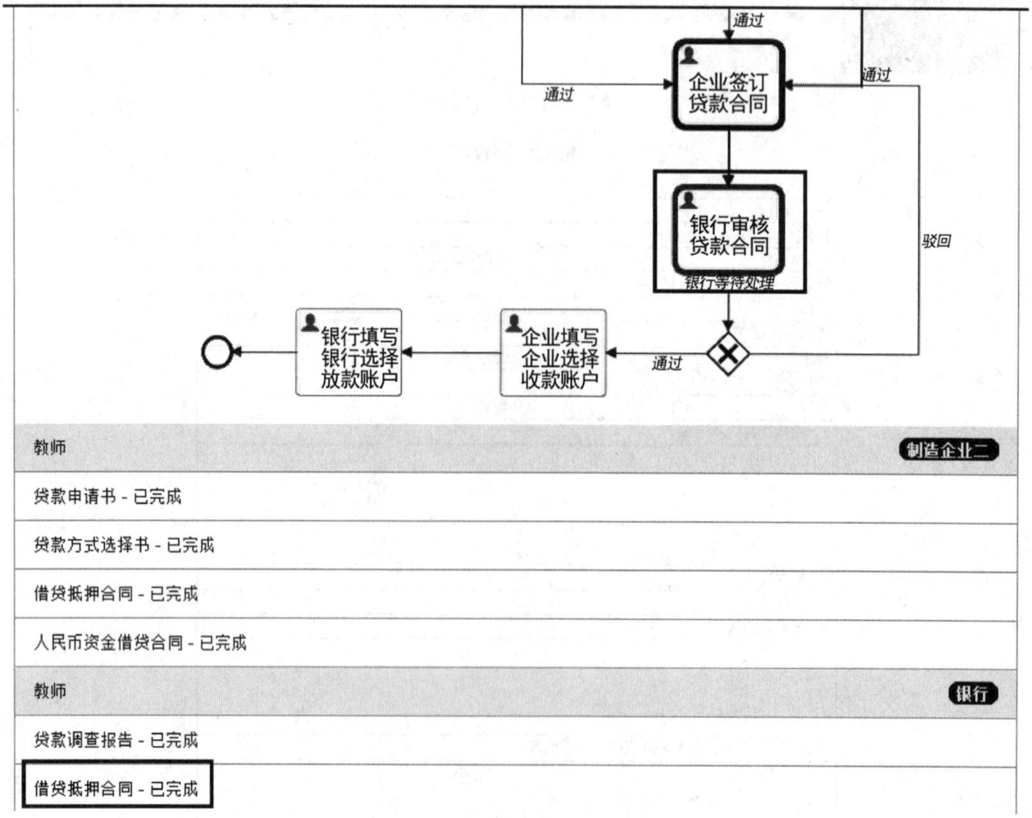

图 4－70　贷款合同管理流程图

3. 点击处理——确认——人民币资金借贷合同（参见图 4－71）。

贷款人(乙方):			
住址:			
负责人:		邮编:	
传真:		电话:	
借款金额:	1		
借款用途:			
借款期限:	1		
借款利率种类:	○长期贷款 ◉短期贷款		
借款利率:	4		
贷款种类:	RMB		
违约责任:			
罚金利率:	1		

○驳回 ◉通过

提交

图 4－71 审核人民币资金借贷合同界面图

4. 由签订贷款企业进行银行账户选择：在贷款企业操作提示中选企业贷款，并领取任务，确认账户，最后由银行放款（参见图 4－72）。

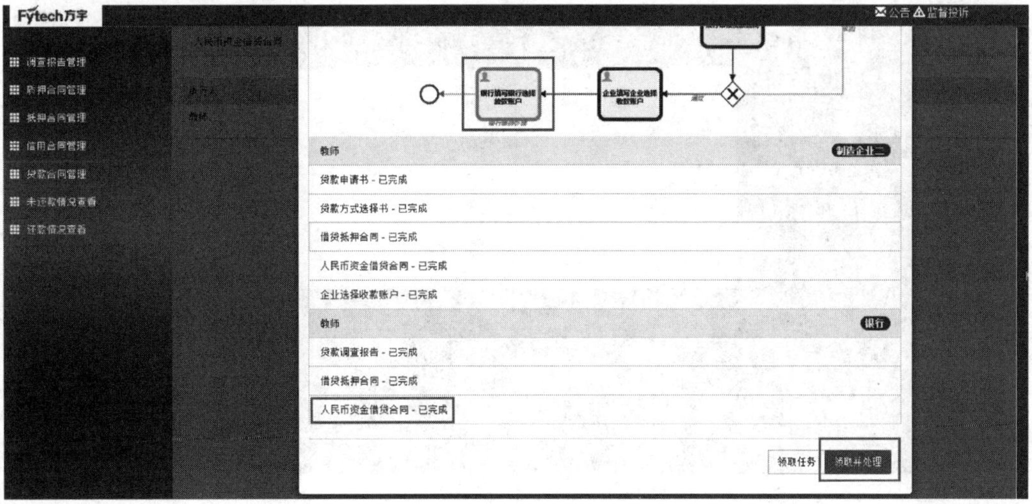

图 4－72 银行放款界面图

(五) 还款情况查看

银行可以通过贷款管理——还款情况查看，来了解企业贷款情况（参见图4-73）。

图4-73 还款情况界面图

四、常规经营活动

(一) 工作日志管理

日常工作——工作日志管理（银行员工点击新增，将自己每天的工作写成工作日志）。

(二) 组织机构

银行经理可通过创建岗位加入人员的方式给用户提供岗位（参见图4-74）。

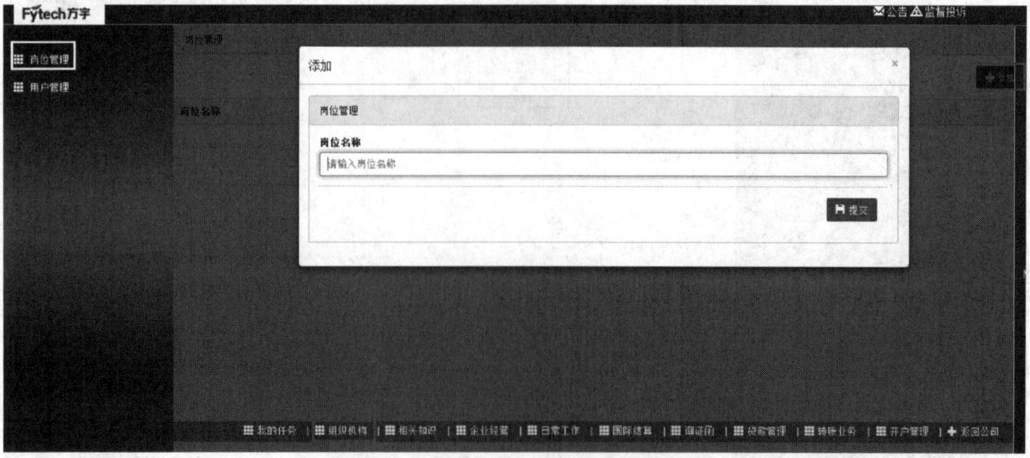

图4-74 银行组织机构管理界面图

第五节 物流公司业务规则及操作方法

一、合同管理

（一）合同签订

1. 物流公司业务人员通过合同管理——合同签订——领取任务，并审核国内货物运输协议合同电子版（参见图 4－75 和图 4－76）。

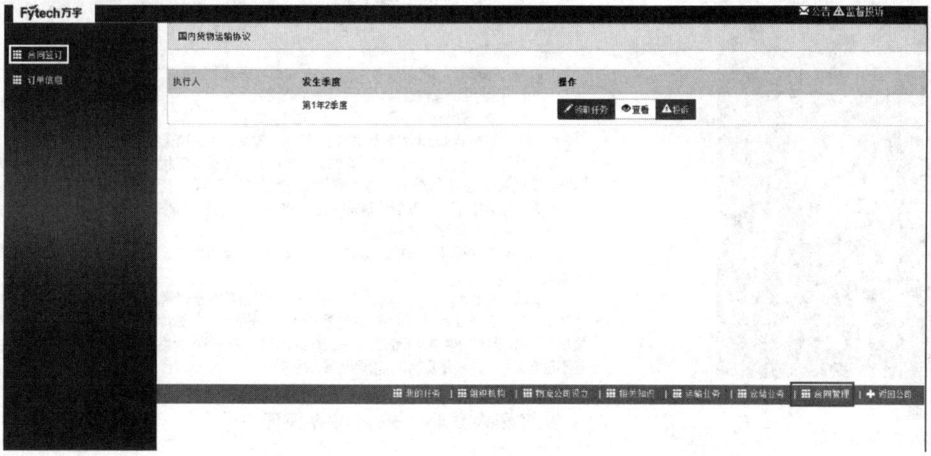

图 4－75 物流合同签订任务领取图

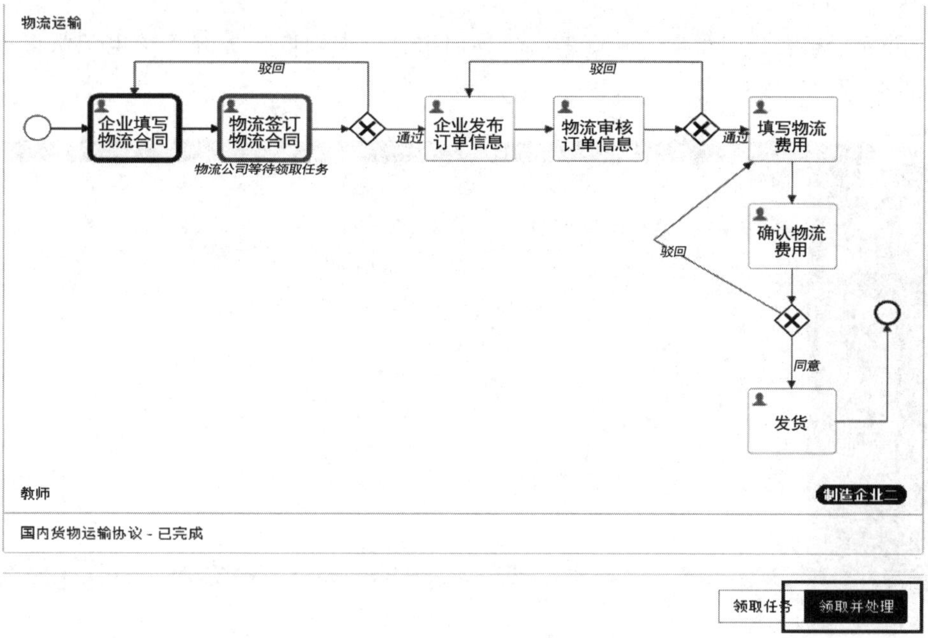

图 4－76 物流合同签订流程图

2. 如果制造企业书写不规范，请驳回，让制造企业重新填写。

3. 物流合同签订后，需要客户填写《国内货物运输协议》（参见图 4－77）。

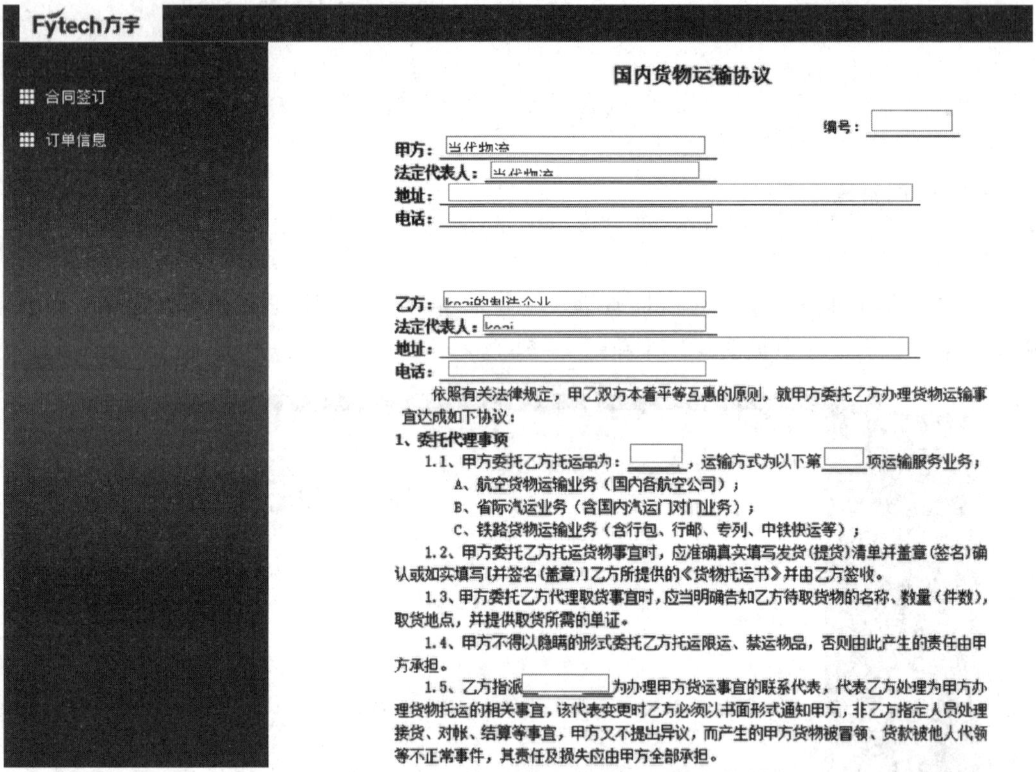

国内货物运输协议

编号：

甲方：

法定代表人：

地址：

电话：

乙方：

法定代表人：

地址：

电话：

依照有关法律规定，甲乙双方本着平等互惠的原则，就甲方委托乙方办理货物运输事宜达成如下协议：

1、委托代理事项

1.1、甲方委托乙方托运品为：＿＿＿＿，运输方式为以下第＿＿＿项运输服务业务；

A、航空货物运输业务（国内各航空公司）；

B、省际汽运业务（含国内汽运门对门业务）；

C、铁路货物运输业务（含行包、行邮、专列、中铁快运等）；

1.2、甲方委托乙方托运货物事宜时，应准确真实填写发货(提贷)清单并盖章(签名)确认或如实填写[并签名(盖章)]乙方所提供的《货物托运书》并由乙方签收。

1.3、甲方委托乙方代理取货事宜时，应当明确告知乙方待取货物的名称、数量（件数)，取货地点，并提供取货所需的单证。

1.4、甲方不得以隐瞒的形式委托乙方托运限运、禁运物品，否则由此产生的责任由甲方承担。

1.5、乙方指派＿＿＿＿为办理甲方货运事宜的联系代表，代表乙方处理为甲方办理货物托运的相关事宜，该代表变更时乙方必须以书面形式通知甲方，非乙方指定人员处理接货、对帐、结算等事宜，甲方又不提出异议，而产生的甲方货物被冒领、货款被他人代领等不正常事件，其责任及损失应由甲方全部承担。

图 4－77　签订国内货物运输协议界面图

（二）订单信息

1. 物流公司在合同管理——订单信息界面中，点击领取任务并审核电子版订单信息（参见图 4－78）。

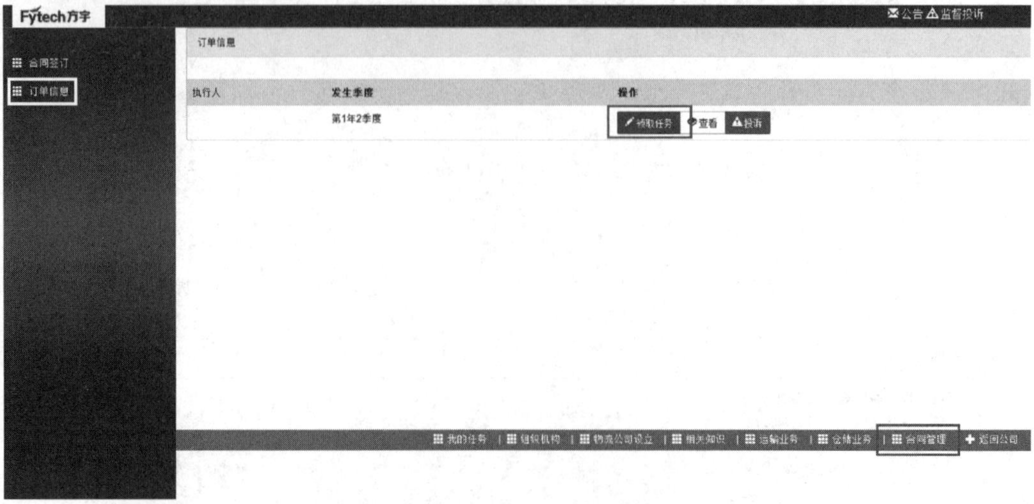

图 4－78　订单信息任务界面图

2. 查看订单的详细信息，参见图 4－79。

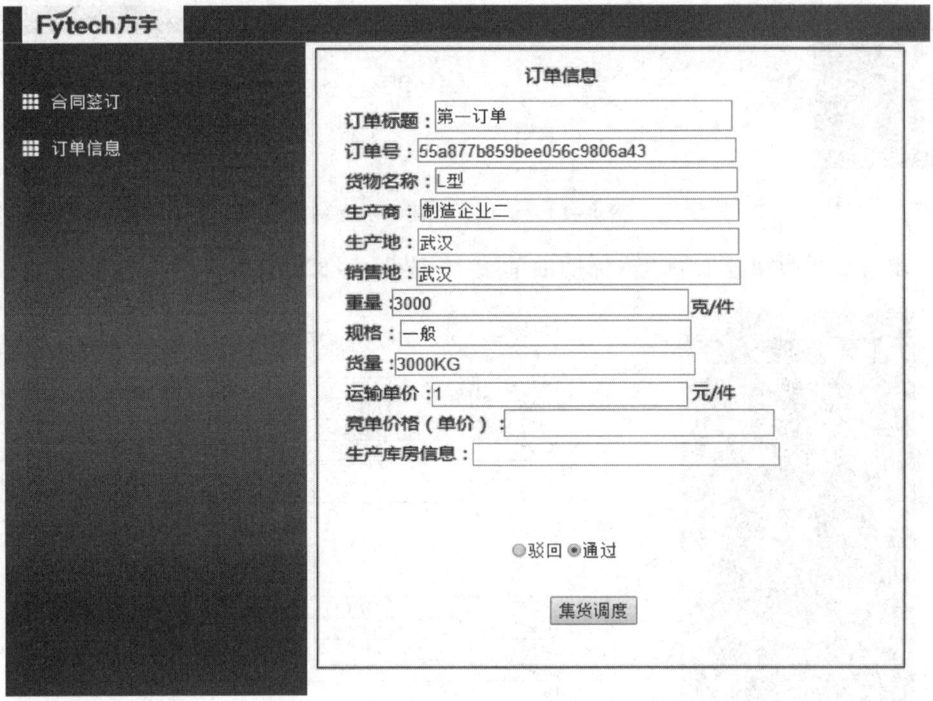

图 4－79　订单信息图

3. 物流企业填写物流费用（物流费用的价格为正整数，且无单位，中间不能有空格英文及非法数字）。

4. 在合同管理——订单信息界面中，点击领取任务并处理。

5. 制造企业需要确认物流总费用、发货并付款。

二、仓储业务

（一）入库明细

1. 在仓储业务——仓储管理界面中，点击入库明细，参见图 4－80。

图 4－80　入库明细界面图

2. 在入库明细功能点击新增按钮，参见图 4－81。

图 4－81　新增入库明细界面图

3. 填写纸质版和电子版《入库明细单》，参见图 4－82。

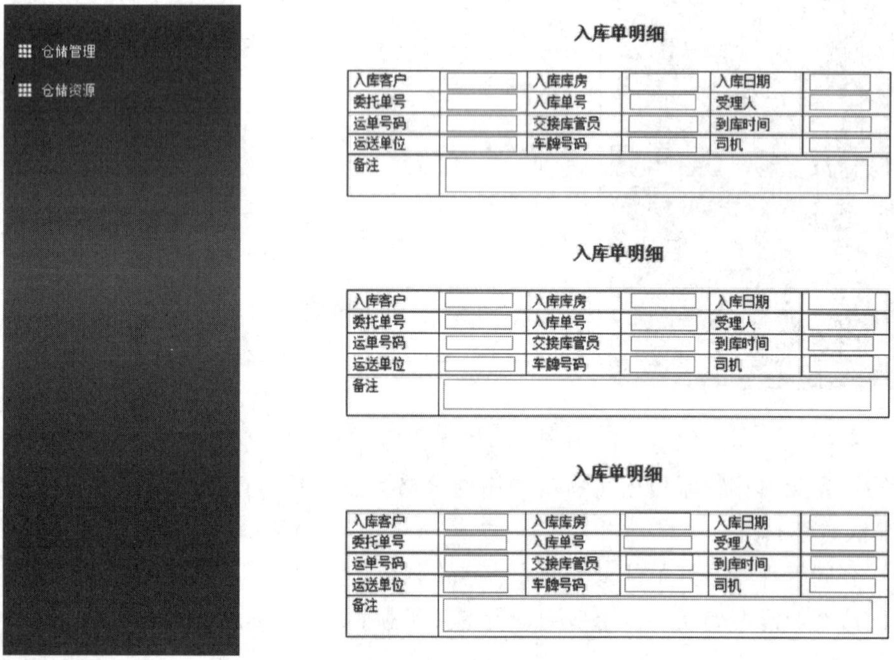

图 4－82　入库明细单填写界面

（二）出库明细

1. 在仓储业务——仓储管理界面中，点击出库明细单，参见图 4－83。

图 4－83　出库明细界面图

2. 点击新增按钮，参见图 4－84。

图 4－84　新增出库明细管理界面图

3. 填写纸质版和电子版《出库明细单》，参见图 4－85。

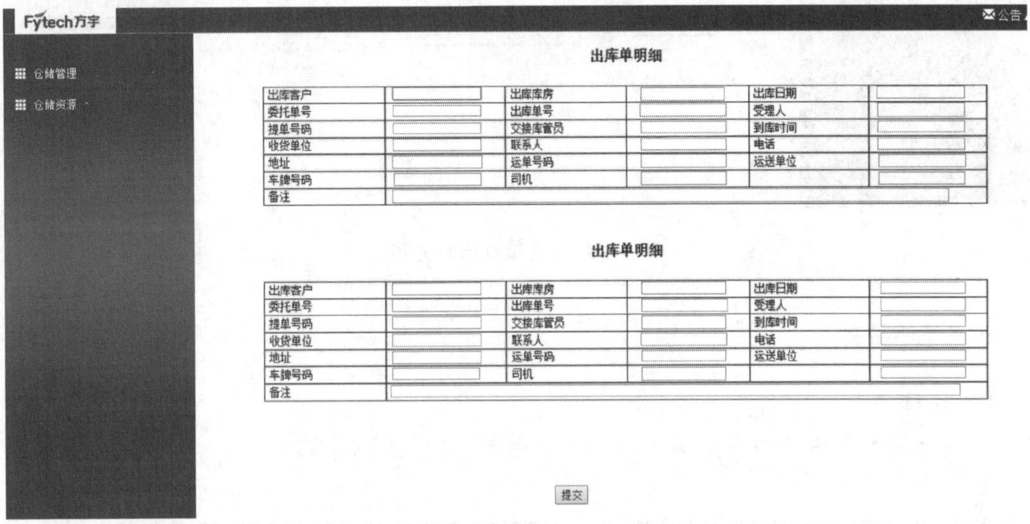

图 4－85　出库明细单填写界面

（三）盘库单

在仓储业务——仓储管理界面中，点击盘库单，如果没有盘库单，点击新增按钮，填写纸质版和电子版盘库单，参见图 4－86 和图 4－87。

图 4－86　盘库单界面图

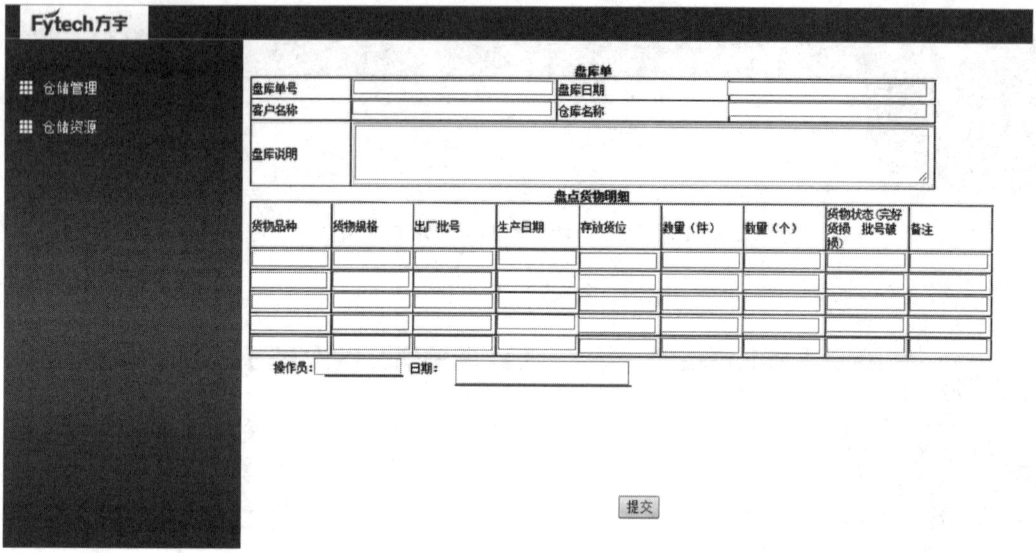

图 4 – 87　盘库单填写界面

三、运输业务

（一）运单

1. 在运输业务——国内运输界面，点击运单，参见图 4 – 88。

图 4 – 88　运单操作界面图

2. 点击新增按钮，填写纸质版和电子版运单信息，参见图 4 – 89。

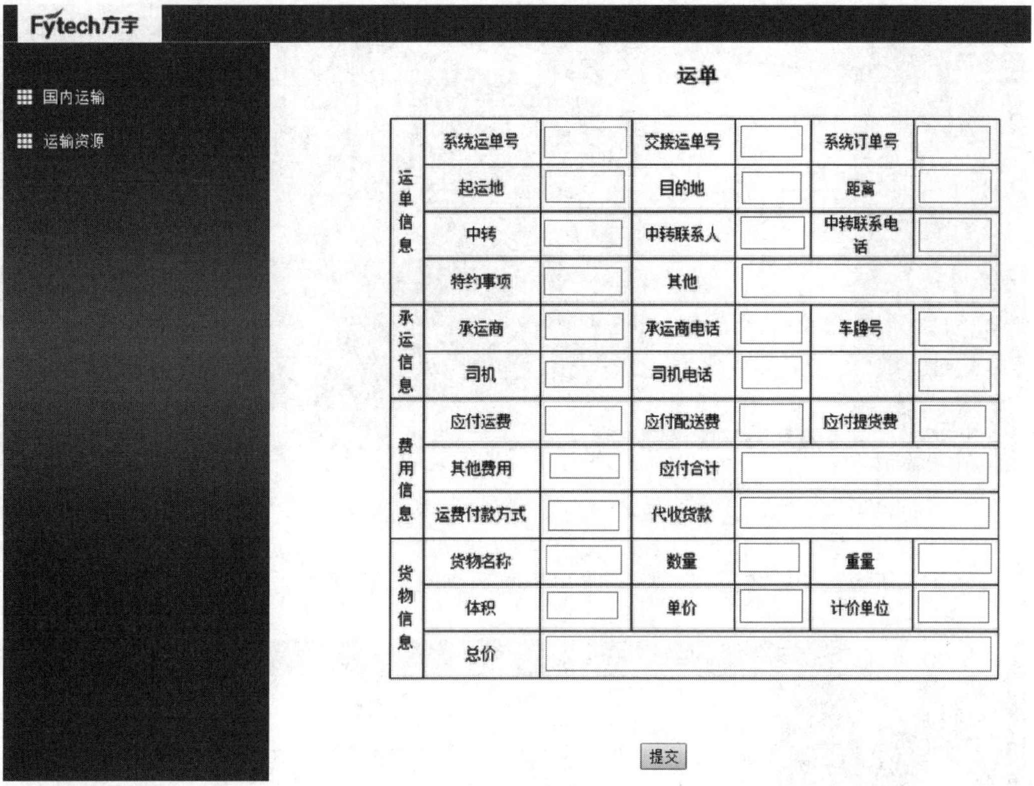

图 4-89　运单填写界面

（二）路单

在运输业务——国内运输界面，点击路单，然后点击新增按钮，填写电子版路单信息，参见图 4-90。

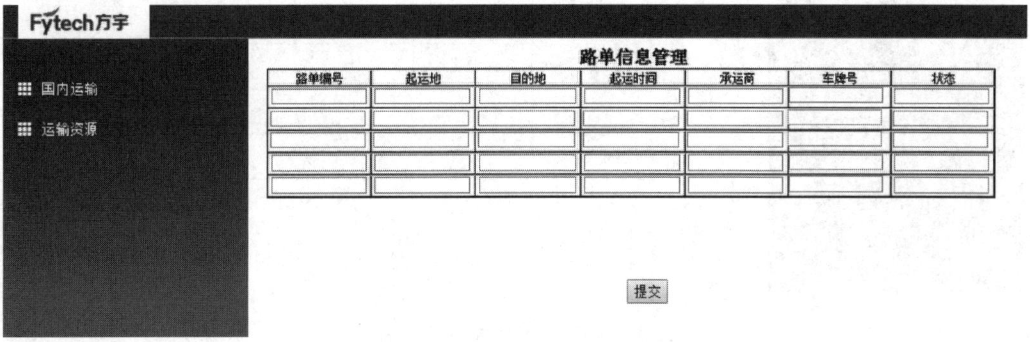

图 4-90　路单填写界面

（三）签收单

1. 在运输业务——国内运输界面，点击签收单，参见图 4-91。

图 4-91　签收单操作界面图

2. 点击新增按钮，填写电子版签收单信息，参见图 4-92。

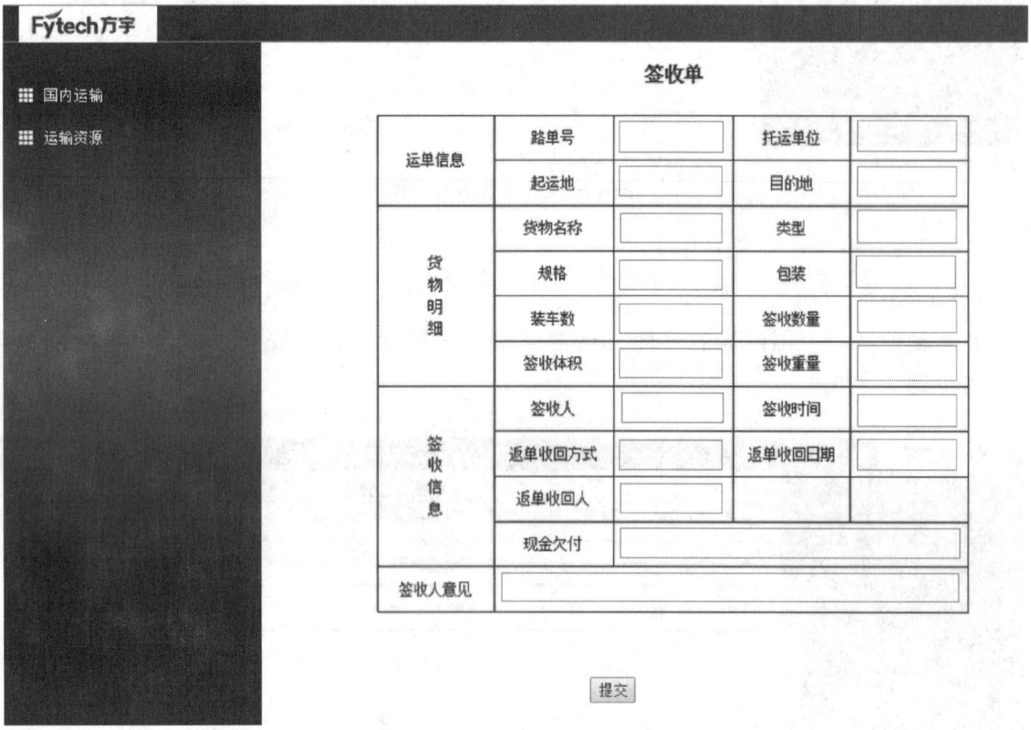

运单信息	路单号		托运单位	
	起运地		目的地	
货物明细	货物名称		类型	
	规格		包装	
	装车数		签收数量	
	签收体积		签收重量	
签收信息	签收人		签收时间	
	返单收回方式		返单收回日期	
	返单收回人			
	现金欠付			
签收人意见				

图 4-92　签收单填写界面

(四) 核销单

点击核销单，点击新增按钮，填写电子版核销单信息，参见图 4-93。

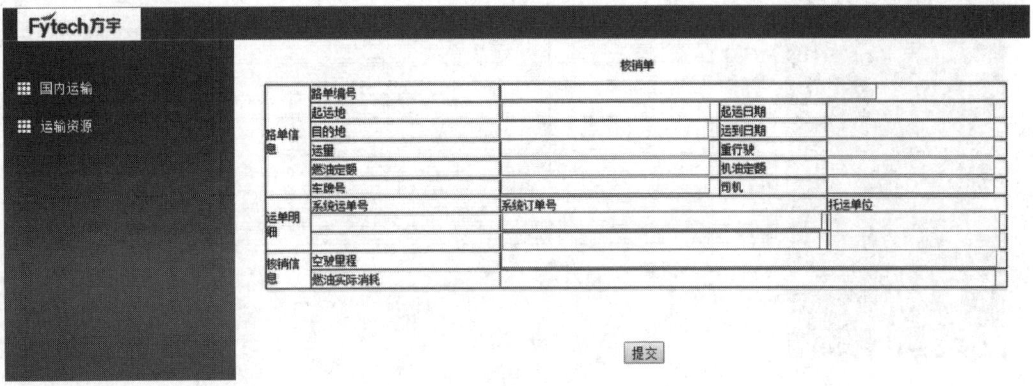

图 4－93　核销单填写界面

（五）费用结算

在运输业务——国内运输界面，点击费用结算，点击新增按钮，填写电子版费用结算单，参见图 4－94。

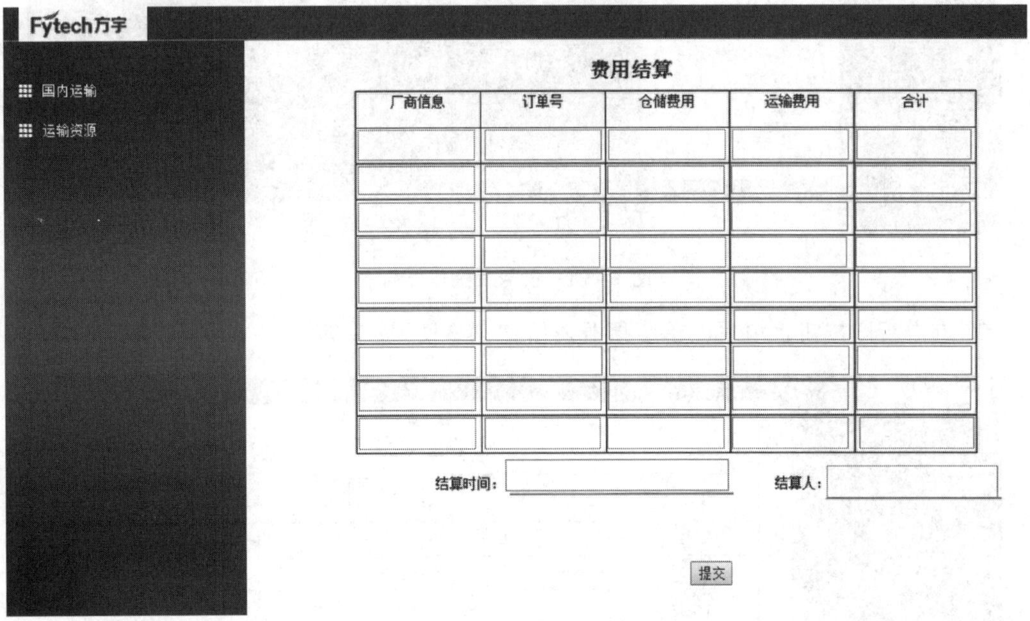

图 4－94　费用结算单填写界面

（六）企业利润表

在运输业务——国内运输界面，点击企业利润表，点击新增按钮，填写电子版企业利润表，参见图 4－95。

（七）损益表

1. 在运输业务——国内运输界面，点击损益表，参见图 4－96。

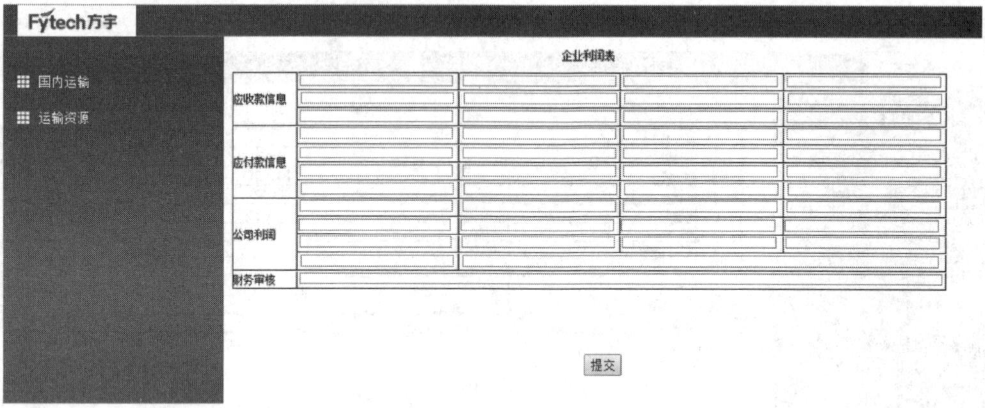

图 4 - 95　企业利润表

图 4 - 96　损益表操作界面

2. 点击新增按钮，填写电子版损益表信息，参见图 4 - 97。

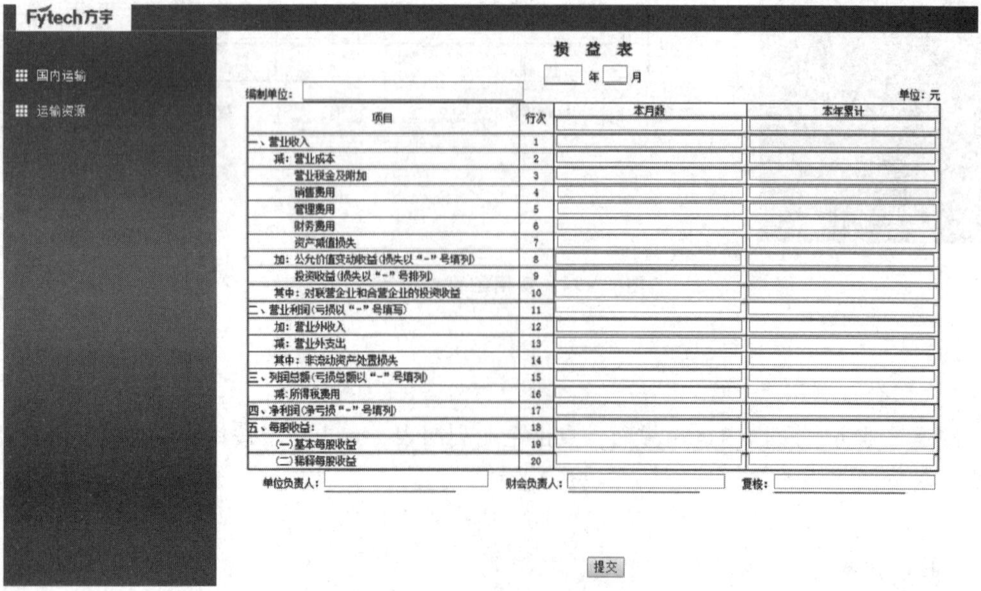

图 4 - 97　损益表填写界面

（八）物流公司成本费用

1. 在运输业务——国内运输界面，点击物流公司成本费用，参见图 4 – 98。

图 4 – 98　物流公司成本费用操作界面

2. 点击新增按钮，填写电子版物流公司成本费用，参见图 4 – 99。

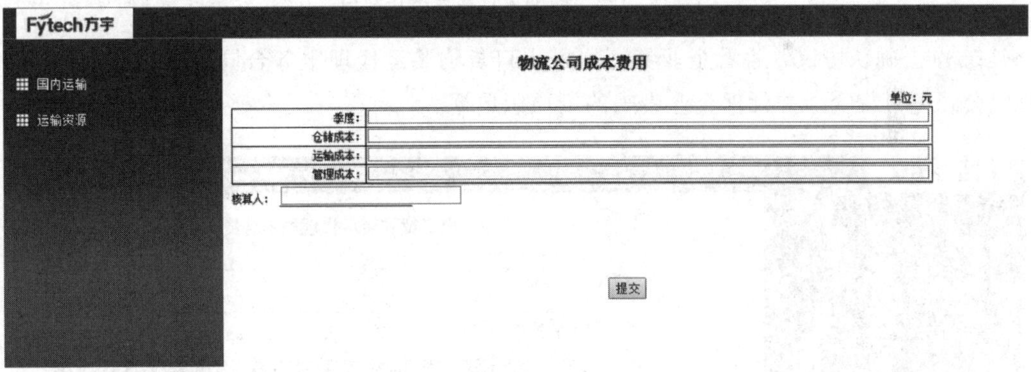

图 4 – 99　物流公司成本费用填写界面

第六节　国际货代业务规则及操作方法

平台注册与用户登录，以及国际货代企业注册和前面企业注册业务流程类似，在此不再赘述。

一、业务操作

业务操作是国际货代主要业务操作窗口，出口企业首先要选择货代公司，与货代公司协商达成长期合作意向，并签订合同。出口企业发布出口信息。填写相关票据，货代公司根据企业发布的信息办理相关货代业务。

（一）货代协议

1. 货代协议业务操作，参见图4－100，对于出口企业需要与货代公司签订《出口货物装运代理服务合同》，并准备相关的发票、装箱单、出口合同。

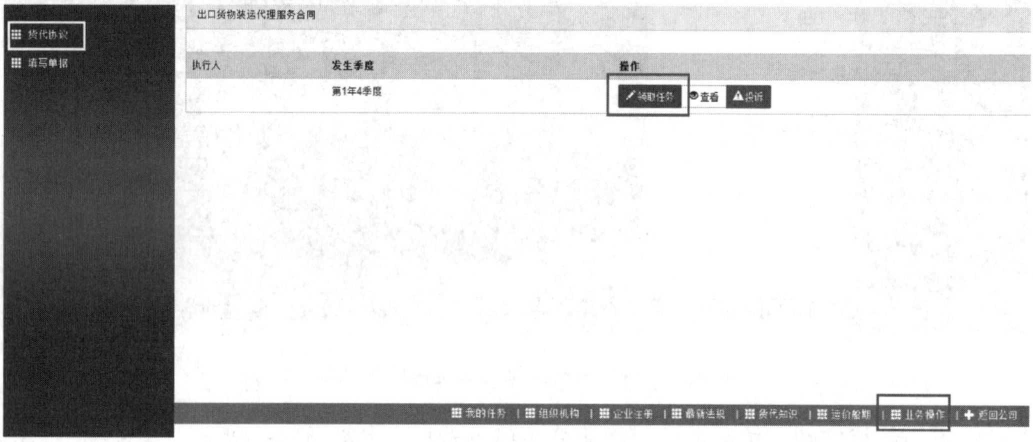

图4－100 国际货代业务操作窗口

2. 点击确认协议，查看企业签订的《出口货物装运代理服务合同》，参见图4－101，货代公司签订提交。并处理企业带来的纸质版单据。

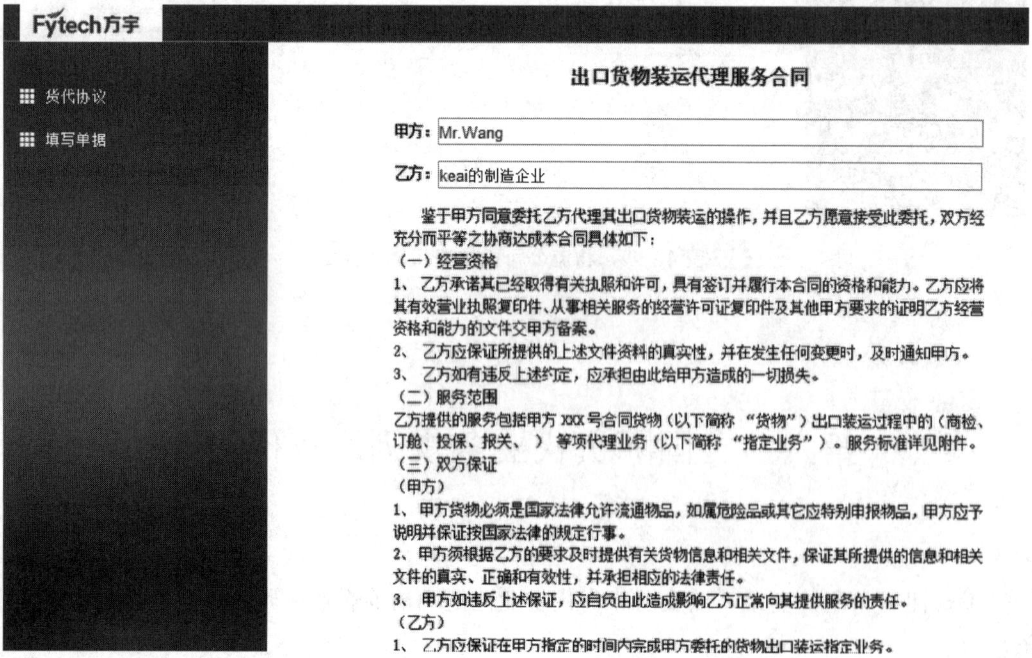

图4－101 出口货物装运代理服务合同

（二）填写单据

1. 点击填写单据，参见图 4－102。

图 4－102　填写单据业务操作窗口

2. 填写托运单，提交并处理企业带来的纸质版；托运单是运货人和托运人之间对托运货物的合约，参见图 4－103。

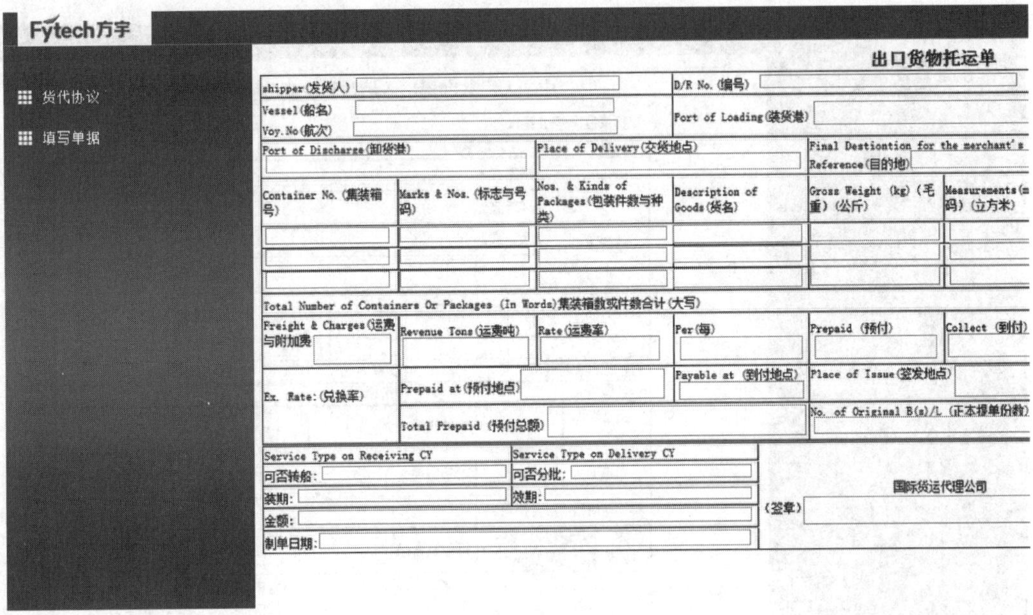

图 4－103　出口货物托运单填写界面

3. 填写投保单，参见图 4－104，提交并处理企业带来的纸质版。

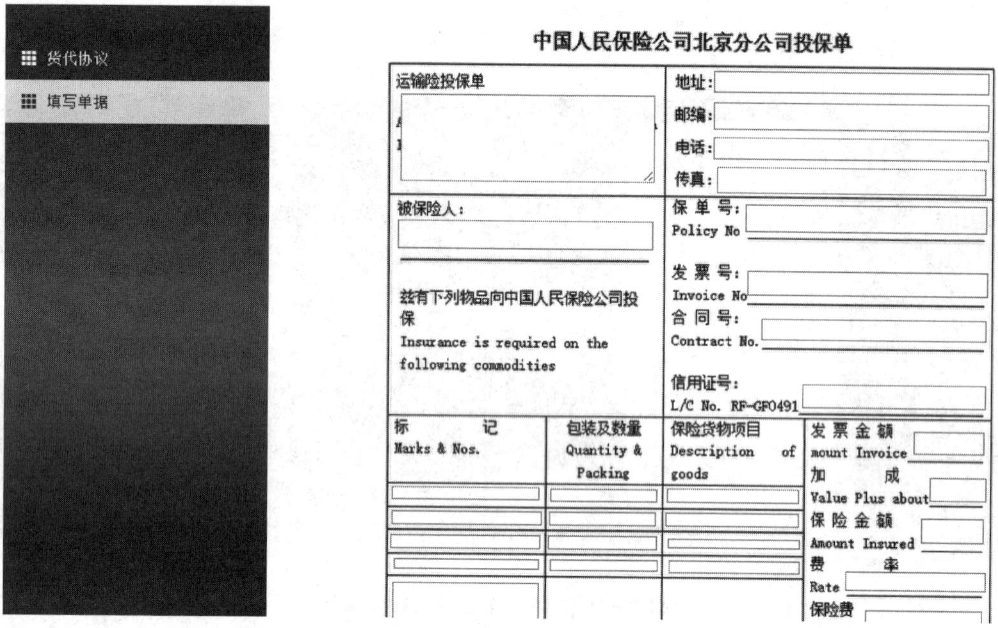

图 4－104　投保单填写界面

4. 填写报检单，参见图 4－105，提交并处理企业带来的纸质版。

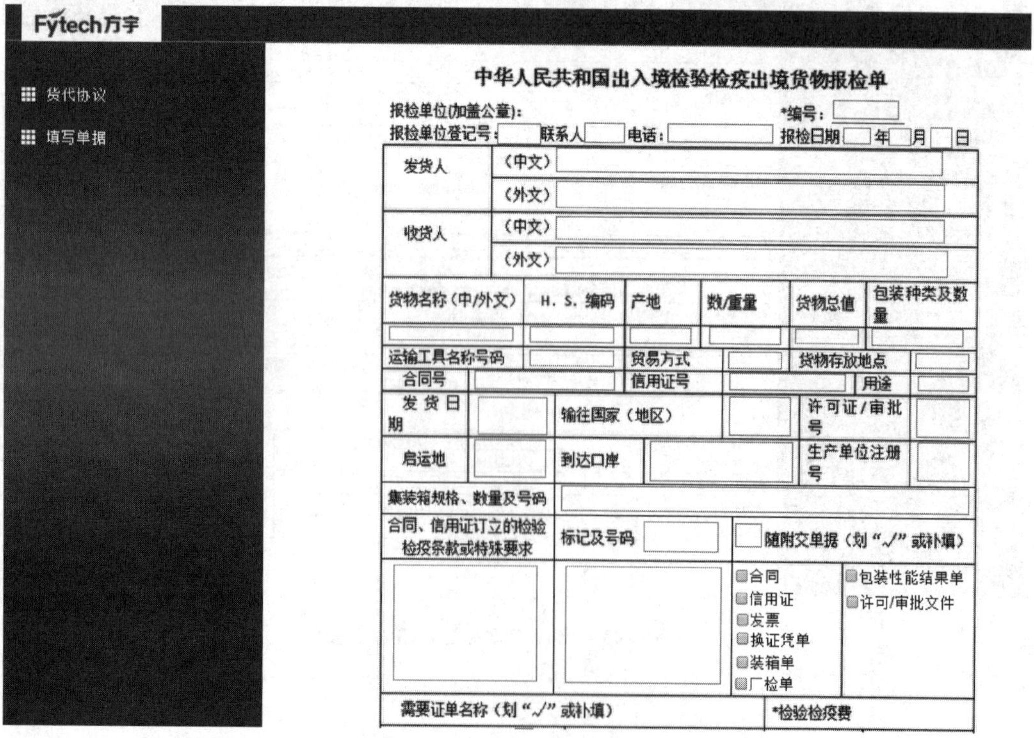

图 4－105　报检单填写界面

5. 填写报关单，参见图 4－106，提交并处理企业带来的纸质版。

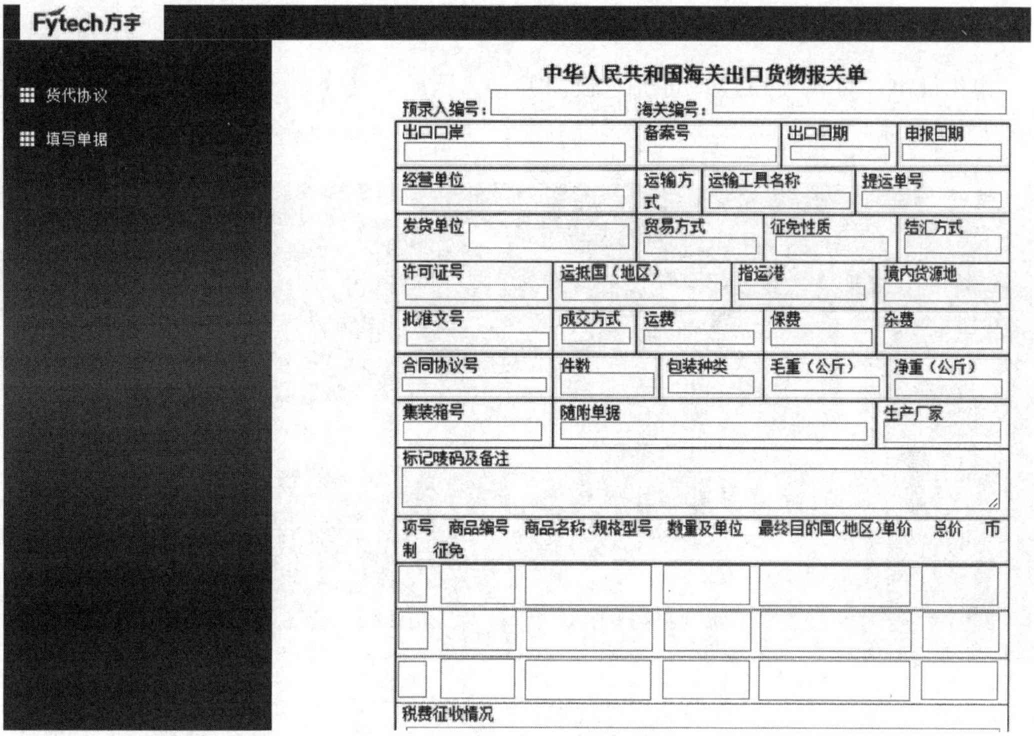

图 4－106　报关单填写界面

6. 货代公司完成上述单据填写，需要和企业商议价钱，下一步点击货代协议——领取任务，并处理，参见图 4－107。

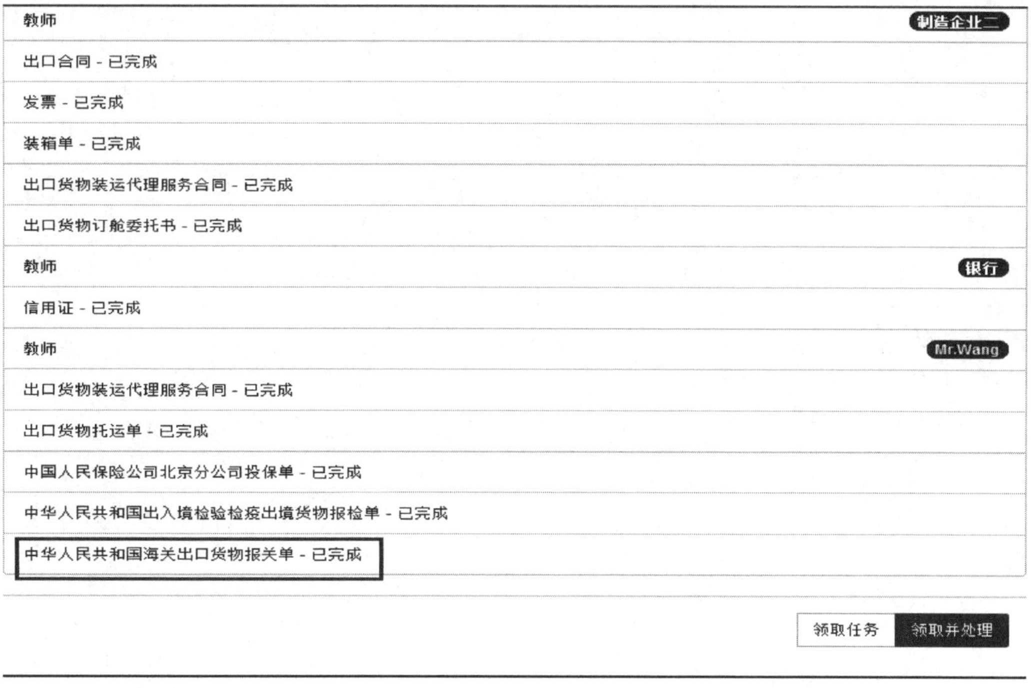

图 4－107　报关单业务处理窗口

7. 最终制造企业确认物流费用，并发货。

二、组织结构

组织机构（货代公司经理可通过设岗并加入人员的方式，为国际货代员工分配岗位），参见图 4 – 108。

图 4 – 108　组织机构业务处理窗口

第五章

经营管理与分析决策

第一节 组织与领导

一、制度设计

企业管理有三个层次：①高层管理，即对企业业务和资源在整体上的一种把握和控制，包括组织架构、资源配置和企业战略等；②中层管理，即业务管理中的控制、组织和协调，决定了企业各种业务是否能有效开展；③基层管理，即业务处理的过程管理。

按照企业生命周期理论，企业的发展会经历初创期、成长期、成熟期和衰退期四个阶段，每个阶段的经营特点和制度建设都要遵循周期规律。对企业发展的各个阶段管理制度的变化分析如下：

（一）初创期

此时的企业，消费者和供应商对其都不了解，缺乏竞争力，销售渠道和售后服务系统尚未形成；产品批量小，技术不完善，特色不显著；组织结构不稳定，制度不健全，除了严密控制库存和现金外，往往没有成文的制度和规定，没有人力资源管理体系，经营管理不规范，企业围着创业者运转。此时，除了确定生产经营的主次顺序，创立品牌外，重要的就是建立科学的管理体制，使领导行为制度化，根据经验的积累不断出台实施细则即可。

（二）成长期

此时的企业完成了由赚到钱向会赚钱的转变，经历了从创业者到创业者服从企业的跳跃。此时，除了要建立合理的组织结构，制定计划管理外，建立完善的规章制度体系被提上重要日程。例如，人力资源管理制度必须规范“举贤不避亲”“用人唯亲”等难以“定量”的问题，同时需要与其他制度配合，通过合理的制度机制推动企业发展。

（三）成熟期

此时的企业依靠各种规章制度惯性运转，开始失去灵活性和创新精神。企业容易出现以管理培训和管理控制代替管理发展的情况。此时，企业除了唤醒变革意识、形成解决问题的管理队伍、分散经营外，管理制度的设计必须本着激发创业精神的原则，更加注重人本管理和柔性管理，逐步去除僵化的管理制度。也以人力资源管理制度为例，此时的特点是在成熟的制度约束下，妥善解决“例外”问题，为企业带来活力和创新。

（四）衰退期

征兆是企业在行业和市场中落伍，生产能力过剩，资金短缺。此时，企业制度齐备但做事效果却不尽如人意。要打破常规，通过不断地强化危机意识，通过建立创新奖励制度来激发和提高员工的创新能力；通过容许尝试和失误的制度鼓励创新，避免保守；通过重树创业精神，推动管理制度的全面改造；通过强化咨询顾问制度来激活企业等。

企业的不同发展阶段对制度的需求和规范化的程度有着极大的差别，我们在制度设计时，应思考如下问题：

（1）初创期“救火”，会出现什么问题，如何解决？

（2）成长期“规范化”，如何完善各种管理制度？

（3）成熟期“理性化”，如何按照既有制度及流程自行运作？

（4）自由期“文化化”，如何形成自有文化，全体员工为企业战略共同努力？“人性化”如何超越理性的约束，注重人本管理？

二、人员组织分工及协作

在本次仿真模拟实训中，采用总经理负责制，所有工作统一由总经办安排，各部门协调完成每个季度经营。图5-1是制造商公司的组织结构图。它由总经办负责整体战略的制定和决策，各个部门根据总经办制定的战略进行工作安排后提交到财务部，由财务部核算成本和风险，最终由总经办判断是否执行该战略。

本次仿真实训包含8个部门，近20个岗位，每个部门、每个岗位都需要对自己的工作负责，在总经理的领导下，完成每个月的经营任务。

三、绩效评价及激励

1. 企业个体绩效评价体系的运行程序包括以下八个步骤

（1）明确企业战略目标。确定企业的发展战略，并由此确定企业的具体经营目标。

（2）确定部门KPI。将企业经营目标进行层层分解，形成部门的关键绩效指标（KPI）。

（3）确定员工KPI。员工个人结果KPI和个人行为KPI共同构成员工的个人绩效指标。

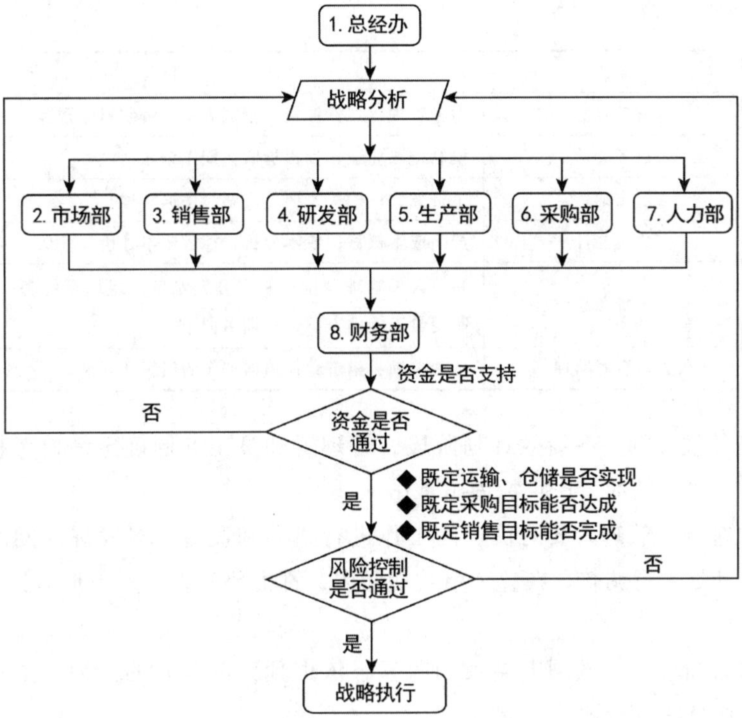

图 5－1　组织结构图

表 5－1　部门与职责

部门	职位	职责
总经办	总经理	全面负责公司运营；统筹各项事宜
	行政助理	会议记录；收集资料；协调关系
市场部	市场总监	营销策划与管理；销售业务与管理；销售预算；渠道建设；政府采购
	市场专员	产品市场调查；市场分析与预测；市场开发；产品促销
销售部	销售总监	制订销售计划；签订销售合同；编制销售人员
	销售专员	产品销售及客户推广；销售管理
采购部	采购总监	材料采购计划；采购合同；组织采购；采购预算；设备采购
	采购专员	采购合同登记、审核；组织采购
生产部	生产总监	生产管理；生产预算；设备需求计划；产销排程；车间作业；物料需求计划；ISO 研发；生产授权
	生产计划员	编制生产计划；编制人员计划；质量计划；车间计划；产销排程；车间作业计划
	车间管理员	协调车间作业；监督生产工作
	仓管员	记录出入库业务；计算仓储面积、费用
研发部	研发总监	研发工作全局把控；研发管理；研发产品
	研发员	新产品研发、认证；产品测试

续表

部门	职位	职责
财务部	财务总监	财务管理、拟订筹资、投资方案；编制财务预算
	财务会计	填制记账凭证；计提折旧；期末结账
	出纳	工资发放；购买发票、支票；票据管理
	成本会计	产品成本核算；成本分析；存货成本计价
人力部	人力资源总监	制定人事管理制度；制定分配制度；组织招解聘；制定劳资制度；制定员工培训方案；实训培训
	人力资源助理	负责考勤；招解聘；培训工作的组织和开展

（4）制订绩效计划。在绩效计划阶段，管理者和员工共同确定绩效考核的周期。在此基础上，员工对自己的工作目标做出承诺。

（5）绩效辅导。管理者要对员工的工作进行指导和监督，对发现的问题及时予以解决，并对绩效计划进行调整。在整个绩效期间内，都需要管理者不断地对员工进行指导和反馈。

（6）绩效评价。在绩效周期结束的时候，依据预先制订好的计划，主管人员对员工的绩效目标完成情况进行评价。

（7）绩效反馈。通过绩效反馈面谈，员工可以了解主管的期望和实际绩效，请求上司的指导或帮助。在员工与主管双方对绩效评价结果和改进点达成共识后，就需要确定下一绩效管理周期的绩效目标和改进点，从而开始新一轮的绩效评价周期。

（8）评价结果的使用。绩效评价的结果可用于员工工作绩效和工作技能的提高，据此决定对员工的奖励、薪酬的调整和相应的人事变动。

2. 激励制度的内容设计

激励措施和激励要素手段多样，只有进行必要的组合，才能形成有效的激励制度系统。

（1）环境激励。企业的管理环境包括价值取向、管理风格、规章制度、潜在规则、职位的等级、工作稳定性等诸多方面。这些环境可以通过不断建设，使其朝着保证公司员工公平性的发展方向。公司的客观环境，如办公环境、办公设备、环境卫生等都可以影响员工的工作情绪。当然，这些被认为是“保健因素”，激励作用有限，也不是通过简单的制度规定就可以达到的。

（2）物质激励。物质激励一般包括加薪、减少工时、高福利等，这是最基本的激励制度，因为获得更多的物质利益是普通员工的共同愿望。需要把握的一点是避免平均主义陷阱。

（3）工作和目标激励。工作内容和目标决定了员工承担的责任、取得的业绩和成就，能使员工充分施展才华。因此，需要员工对其工作的性质和所担负任务的重要性有充分的了解和清晰的认识。与员工共同设定目标，让工作的挑战激发员工的斗志，还可以进一步利用理想的巨大激励作用，将公司的目标与员工的理想结合起来，实现公司和员工的共同发展。最后公布清晰的考评结果，让员工清醒地认识自己。譬如一直非常流行的劳动竞赛方式的鼓励制度，就属此类。

(4) 员工发展激励。做出员工的职业生涯规划设计，为其提供合理的工作轮换和各种培训机会，让每个人都有发展自己能力的机会。根据员工的兴趣各尽其能，从而大大提高工作效率。另外，还可以让员工自主选择工作。培训制度可以提高员工实现目标的能力，为员工承担更大的责任、更富挑战性的工作及提升到更重要的岗位创造条件。

(5) 信任与认可激励。通过沟通制度、员工参与制度、荣誉制度和榜样激励制度，使成绩突出的员工更加被尊重，激发群体中的每位成员的学习兴趣，改善企业的工作风气。

企业中经常使用的“感情留人”，其实可以通过制度化的形式得到进一步的确立和巩固。

(6) 强化激励。奖励构成、奖惩绩效、奖惩知觉构成强化激励制度的主要内容，因为强化激励的作用，取决于激励对象对自己受到奖励和惩罚的概率的估计，确认使用可以产生显著的激励作用。因此，强化制度设计要注意公平。

第二节　分析与决策

一、制造企业分析与决策

(一) 商业经营企业简介

在公司注册之初，我们以“巴菲特”为名号命名。企业经营理念也恰好从企业名称体现出来——企业经营目标是“利润最大化”，企业经营策略是“长期，稳规模扩张，逐渐获利”，企业经营理念是“前期需基础为主，后期需利润迅速拔升，及时核对并解决‘虚浮泡沫’与‘短时假象’”。

本制造企业划分为企业管理部、生产部、采购部、市场部、销售部以及财务部六部门，但由于企业成立之初只有5人，CEO便承担了生产部、企业管理部的所有经营权利与其他部门部分经营权利，财务部由张佳辉经营，市场部由周祥琪经营，采购部由周楚儿经营，销售部由吴佳昊经营。企业管理部主要进行人力资源招聘，这需要该部门相关决策者统筹全局，紧密跟进其余各部门的工作，然后做出合理决策；生产部管控生产情况，主要是生产线的均衡化以及产品研发的合理调度；财务部概括来说就是对公司的财务做出统计与计算，并及时与税务局、工商局、银行作出合理交涉；采购部主要是负责生产材料的购买；市场部主要负责为企业所制造的产品找寻到完美的交易途径；销售部便是产品出售的部门。

(二) 商业计划编制

1. 市场环境分析

在模拟市场中，据需求繁荣度一览图可知：L型产品在第1年第一季度到第2年第二季度的需求繁荣状况实际上是高于H型的，但在第2年第二季度以后，L型产品需求繁荣度迅速下降，H 型稳居于上（详见图 5－2）。

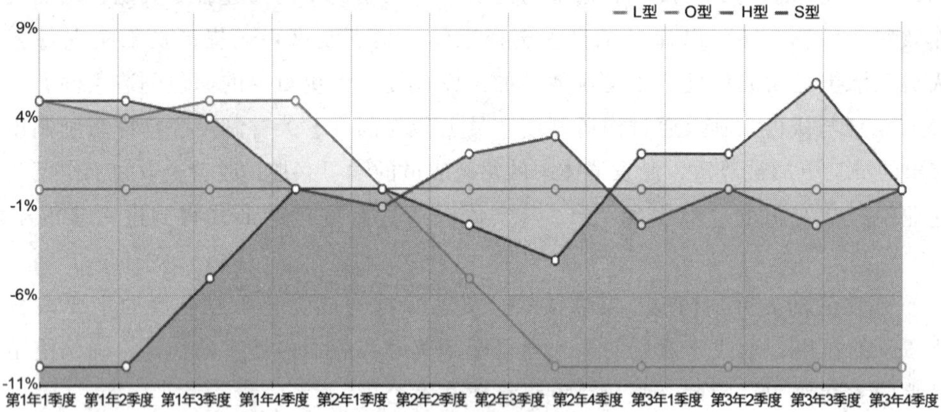

图 5－2　需求繁荣度一览图

据市场各类型产品需求量预测图：L 型远远高于其他型产品，另外三种产品类型预测需求量相差不多，详见图 5－3。

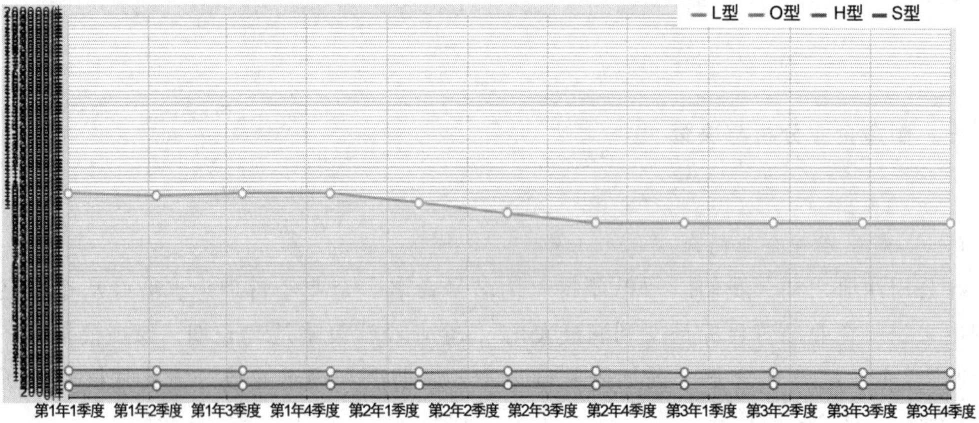

图 5－3　市场各类型产品需求量预测图

据此，结合各市场需求，以及除 L（A）外的各产品的研发费用与研发成功率，我们分析得到 L（B）和 H（B）两类产品的生产与销售在此次持续 14 个季度的模拟过程中是较为划算的。对各地域市场需求情况进行综合分析，发现：成都市场较为符合我们的宏观市场分析（详见图 5－4），成都市场便成为本企业生产建设的首要选址地区。

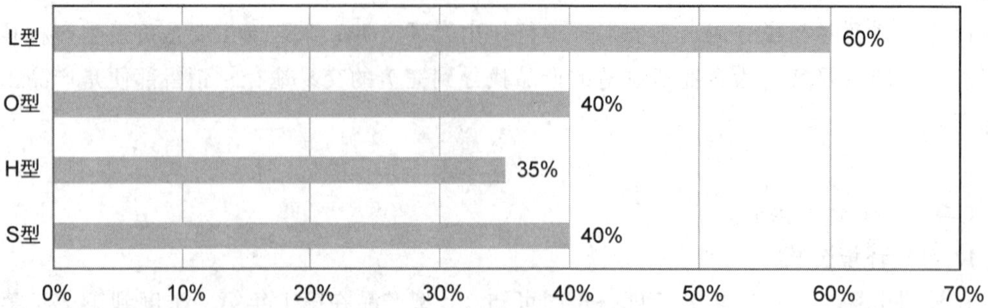

图 5－4　成都市场需求状况一览

2. 经营战略的制定

本公司将“长期利润最大化”作为生产经营的长期目标，将“短期稳定盈利”作为企业生产短期目标，依据“持续利润”进行企业相应战略的制定，战略内容包括：

（1）前期以生产 L（A）型产品为主，并着力研发成本较低的 L（B）型产品。

（2）预计第 1 年后期研发 H（A）型产品，并相继开始升级工艺技术，得到 H（B）型产品。

（3）考虑只有 3 年半共计 14 个季度模拟期，研发 H（B）型产品并售出时，会观察其他企业制造情况（依据“以产定需”战略），进行是否研发 O 型或 S 型产品的决策。

（4）考虑到此次并不是真实商战，故秉持与贸易企业“尽力”合作的战略，概不进行恶化企业间关系的相关行为。

（5）前期占据地皮较为便宜，L 型产品需求较为庞大的市场，中后期产出 H（B）型产品后，向地皮较贵、H 型产品需求较多的市场辐射。

（6）前期尽量要扩建厂区和厂房，扩大生产线规模，但此策略需要视以下情况而定：制造企业与贸易企业间是否存在垄断？制造企业间是否会恶意压价导致制造企业无法获利情况？我们会据此决定是依平稳吃利还是迅速获利策略来进行生产经营，同时据对所有市场的观察，考虑制造型企业与贸易型企业在相关订单上的相互成本问题，做出相关订单合理定价决策。

3. 拟定经营计划

第 1 年

实训中，第 1 年为企业与各部门经营初始年份，本企业最初注册资金 1000 万元，根据各市场需求分析以及企业战略，拟定以下经营计划：

第一季度。选址成都进行厂区设立；并购买大型厂区、中型厂房；投入 1 条全自动、1 条半自动生产线入中型厂房中；预计招聘 5 位研发人员，投入 40 万元研发资金，研发 L（B）型工艺改进产品，降低产品工艺技术，提升生产线产量及降低生产 L 型产品生产成本；由于全自动生产线有 1 季度建造周期，且第一季度无原材料存在，根据紧急购买与正常购买的收益比对以及期初资金的缺乏情况，我们决定本季度不进行产品的生产决策；第二季度，预计购买原材料 M1 共计 1500 + 1800 = 3300 件；由于第二季度不存在产品销售，故第一季度不投入广告。

第二季度。依据各类型生产线工人需求以满足最大产能公式，企业拟为全自动生产线招聘 2 位高级工人、1 位初级工人（且以后的全自动生产线都如此），拟为半自动生产线招聘 5 位初级工人、5 位高级工人、6 位管理工人（以后半自动生产线同样如此，但在企业未来拟定规划中，所有生产线都将转为全自动生产线，故前期仅此 1 条半自动，后期无半自动生产线），人员招聘后置入生产线中；本季度研发 H（A）产品，并为后续生产 H（B）产品做准备，拟投入 10 位研发人员，以及 130 万元研发资金；采购能满足第三季度相应产量的 M1 原材料；在厂区内新建 1 间小厂房；进行企业 ISO9K 资质认证；拟在成都市场投入 30W 个体广告以扩大第三季度产品销售竞争力，并保证第二季度末期预留一定量资金，以补充紧急货币需求。

第三季度。由于此季度系统规定只能竞 1 单，故企业锁定成都市场 L 型产品订单，并拟以市场最低接受价格进行竞单，后于最后秒数间内将价格拉升，以得到该订单；该季度

H（A）型产品研发成功，故拟投入40万元与5位研发人员进行H（B）型产品工艺类改进；本企业并不计划进行成品库与原料库的购买，拟在生产初期进行成品库与原料库的持续租赁工作；拟在拥有剩余充足资金的情况下进行ISO14K企业资质认证，并进行厂房与生产线的扩建，以加大生产产量；购买下期生产所需原材料；拟与贸易企业进行剩余产品的交易；投入成都市场一定量广告。

第四季度。竞单操作仍秉持与此前季度一致的原则；依据市场需求繁荣度图，拟在该季度进行H型产品生产，并于第二年第一季度售出；不进行技术生产线改造升级，拟开除相关研发人员；其余期间交易、原材料购买操作、广告投入操作等与上季度类似。

第2年

第一季度。除根据生产产量情况以及原材料购买量情况，拟租赁一中型成品库与两小型原材料库以及为企业经营贷款600万元外，其余操作与1～4季度的操作仅存在数量与价格区别。

第二季度。扩建大型厂区。

第三季度。拟建中型厂房，并购入两条全自动生产线，开发北京、大连、深圳三市场。

第四季度。拟扩建大型厂区，购入一中型厂房、一大型厂区，购入两条全自动生产线。

第3年

第一季度。拟扩建大型厂区，购入小型厂房以及两条全自动生产线。

第二季度。解雇管理人员，拆除半自动生产线。

第三季度。无明显变化。

第四季度。拟扩建四次厂区。

（三）运营数据分析

1. 经营数据呈现

（1）市场投资（每季度市场投入情况）。

第一季度，未投入广告；

第二季度，在成都投入电视广告，费用共计30万元；

第三季度，成都投入电视广告，费用共计35万元；

第四季度，未投入广告；

第五季度，成都投入电影广告60万元，北京投入代言广告50万元；

第六季度，成都投入电视广告30万元；

第七季度，于北京与大连投入代言广告共计100万元；

第八季度，于北京与大连投入新媒体广告费用共计80万元；

第九季度，于北京、大连与深圳投入代言广告，费用共计150万元；

第十季度，于北京、大连与深圳投入新媒体广告，费用共计150万元；

第十一季度，于北京、大连与深圳投入新媒体广告，费用共计150万元；

第十二季度，于北京、大连与深圳投入新媒体广告，费用共计160万元，成都市场投入30万元电视广告费用。

从第七季度到第十一季度，市场开拓做的主要工作就是将临时市场的开拓变为永久市场开拓。

（2）研发能力（研发进度）。

公司于第一季度投入40万元资金，招聘5位科研人员进行L（B）型产品工艺改进，于第二季度研发成功，用以降低前期生产L的成本；第二季度投入130万元资金，在前一季度5位研发人员的基础上再度雇佣5位研发人员，进行H（A）型产品的研发，于第三季度研发成功；第三季度投入40万元研发资金，投入5位研发人员，进行H（B）型产品工艺改进，于第四季度研发成功，为第四季度生产线转产生产H型产品做准备，H（B）型产品研发成功后，解雇所有研发人员，市场研发进度较慢，故不进行S与O型产品的研发。总的来说，本企业保证了100%的研发成功率，减少了在研发上的时间损耗。

（3）生产能力（生产线、生产总量）。

第一季度：本公司购入中型厂房一座，并买入一条全自动生产线与一条半自动生产线，作为下季度L型产品的预生产准备。

第二季度：本司L（B）型产品研发成功，全自动与半自动生产线以M1为原材料进行L的生产，共生产3200件L产品。

第四季度：新建两条全自动生产线，为第二年生产H型产品做准备，预计产量为2700件，并预先积存H型产品原料L型半成品。

第七季度：本司新购入一条全自动生产线，继续生产H型产品。

第八季度：本司新购入两条全自动生产线，分别进行L型半成品与H型完成品的生产。

第九季度：购入两条全自动生产线，进行H型完成品的生产。

（4）人力投入。

第一季度：雇佣5位研发人员进行L（B）型产品工艺改进。

第二季度：L（B）型产品工艺改进成功，在此基础上再次雇佣5研发人员进行H（A）型产品研发，以及雇佣13位高级工人、4位初级工人投入半自动生产线与全自动生产线生产，各生产线产能恰好拉满。

第三季度：解雇5位研发人员，留下5位研发人员进行H（B）型产品工艺改进。

第四季度：解雇5位研发人员，并不进行后续产品研发。

第五季度：雇佣4位初级工人、2位车间管理人员。

第六季度：无。

第七季度：无。

第八季度：无。

第九季度：无。

第十季度：解雇所有车间管理人员，拆除一条半自动线，进入全面全自动化生产模式。

第十一季度：无。

第十二季度：无。

生产线建立情况详见图5－5，全程产量情况见图5－6。

生产线	产品研发		
名称	状态	最大产量	查看
全自动生产线	空闲	0	查看
全自动生产线	空闲	0	查看
全自动生产线	空闲	1350	查看
全自动生产线	空闲	1350	查看
全自动生产线	空闲	1350	查看
全自动生产线	空闲	1800	查看
全自动生产线	空闲	1800	查看
全自动生产线	空闲	1800	查看

图 5-5　生产线建立情况

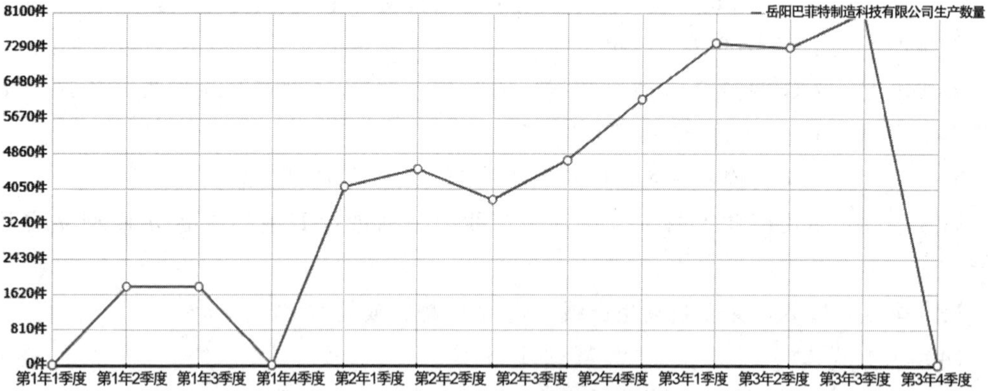

图 5-6　全程企业生产产量图

(5) 资质认证。

本司于第二季度，成功认证 ISO9K 资质；于第五季度，成功认证 ISO14K 资质。

2. 经营数据分析

(1) 原材料库存预警分析。

原材料全过程库存吞吐数据见图 5-7、5-8，全程原料库库存情况数据如图 5-9、图 5-10 所示。

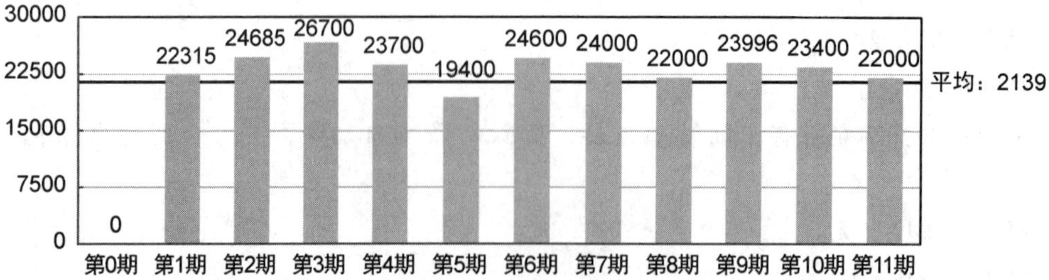

图 5-7　小型原材料库 1 吞吐图

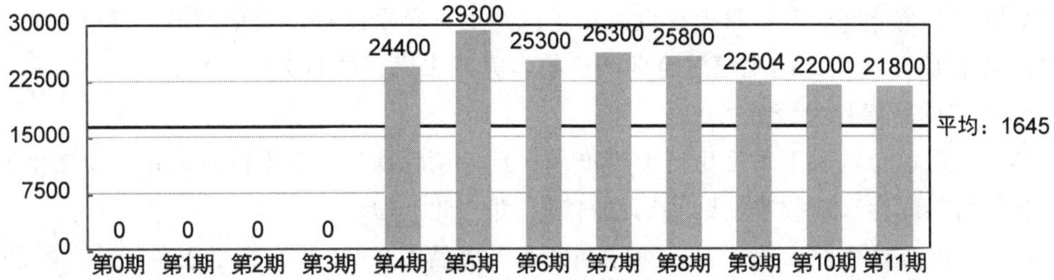

图 5－8　小型原材料库 2 吞吐图

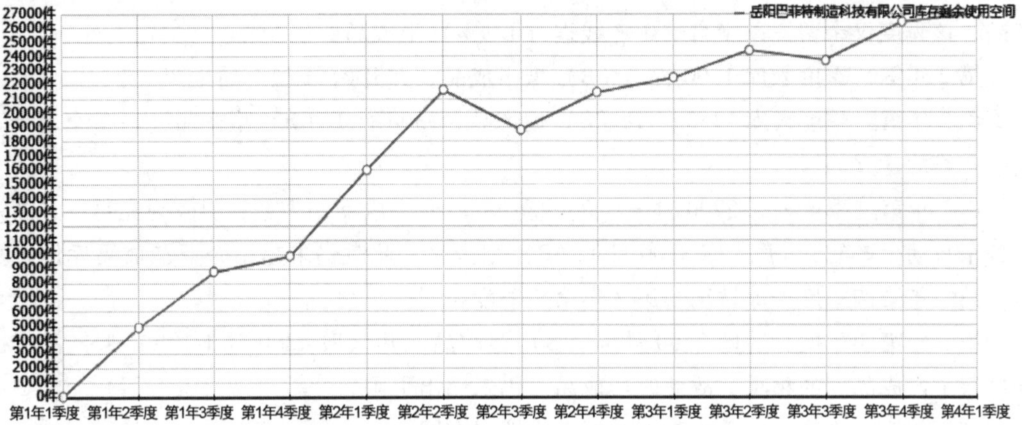

图 5－9　原料库库存剩余使用空间情况图

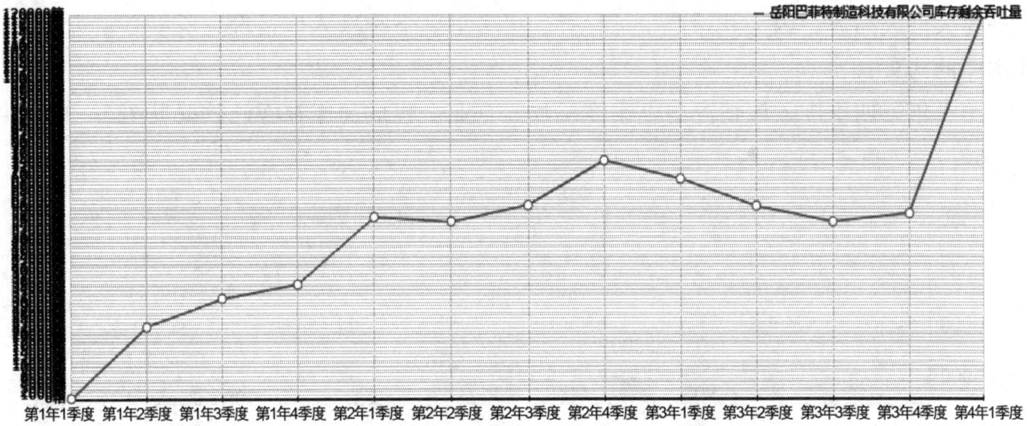

图 5－10　产品库库存剩余吞吐情况图

本公司全程都够买了生产 L 型产品与 H 型产品所必须的 M1 原材料，前四季度，本公司重点生产 L 型产品，企业拟从第五季度开始，转入以生产 H 型产品为主、L 型产品为辅的生产经营模式，故从第 2 年第一季度开始，企业原材料库库存与吞吐量大幅上涨（L 也是 H 的原材料）。上述所购 M1 原材料为生产必需品，在购买所需原材料的同时，本公司会设立最高材料库承载量，在预计下季度所需 M1 将超过承载量上限时，本司将于下季度初进行充足库存原材料库的租赁；依据市场需求与供给均衡的波动，本公司确保了每个季度都拥有足够的原料存货以及半成品存货，以应对需求大于供给的情形。

（2）订单完成动态分析。

从第二季度到第七季度，企业每次竞单一笔，订单都能全部交付，剩余的 L 型或 H

型产品则进行企业间交易；第七季度到第十二季度，每季度都能竞单两笔，订单都能全部交付，剩余L与H型产品则通过企业间交易，完成去库存的目的。

（3）产成品库存预警分析。

第一季度本企购入下季度生产L型产品，预计消耗所需M1原材料，并保证在生产后有一定原材料库存，后续季度购买原材料模式都与此类似。

第二季度开始生产L型产品，第三季度存入成品库3300件L型半成品；

第三季度未进行生产线的扩张，故第四季度仍入成品库3300件L半成品（最大产量）；第四季度对一条全自动生产线进行转型，预计第2年第一季度开始生产H（B）型产品，该季度仅余留一条半自动生产线进行L（B）半成品的生产；

第2年第一季度入库1800件L（B）型半成品，并开始H型产品生产；

第2年第二季度入库1350件H（B）型产品、3300件L（B）型产品（一条全新全自动生产线的建立）；

第2年第三季度入库2700件H（B）型产品（L半成品作为原材料较为充足，且新建一条全自动生产线），并入库3300件L（B）型产品，此时仍未超出企业产成品库储存上限；第二年第四季度入库情况与第2年第三季度相同；

第2年第四季度，入库2700件H（B）型产品，并入库4200件L（B）型产品，由于进行了产成品库的租赁，故此时产成品库仍未超出上限；

第3年第一季度、二季度与上季度入库情况相同；

第3年第三季度企业入库3550件H（B）型产品、5400件L（B）型产品，此时购买了一座大型成品库，因为开始产生了存货，再考虑到下季度入库情况，所以必须进行大型成本库的购买；

第3年第四季度入库情况与上季度一致。企业全程成品库存吞吐数据见图5-11至图5-16。

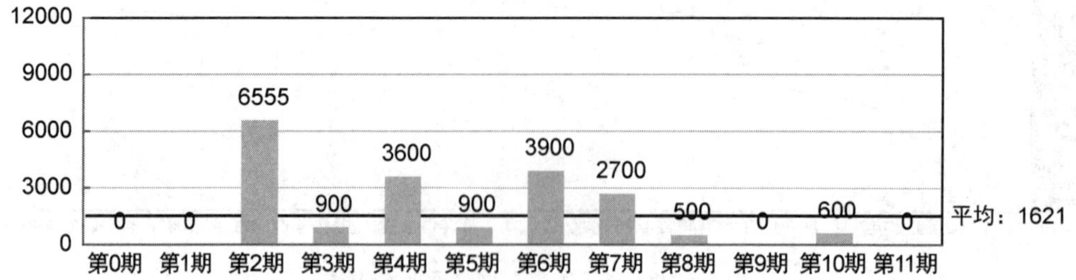

图5-11　企业全程租赁/购买的成品库的吞吐情况图1

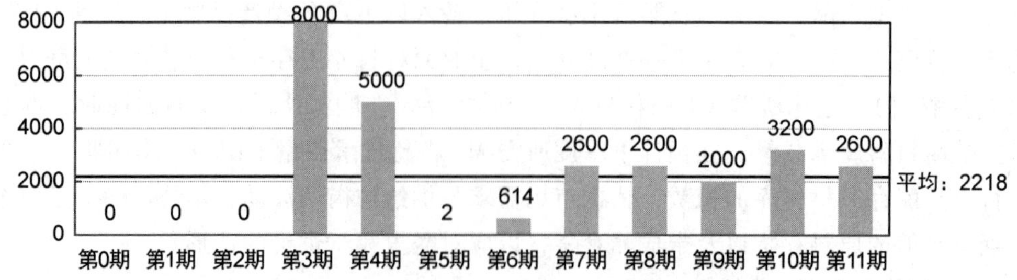

图5-12　企业全程租赁/购买的成品库的吞吐情况图2

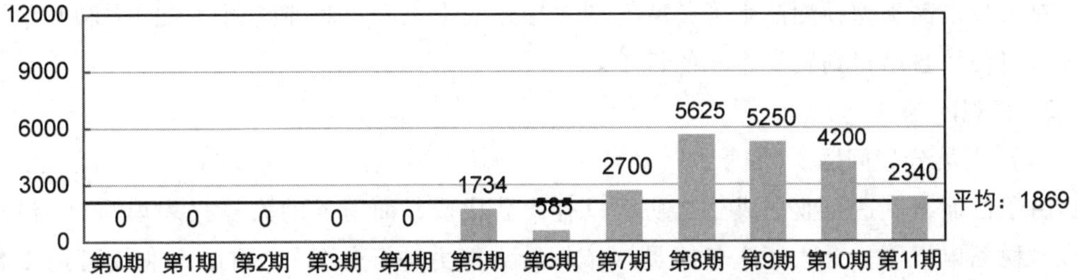

图 5－13 企业全程租赁/购买的成品库的吞吐情况图 3

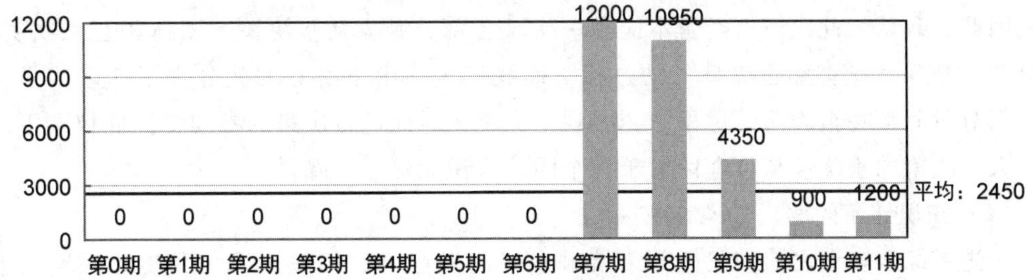

图 5－14 企业全程租赁/购买的成品库的吞吐情况图 4

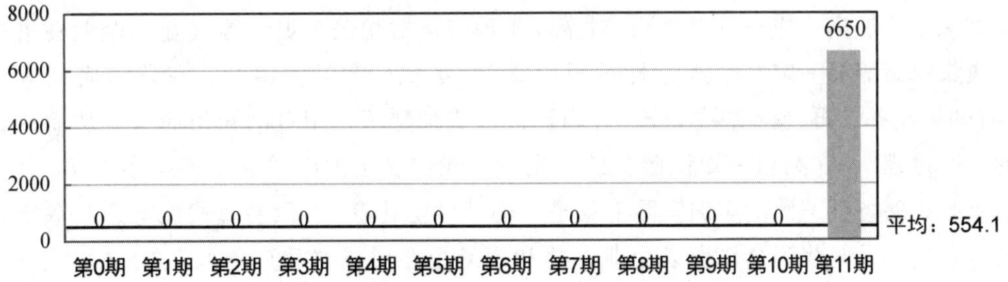

图 5－15 企业全程租赁/购买的成品库的吞吐情况图 5

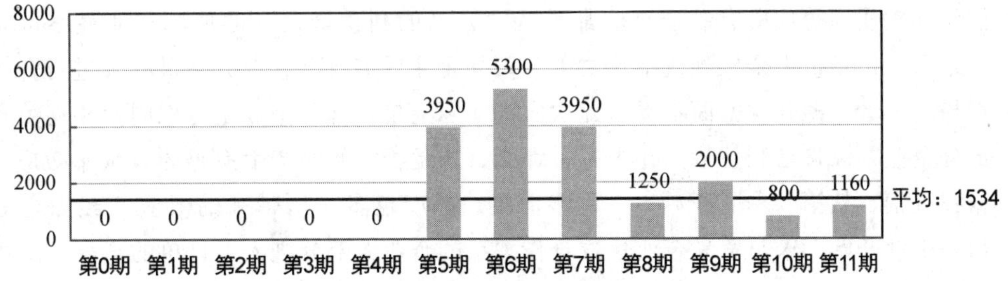

图 5－16 企业全程租赁/购买的成品库的吞吐情况图 6

（4）订单交付率动态分析图。

所有季度订单都当期交付，并未出现未付情况。

（四）复盘收获

作为 CEO，我发现本企业在为期 12 个季度的模拟经营过程中，确实存在以下不足：

1. 主观问题

决策失误：未及时跟进企业生产成本的变化，未考虑到产品市场价的变化；预测失误：对市场产品类型预测产生了一些问题，导致成本上升；对外问题：未想去和其他企业竞价，以便让自己得到贸易企业的订单。

2. 客观问题

（1）人员分配问题。

由于巴菲特制造企业在成立之初就只有5名成员，而财务的大量报表填写（借贷款、年检、税务申报等）分去了3名成员（依据个人能力进行分配），因此企业仅可用2名人员分配到其他岗位，而分配1名成员去采购部之后，CEO的任务就很重了——需要同时负责生产部、企业管理部、市场部以及销售部四个部门。

因此，我认为此次模拟经营本应是一次“各部分独立初步决策，团体相互二次决策，CEO再次决策，全体纠正决策”的过程，而我们企业由于财务部就分去了3名成员，并且大部分时间都在报表填写过程中，客观上完全无时间进行决策的参与，因此仅剩下的最后两人的决策的正确性与合理性对于一个团队来说无疑会下降。

（2）知识储备问题。

在进行综合实训之前，我们并未接触过“跨专业”的相关知识（我想此次实训中绝大部分企业都会面临这类问题），如我们并未接触过会计（实训中的记账之类的）相关知识，并不是很了解国家对企业的相关法律法规（实训过程中的申诉过程，很明显我们不能做到像正式法庭一样进行申辩），对企业管理与运营相关知识内容（显然企业在进行每一项决策都是需要一定的“经营性逻辑思维”）都比较欠缺。因此，我认为实训应当是“先有知识储备，再进行实际操作，让自己能够更加熟练运用自己知识储备，从而达到提升的一个过程”，在无相关知识储备的前提下，我们没法做出“有效率”的提升。因此，在没有知识储备下，此次实训实际上就是一场“沙盘比赛”，只要我们能吃透沙盘给出的规则，我们能及时找到合作贸易企业，并和贸易企业形成“我产你收”的友好关系，此时制造企业就能够压制其余未有联盟关系的制造企业。

也许我们会想，与其他制造企业也建立友好关系不就行了吗？但这显然是很难的，就算我们将此次实训想成所有制造企业都秉持“自己的利益最大”的原则，那最终也就只有一个结果：市场价完全压到成本价之下，贸易企业凭借自己和谁关系最好去进行合作关系的选择。再者，抛开这方面不看，此次实训实际上是：部分企业是考虑同学相处关系去打，部分企业是以自己利益最大化去打；那么，这是否会始终产生换码的“天平效应”？

据我观察，从第六季度开始，“供多需少，越产越多”所带来的效应已经完全形成了，从该季度开始，未与贸易企业达成合作关系的企业大部分进入了订单的竞单—卖货状态，并未也无法去和贸易企业继续售单，除非真的开始一个接着一个去往成本价压，这显然是不太可能的，但在真实市场上，按市场规则，这是完全没问题的，淘汰了就是淘汰了，没什么好说的。但我认为，此次实训初衷不应该是让我们去体验“市场的惨烈与人心的险恶”（毕竟肯定会考虑到同学间友谊这层关系），此次实训初衷应该在于让我们能够初步接触并了解企业是怎么运转的，各个部门应该是做什么工作的，我们以后进入公司就能更好地适用不同工作岗位。为了解决这个问题，从第七季度开始，允许制造企业能竞单两笔，有些制造企业认为给制造企业多加一单是不合理的，但据实训初衷来说，我认为很合理；其次是关于贸易企业的竞单问题，到后期，所有制造企业的生产数量是极其巨大的，贸易企业的订单是完全不足以吃下这么多制造企业的订单的，此时也可以给贸易企业加单，但是不排除此时有些垄断制造企业也会继续投入大量生产以适应贸易企业增加订单量的情况会发生。

（3）信息流动问题。

此次实训，信息的阻塞是我与周围同学感受颇为深刻的一点，8502 实验室有三家贸易企业，8501 实验室只有一家贸易企业，这就相当于 8502 实验室的制造企业处于贸易繁荣区域，8501 实验室的制造企业处于贸易贫困区域，尽管有交通工具（从 8501 跑到 8502 去），但显然信息阻塞程度仍很严重，就好比贸易繁荣区的制造企业在随便下楼吃饭都可以和贸易企业进行合作与定价的协商，而此时贸易贫困区的制造企业居然还在赶往贸易繁荣区域的高铁上！等赶到时，对方价也谈好了，合同也签订好了，此时该企业只能再次空手而归。

因此，为解决信息阻塞问题，我认为制造企业和贸易企业要么同时处于一个教室，要么制造企业和贸易企业之间合同的签订可以再"正规化"一些，不能在其他企业什么都不知道的情况下，某制造企业已经同时和一个或多个贸易企业签订好 12 个季度的交易协议了（算上内部预定），可通过招投标的方式，让其他企业都公平竞争合作机会才是。

二、贸易公司分析与决策

（一）市场环境分析

企业在投产开业之前，我们对市场需求繁荣状况和市场需求预测两个方面进行了市场分析，通过对市场需求繁荣状况分析，我们发现：L 型和 H 型产品在前四个季度市场需求较繁荣，第二年 L 型产品需求繁荣下滑，H 型产品较畅销，最后一季度 S 型产品市场需求较繁荣；通过对市场需求预测分析，我们发现：L 型和 H 型产品相较 O 和 S 型产品，市场需求较好。

（二）经营战略的制定

1. 公司战略

通过和制造企业增强贸易往来，快速打开市场份额，稳定大客户，扩大贸易份额。

2. 投资战略

根据市场环境分析，在厂房成品库建设方面，我们将以武汉为主要市场，投资多个大中型成品库，以扩大成品库容量；在采购方面，我们前期将以 L 型产品采购为主，后期将以 H 型产品为主，进行采购；在广告投入方面，我们将依据各个地区的产品需求量，先投入广告代言，然后以投入广告宣传为主，扩大市场份额。

3. 竞争战略

根据产品需求调研，做好市场定位，增强竞争力；初期加强与制造企业联系，稳定产品来源客户。

（三）经营计划拟定

1. 融资计划

我们以 2000 万元资金注册公司，经营国际贸易，主要向银行贷款融资，经过多方洽谈，本公司共筹集 2000 万元资金。

2. 厂房设备投资计划

我们首轮投资兴建 2 间大型成品库，后随着经营规模的日益增长，陆陆续续扩建至 5 间大型成品库和 1 间中型成品库。

3. 企业采购计划

以市场供需为基础，参考产品利润，前期以采购 L 型产品为主，后期以 H 型产品为主，同时购入少量 O 型和 S 型产品。由于经营策略恰当，本公司取得了较好的收益，促进了本公司稳定良好运行。

4. 市场开发计划

主要参考市场需求，我们前期开拓了拥有巨大 L 型产品需求的亚洲市场，充分发挥国际贸易优势，取得较大成功，为后续经营发展，奠定了坚实的基础，后期开拓了主要以 H 型产品需求为主的南美洲市场，H 型产品稳定销售，稳定的收益促使公司进一步发展，现已经成为了南美洲市场主要的供货商。

5. 市场营销方案

考虑到营销成本及收益，我们前期，公司规模小，营销成本并不高，主要以在亚洲市场进行产品代言，后随着企业经营规模扩大，企业开始了电影宣传，以增强公司在亚洲市场的竞争力；后期主要入驻南美洲市场，以影响效果显著的电影宣传打开南美洲市场，并辅以产品代言深化公司形象，扩大公司在南美洲市场的知名度，为公司经营拥有大量客户提供了有力的保障，公司后期南美洲市场经营成果颇为可观，公司规模进一步扩大。

（四）运营数据分析

1. 经营数据呈现

（1）市场投资（每季度市场投资情况）。

第一季度：投资 90 万元到北美、亚洲，开拓临时性市场，武汉开拓永久性市场；第二季度：投资 130 万元到欧洲、武汉、北京、深圳，开拓临时性市场，在南美开拓了永久性市场；第四季度：投资 250 万元给深圳、武汉、北京、北美市场。此后季度主要集中于南美洲和武汉，其他市场只作补充。

（2）资质认证。

第二季度：投资 100 万元用于研发 ISO9K，投资 50 万元用于研发 ISO14K；第三季度：投资 50 万元用于研发 ISO14K。至此，资质认证已经全部研发完毕，早早地完成企业资质认证工作，极大地增强了我们企业在市场上的影响力。

2. 经营数据分析

（1）原材料库存预警分析。

我们在第三季度购买了 1200 万元 L 型原材料和 1020 万元 H 型原材料，后面季度都是重点采购了 H 型产品原材料。这些原材料都是制造企业生产必备的，销售部在接到其他公司的原材料采购需求订单时，及时供货；采购部将按计划组织货源，对于部分价格较高的原材料会在价格低时，通过批量采购方法，适当囤货，降低成本，因此，原材料库剩余库存量会相对较高。

（2）订单完成动态分析。

前两个季度制造企业并未开始在市场上，公开购买原材料，所以没有订单；第三季度，抢单6笔，卖出9195件L型产品，其中，有2139件出口南美洲；第四季度，抢单5笔，卖出10000件L型产品；第五季度，抢单5笔，卖出1425件H型产品和4000件L型产品；第六季度，抢单5笔，卖出405件L型产品和5026件H型产品；第七季度，抢单6笔，全部为H型产品，总计8692件；第八季度，抢单8笔，H型产品与L型产品混合进单，其中，H型产品比重较L型产品更高，H型产品总计6600件，L型产品6000件；第九季度，抢单额度拉满，总共抢到10单，依旧以H型产品为主，H型产品共计7791件，L型产品5833件；第十季度，抢到10单，集中于南北美洲，H型产品比重进一步上升，总计11200件，L型产品计2166件；第十一季度，H型产品达到了13234件，同时也新进了2000件S型产品和1800件O型产品。

由以上数据分析可知：公司自第一季度到第十二季度，抢单数量越来越多，产品销售量越来越高，产品丰富度越来越高，总体是向一个更好更强的方向发展。我们通过纵向横向对比成本、售出价格、供给数量和市场反响来决定我们公司的经营战略，前期以L型产品为主，后期销售主场转移至H型产品，其中，也进行了S和O型产品的试点销售，反响都很不错，后期预计会将销售主场进一步转移到S或O型。

（3）产成品库存预警分析。

我们在第九季度购买了总库存量为13200件的产成品。第十季度我们开拓了北美市场，将仓储容量扩大了5000件，使得仓储总额达到了21000件，因为我公司广告效应良好，市场影响力大，因此该季度货物全销。这些产成品是公司销售所必备的，我们有自己最低的安全库存量，低安全库存量则计划采购。在接到销售运营中心的销售计划及其他公司的订单时，我们都会按上季度的销量参考下季度的采购计划，采购部按计划进行采购。对于部分价格较高的产成品会在价格低时，通过批量采购，适当的囤货，降低成本，因此，产成品库剩余库存量会相对较高。

（4）订单交付率动态分析。

由于企业资金雄厚，信誉好，供应链良好，吞吐量大，每个季度订单成交都能达到10单，第四季度，成交10单，成交额达到了459万元。第五季度，成交10单，成交额达到了363万元。第六季度，成交10单，成交额达到了2320万元。第七季度，成交10单，成交额达到了1851万元。第八季度，成交10单，成交额达到了1618万元。第九季度，成交10单，成交额达到了2045万元。第十季度，成交10单，成交额达到了1005万元。公司订单交付率十分稳定，成交额则起伏较大，这与我公司广告营销及与制造公司合作交易情况，息息相关。我们复盘时发现：如果加大广告的投入，公司产品销售价格可以上升400~500元，销量也会大大增加，因此我们在之后的季度会大力增加在广告方面的投入。

（五）心得体会

此次模拟实习首先让我认识到了团队合作的重要性。采用小组学习的方式，可以促进不同专业同学之间的融合，优势互补，互相学习，从而提高我们自己探索知识和自主学习知识的能力。同时培养了我们的责任感，使我们认识到要对小组任务负责，培养我们为小组任务服务的意识；对小组学习成员负责，合理分配学习任务，使成员之间必须相互合作，相互沟通交流相互帮助、包容。只有大家齐心协力，才能得出方案，获得结果。其次，经营成败在于决策。在实习期间，我们小组在进入市场前，没有下好功夫研究好其他企业的经营策略（包括广告投入和市场策略等方面），进而调整自己相应的经营策略。最后，合作比竞争更重要。市场也并非只有竞争，在整个市场经营期内，竞争与合作同时并存，企业在处理好内部业务的同时，还要做好外部合作企业之间的关系管理，以求公司在出现经营困难时能得到其他公司伙伴的合作，从而在市场竞争与合作的博弈中获得效益，实现双赢。

三、会计师事务所分析与决策

（一）工作内容

会计事务所日常要做的工作就是会计账务处理，其工作内容主要包括：

1. 组建企业

在实训的第一天，我们要做的主要工作就是招人、组建企业，然后构思企业名称、设计企业 logo、企业海报，最后就是所有小组参加海报大赛，对自己企业名称、logo、海报进行展示。

2. 公司注册

在海报完成之后，我们会计事务所处理的首要任务是公司注册。不只是我们会计事务所，所有参加实训课程的人都在忙公司注册，市场监管局也是比较忙的，因为他们要对所有公司的注册流程进行审核。由于大家都是第一次接触这件事情，所以一开始大家都不知道该怎么去干，只能按照说明书一步一步地进行操作，在公司和市场监管局两个地方不断地来回跑。完成在市场监管局的注册事情之后，接下来就是要到税务局去进行税务登记，然后到银行进行开户，这两步还是比较简单的，但是开户的流程也是比较麻烦的，最后，经过了将近一天的注册，终于领取到了营业执照，也成功地在银行开了户。这就宣告我们会计事务所正式成立了。

3. 与各个企业签订审计业务合约书

审计业务合约书是会计事务所与被审计单位签订的，用以记录和确认审计业务的委托与受托关系，审计目的和范围，双方责任以及报告格式等事项的书面协议。它具有法律效力，企业与会计事务所双方都要遵循。在本次实训中，我们事务所为了减轻各个企业的负担，我们直接规定各企业每年需缴纳审计费 6000 元人民币。

4. 为各个企业审计资产负债表、损益表、利润表

资产负债表亦称财务状况表，是企业在一定日期（通常为各会计期末）的财务状况（即资产、负债和企业权益的状况）的主要会计报表。资产负债表利用会计平衡原则，将合乎会计原则的资产、负债、股东权益等交易科目分为“资产”和“负债及股东权益”两大区块，在经过分录、转账、分类账、试算、调整等会计程序后，以特定日期的静态企业情况为基准，浓缩成一张报表。其报表功能主要是让所有阅读者于最短时间了解企业经营状况。损益表是反映企业一定期间经营状况的动态报表，提供企业的全部收入和全部成本。利润表提供企业的获利能力。因为我们有 15 个企业，每个企业在每个季度都需要给我们会计事务所发送 3 张表，所以我们每人每天都要审计上百张表，我们必须对表格数据进行一一核对，发现错误时将其驳回，由企业重新发送。因此，我们每天的工作量非常大。

5. 给银行发送询证函

在我们快要审计完成时，我们必须向银行发送询证函，来确定该企业是否向银行贷

款，并核实贷款数目是否准确。

6. 完成审计工作小结

这是我们完成审计工作后的总结，几乎是一年一次小结。目的是通过考查审计范围，被审计企业以及审计证据是否为审计意见的形成提供充分依据，从而确保我们的审计是否根据独立审计准则来实施的。通过小结，检查审计过程中所作的重要会计和审计事项处理情况，考查会计报表是否已根据企业会计制度和有关规定公允地表述来找出我们在审计过程中出现的问题，进而更好地完善我们的审计工作。

（二）市场环境分析

会计师事务所作为本次实训中唯一一家会计师事务所，负责对企业的财务报表进行审查，这就意味着本所在这次跨专业实训中处于重要且唯一的位置。

通过市场调研，发现市场上共有25家企业，这就意味着本会计师事务所有着较为广阔的市场前景。本会计师事务所虽然占据了垄断性的地位，但为了企业和事务所双赢，仍然需要通过市场调研来确定业务收费标准。在调研中我们发现：最初的几年大部分公司刚刚起步，手上并未拥有充裕的资金来购买财报信息这一服务，在后期利润额逐步提高后，资金便相对充裕，据此我司采取据不同的经营时期，收取不同业务收费的定价策略。

（三）经营运营情况分析

1. 业务描述

本会计师事务所业务主要为财报信息提供服务，旨在为各大公司提供正确的财报信息，以便于其顺利完成各项报表的填写和成功审查。

2. 业务价格设定

（1）前期价格：1k/张报表。

（2）后期价格：3k/张报表，15k包年。

显而易见，包年套餐明显优于单张购买，预计后期会有大部分的企业选择包年套餐业务模式，这样的套餐不但有利于我司进行财务计算，而且利于提高我司与客户之间的对接效率。

3. 业务操作流程

企业和会计事务所操作流程见表5－2：

表5－2　企业和会计事务所操作流程

	企业方操作流程	会计所操作流程
第一步	进入财务部	进入银行的账户信息进行对账核实，核对完成进行记录
第二步	进行转账（收款银行卡号为：655351750839956945）	
第三步	填写电子支票（需要银行审核，信息要填全：收、付款方信息、金额及日期等）	
第四步	转账成功后进入QQ群，将需要的报表以“XX公司第N年第N季度XX表”的形式发出消息。	根据企业所发送的信息将报表信息截图发至企业

4. 运营数据情况

（1）帮助企业填写约450张资产负债表等财务报表，减轻企业报表计算的工作强度。

（2）审核处理财务科目表约450张，确保数据准确无误。

（3）贴心服务，帮助企业轻松填写报表，收获好评与点赞。

（4）营业收入稳步增长，营收总额突破百万元。

（四）经营收获

1. 锻炼和提高了团队协作能力

在模拟实训中，不同角色、不同部门之间需要密切协作，才能够达成目标。尤其是在面对突发情况时，更需要各部门之间紧密配合，共同解决问题。通过模拟实训，全体人员加强了协调合作意识，增强了团队凝聚力和支持共识。

2. 了解企业运营规律

在模拟实训中，通过参与制定企业经营计划、财务报告等工作，全体人员深入了解到了企业运营规律，包括市场需求、资产负债表、成本控制等关键指标。同时，也了解到了如何有效应对企业的挑战和风险。

3. 强化了风险管理意识

在模拟实训中，全体人员深入了解了企业内外的各种风险，并针对每种风险制定了相应的预防和应对策略。这样，就可以帮助企业降低风险并快速应对风险。

4. 加强了企业战略思考

在模拟实训中，全体人员制定经营计划、财务报告等工作，就必须要有一个明确的战略思路。每个部门需要根据自己的角色和职能，贯彻整个企业的战略思想，才能真正实现企业目标。

（五）心得体会

这个课程让我们意识到了企业管理是一个综合性的学科，需要掌握多种技能才能做好。不仅需要了解市场营销、财务管理等方面的知识，还要能够协调各部门之间的工作，建立良好的团队文化。

在实训课程中，我们负责的是企业会计事务管理。通过这个角色，我们学会了如何做出正确的财务决策，并且对于财务报表的编制和分析也更加熟练。此外，我们还了解到了企业的财务风险管理以及税务合规等方面的内容。这些知识的掌握不仅对于我们个人的职业发展有帮助，也能够帮助企业更好地管理财务。

在模拟实训课程中，我们还学会了如何在一个团队中协作和沟通。在实训课程中，每个人扮演着不同的角色，需要相互合作才能顺利完成任务。因此，我们需要及时沟通和协调，共同制定出最佳的解决方案。通过这个过程，我们懂得了如何倾听他人的意见和建议，并且也学会了如何正确地表达自己的观点和想法。

这个课程也提醒我们，企业管理需要不断创新和改进。市场环境不断变化，需要不断调整企业战略，提高产品质量和服务水平。只有不断学习和创新，不断提高自己的能力，才能为企业的发展做出更大的贡献。

四、商业银行分析与决策

（一）主要业务

1. 开户管理

首先企业要填写开户申请书，银行审核开户申请书，银行审核通过后，企业在系统中，通过点击开户业务功能，填写电子版《银行结算账户申请书》和《机构信用代码申请表》并提交给银行。人民银行审核完《开立单位银行结算账户申请书》，开户业务办理完毕，公司可以领取《机构信用代码证》以及《开户许可证》，企业基本账户开立完成。

2. 开立信用证

首先企业要填写购销合同、发票和装箱单，提交给银行，银行审核通过后发放信用证。

3. 审核电子支票

企业纳税工作，需要通过银行进行纳税电子支票处理工作。因此，企业首先要填写电子转账支票，准确填写出票日期、付款行名称、收款人、人民币（大小写）、用途，然后银行进行审核并转账。在此过程中，要注意如下事项：

（1）没有签名盖章的支票不能收。鉴章空白的支票是“不完全票据”，这种票据无法律效力，必须请出票人补盖印鉴方可接收。

（2）出票签名或盖章模糊不清的支票不能收。这种鉴章不清楚或不明的支票经常被银行退票。

（3）支票上签章处只有出票人的指印，没有其他签名或盖章，最好拒收。支票上的签名可以以盖章的方式代替，但不能以捺指印代替签名。

（4）图章颠倒的支票是有效的，可以收受。

对于支票金额应注意以下问题：

（1）票面大写金额栏内漏写“元”字的支票，不可收受。我国通用的币制单位有元、角、分。只有记载数字，而无“元”的记载，其金额难以确定。

（2）大写金额经涂改的支票是无效支票，绝对不能接收。

（3）支票上大写金额不应当写零，而多写零的支票，尽可能不要收受。金额位数连续有几个零时，应只写一个零字。比如50005元，应写成“伍万零五元整”，而不能写成“伍万零零伍元整”。

（4）票面金额填写“拾元整”的支票，不可收受。银行实务对有关支票金额的写法有特别的要求，10元应写为“壹拾元整”。

（5）支票上大写金额写“廿”绝对不能接收。20元的正确写法是“贰拾元”，如果写成“廿”，银行会以退票方式处理。

4. 审核资产负债表

首先企业填写资产负债表，交由会计师事务所审核资产负债表，再由市场监管局、税务局和银行签收资产负债表。

5. 审核损益表

首先企业填写损益表，交由会计师事务所审核损益表，再由市场监管局、税务局和银行查看损益表。

6. 审核总账科目汇总表

首先企业填写总账科目汇总表，交由会计师事务所填写总账科目汇总表，再由市场监管局、税务局和银行查看总账科目汇总表。

7. 企业贷款

银行放贷款流程：

（1）银行点击贷款管理——调查报告——点击领取任务并处理。

（2）银行贷款业务办理，首先审核调查报告。

（3）经过审核，情况属实点击通过并提交，情况不符贷款标准，则在调查报告结论处填写不同意贷款，点击驳回并提交，贷款调查报告审核后，等待企业提交贷款合同签订书，并处理纸质版的《调查报告》。

（4）贷款合同分为抵押贷款合同、质押贷款合同、信用贷款合同。

这几种类型贷款流程一样，企业选择其中一个类型。下面以信用贷款为例，来说明它的贷款流程：

①企业填写好纸质和电子贷款申请书后，银行通过查看资产负债表的方式来检查他们企业的营业状况，决定是否发放贷款。

②查看企业携带的纸质《信用贷款合同》，核对无误后银行签字盖章，点击贷款管理，信用贷款合同，点击领取任务并处理，签订信用贷款合同，信用贷款合同签完，贷款企业需要签订《人民币资金借贷合同》。

③企业填写人民币借贷合同，银行审核完毕之后，签字盖章。

④确认合同无误之后，企业提供收款账户，银行选择放款账户，确认放款。

注意：利率默认为千分数，直接输入整数数字即可，贷款金额也必须输入整数，不能出现小数。同时银行发放贷款额的90%（10%作为保证金，发放2%的保证金利率），企业收款。

（二）商业计划编制

1. 市场环境分析

由于市面上只有一家银行，因此，本银行市场经营环境良好，很适合本银行生存和发展。

2. 经营战略的制定

公司本着服务实体经济的原则，制定和调整银行战略，战略内容包括：制定确定长短期利率，长期利率为8%，短期利率为3%。贷款期限超过三季度为长期贷款，其余均为短期。对逾期加收10%的利息，对于违约的部分加收8%的罚金利率。对于贷款与否我们只允许资产负债率低于45%的企业贷款，也就是最多贷款金额为所有者权益的80%。

3. 拟定经营计划

本银行为服务型机构，并不需要经营，为了保证市场正常运行，我们仍然设定贷款利率和贷款额度限制，并且在最后一个季度要求强制还款，违约者将会被罚款。

对于贷款形式，为保证市场银行贷款的多样性，除信用贷款外，我们还准备了抵押贷款等。

（三）运营数据分析

本银行在早期为所有企业开设银行账户后，后面陆续处理了 6 份询证函，108 张电子支票及其网上转账操作，一共审批了 2.2 亿元的贷款。

（四）经营心得体会

本次实训虽然只有短短的两周时间，但是内容十分丰富，而且通过这次实训我们都得到了很大的提高。我们团队担任商业银行的角色，起初我们对角色的职责不是很熟悉，通过翻看老师提供的相关资料和商业银行出具的岗位职责说明书，我们明白了商业银行的业务管理范围及其权限。我们需要给企业办理开户业务，贷款业务等工作，在此期间，我们团队虽遇到了许多的问题，但我们团队通过查阅网络资料和相互讨论等办法，尝试着把问题一一解决，从中也学到不少知识和实践经验。

商业银行作为一个与外界企业打交道的机构，首先会接受很多企业的咨询，我们在熟悉业务的同时要为他们进行合理的讲解，站在企业的角度来推销自己的业务，耐心与前来办理业务的企业进行沟通，帮助企业解决实际问题，这样不知不觉中提高了自己与人沟通的能力，团队协作能力和工作业务能力。整个实训阶段，我们真正地感受到了商业银行业务的繁琐，体验了作为外围服务部门商业银行的各项工作，培养了我们严谨的工作态度和敬业精神，锻炼了自己适应综合实践工作的能力，为我们即将踏入社会做了良好的铺垫与前期引导，不至于未来踏入企业茫然和不知所措，为我们提升胜任工作的能力打下坚实的基础。

本次实训中，作为服务型机构的我们更能以一种旁观者的视角了解到部分其他模拟经营者所不能了解到的知识，例如，最后的所有者权益排名贸易和制造企业前三名中，只有一家在银行贷款较少，其余均贷款千万元以上，远超其他企业，不可否认地说，企业经营规模大与积极贷款之间一定存在着某些联系。在处理业务的效率方面，我们银行本身人手较少，各企业如果贷款时不派人来亲自沟通的话，可能会导致公司贷款审批下来较慢，拖慢整个公司的运转速度，在实际操作中周转率也是影响权益收益率的一个很重要的因素。在运营最后几天贷款人数骤减，可能是因为部分企业疲于过于繁琐的贷款手续，所以最后几天我们都是上门贷款，给予其最好的贷款体验。

五、税务局业务内容分析与心得体会

（一）业务内容

税务局的主要任务可概述为：

（1）审核增值税一般纳税人资格登记表电子档与纸质档，并盖章留存，如图 5－17 所示：

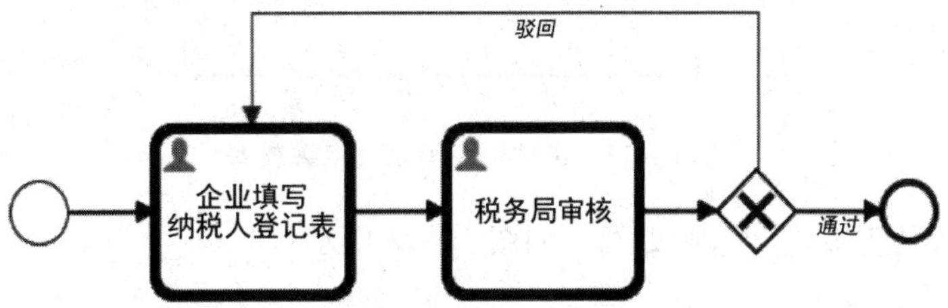

图 5－17　审核一般纳税人资格登记表

（2）审核纳税人税务补充信息表电子与纸质档，并盖章留存，如图 5－18 所示：

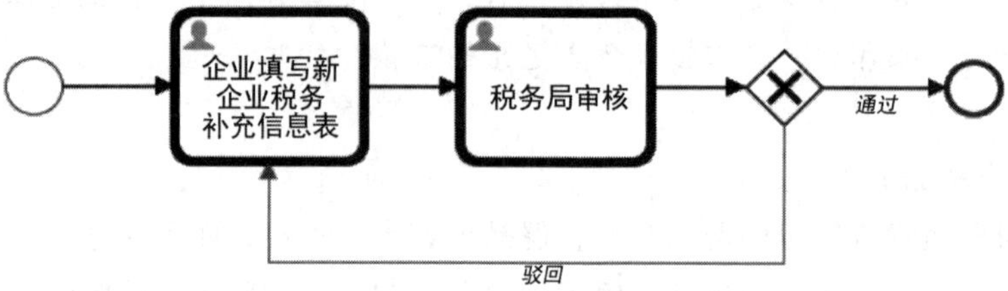

图 5－18　审核税务补充信息表

（3）审核企业所得税年度纳税申报表，纸质档留存，如图 5－19 所示：

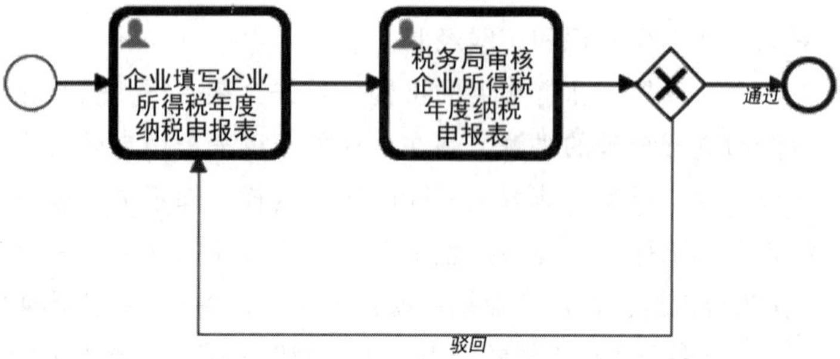

图 5－19　审核企业所得税年度纳税申报表

（4）审核企业增值税纳税申报表，纸质档留存，如图 5－20 所示：

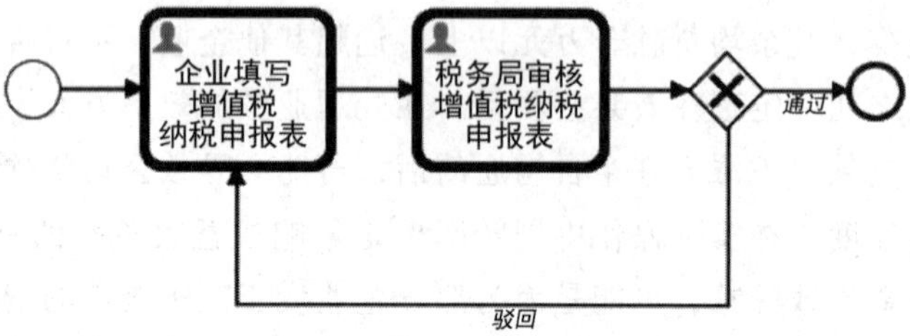

图 5－20　审核企业增值税纳税申报表

（5）审核企业国税通用缴款书，如图 5－21 所示：

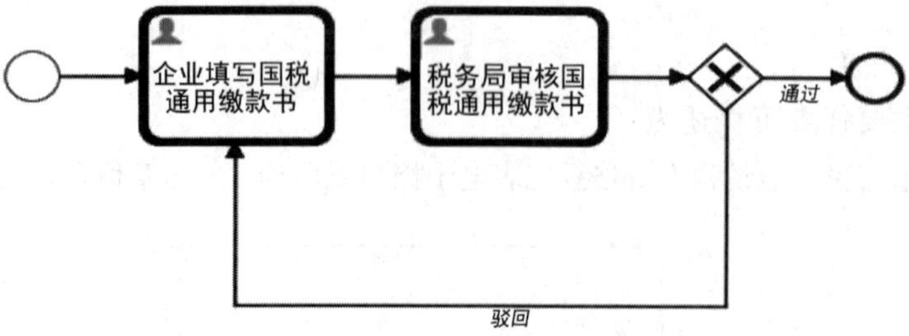

图 5－21　审核企业国税通用缴款书

（6）对欠税的企业进行行政处罚，如图 5－22 所示：

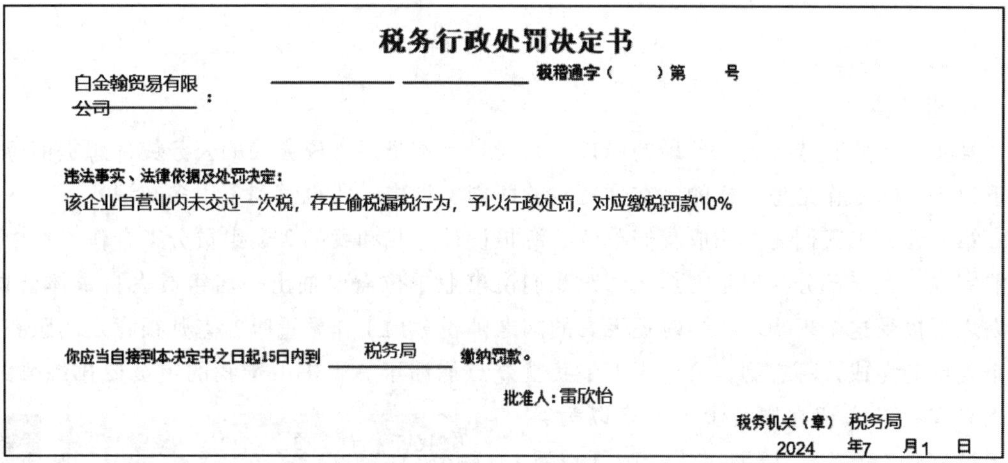

税务行政处罚决定书

白金翰贸易有限公司：　　税稽通字（　）第　号

违法事实、法律依据及处罚决定：

该企业自营业内未交过一次税，存在偷税漏税行为，予以行政处罚，对应缴税罚款10%

你应当自接到本决定书之日起15日内到 税务局 缴纳罚款。

批准人：雷欣怡

税务机关（章）　税务局

2024 年7 月1 日

图 5 – 22　税务行政处罚书

（7）评选纳税大户并发放奖励，如图 5 – 23 和图 5 – 25 所示：

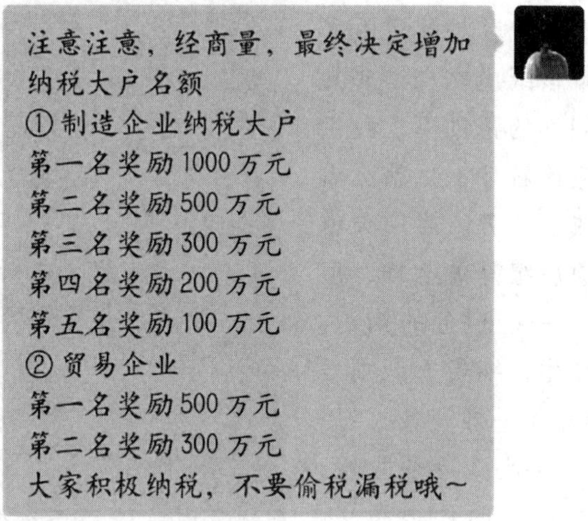

图 5 – 23　纳税大户奖励标准

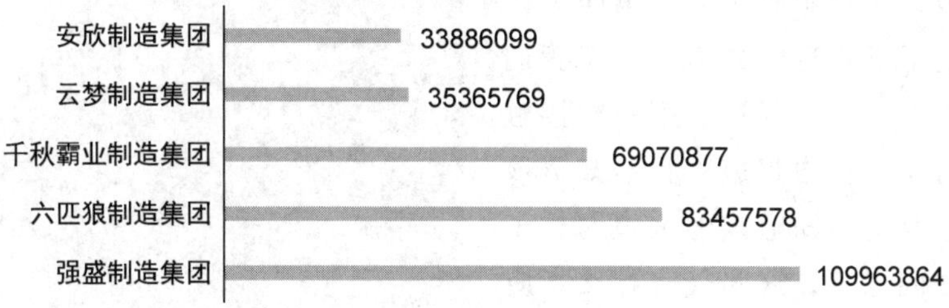

图 5 – 24　制造企业纳税大户排行榜

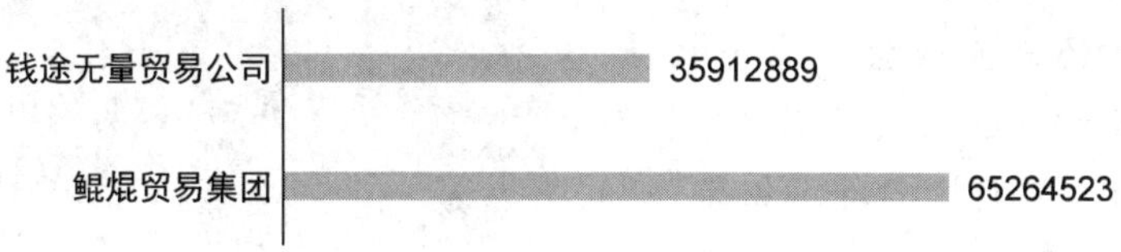

图 5 – 25　贸易企业纳税大户排行榜

（二）心得体会

1. 组长体会

其实一开始我选择当税务局的局长，是我自己本身想考税务局的公务员，想提前感受一下税务局的工作是怎么样的。在这短暂的两周实训中，我也学到了很多知识。

第一天上午我们需要完成我们单位的海报设计，我和我的2名组员分工合作，在中午之前完成了大半部分。但是突然老师跟我们说事业单位需要抽出一名组员去自媒体公司，无奈之下接受这个现实。我当时还天真的问老师税务局工作繁重吗？老师很肯定的跟我说一个人也能完成，哪想到，第一天下午我就差点崩溃了。下午由于我的组员要排练舞蹈，所以只有我一人留在岗位上，本来以为第一天没有什么事情，结果突然老师开放系统，作为事业单位的我们，要为15个企业审核纳税登记表和税务补充信息表，第一次接触，完全不知道怎么操作，当时人都处于一种很慌乱的状态，尤其是除了电子文档外，我们还需要审核纸质文档，非常焦虑，还好在老师和同学的帮助下，我们渐渐熟练起来，知道应该看什么，怎么审核，最终在忙碌中完成了任务。第一天就已经这样，我不敢想象后续是怎么样，但值得高兴的是我学到了一些税务的知识，如纳税人识别号怎么产生，纳税人识别号和统一信用代码在现实中不一样等等。

第二天和第三天是企业试运营阶段，所以还没有我们的事，我当时还很高兴，原来税务局除了第一天以外真的很轻松，但我很快就被现实狠狠打了脸。第四天以后，企业踏上了正式运营的道路，而我们也在审表的路上一去不复返。第一次接触所得税和增值税纳税申报表，我不知道该怎么审核，企业也不知道该怎么填写，于是我就反复去问老师，这些代表什么，应该怎么去填，前前后后差不多问了5~6次，终于将这些都弄明白了。但我弄明白了还不能够，我还需要教会企业怎么填，我当时就把企业财务部的人召集过来，教他们怎么去填写，并且同时在群里发通知告诉企业纳税的流程，如图5-26所示：

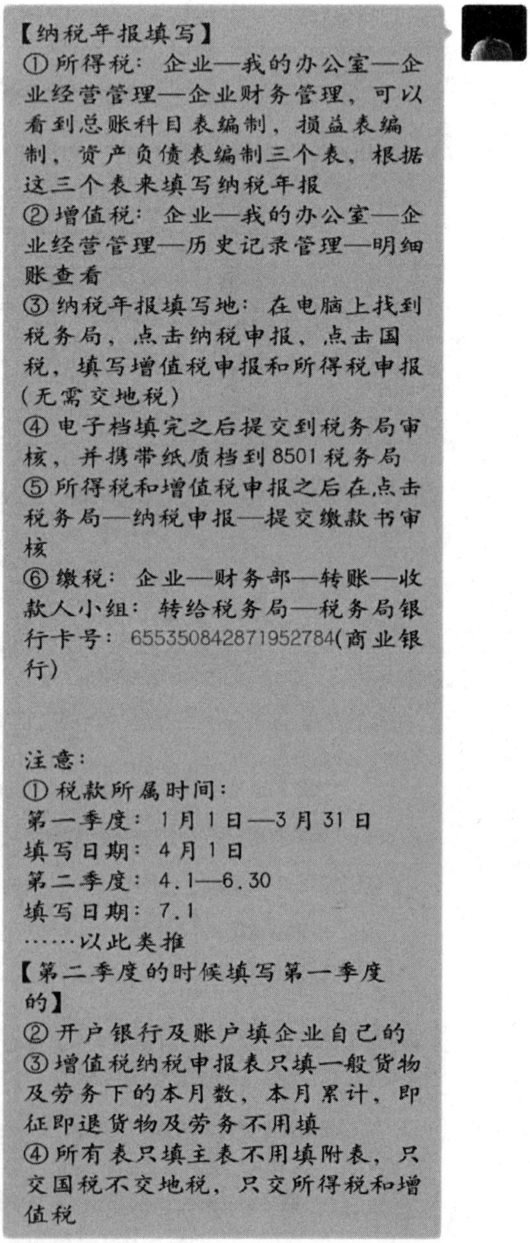

图5-26　群里发通知告诉企业纳税的流程

本以为这样教了之后会很轻松，大家

也都能正确填表，但是现实却不是这样，我们在驳回的路上不断前行，于是我又只能再去教他们，终于他们懂了，一切也都迈上了正轨。可哪知道，申报表如泉水般涌来，一个季度15家企业45张表，一年就是180张表，其中还不乏被驳回的表，我们两个人审表的速度完全赶不上大家交表的速度，当企业已经进入第二年第一季度时，我们还处于第一年第二季度的审核中。无奈之下，我便和老师商量看能不能把表要填写的内容简化，只填重要的地方，老师同意了，我们审表的速度也加快了，企业填表的负担也减轻了。

第三天，很多企业不知道怎么交税以至于一直未交，而且如果每季度都交税，对他们来说，工作负荷高，于是我又去找老师商量，看能不能半年交一次表，然后让企业在第二年第三季度中将未交的税全部补齐，老师答应了。我们也通过周六日晚的加班，赶上了企业经营的进度，同时也基本收齐了企业的税，除了一家贸易企业，由于他们拖欠不缴，我们最终只能对他们进行罚款，如图5－27所示：

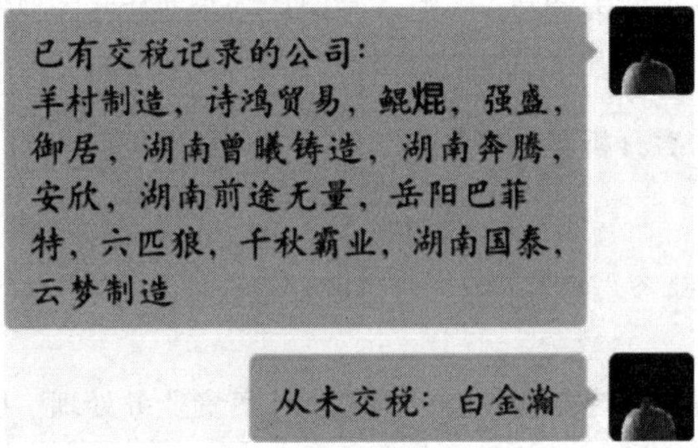

图5－27　企业交税情况

之后几天，我们就是一直在审表，不断的调整，不断的审核，不断的解决大家的问题，虽然很累，但也感觉到自豪与骄傲。最终我们总共收到了616961091元税款。

这次实训，我最大的感悟就是：税务局并没有想象中的那么轻松，任何一个单位的存在都有其自身的价值与意义。这一次实训，我也学到了很多知识，如怎么填写纳税申报表和缴款书，税务工作应该注意什么，而且我们也可以从纳税中来判断一个企业的经营状态。与此同时，这次实训我还提高了自己的耐心程度，尽自己最大的努力与耐心去认真回答每一个人的问题，我想这也是服务机构工作人员必备的职业素养。不管是周末加班也好，不管是重复枯燥无味的审表任务也好，我还是能从中感受到税务局忙碌的快乐，没有辜负我们当时在海报上写下的话：为国聚财，为民请命，为人民服务！

2. 组员体会

在经管学院的学习生涯中，我们不仅要掌握理论知识，还要学会将这些知识应用于实际。为了提高我们的实践能力，学院安排了一次跨专业综合实训课。在这次实训中，我深刻体会到了理论知识与实际操作相结合的重要性，也让我对今后的职业生涯有了更为清晰的认识。

实训课程开始，老师首先带领我们进行了一个简单的热身活动，让大家熟悉了课程的基本流程。接着，我们被分成11个制造企业、4个贸易企业及商业银行、市场监管局、税务局、会计事务所和传媒公司。

在此次模拟经营实训中，我扮演了税务局员工的角色，负责审核报表及监督企业的税务事务。通过这次实训，我深刻认识到税务管理对企业的重要性，也更加了解了税务局工作的具体操作和流程。

通过这次实训，我学到了很多知识。首先，我学习到了与税务局工作的相关法律法规，同时积极主动地与各企业进行沟通协调，确保企业纳税合法合规。其次，我学会了在税务局工作的具体操作和流程。在实际操作中，我们主要负责审核企业纳税报表，其中包括企业所得税、增值税等税种以及审核各企业的资产负债表、损益表和缴款书等报表。最后，我认识到税务工作对企业管理的重要性。税务是企业管理的重要组成部分，它直接关系到企业的经营成果和发展前景。

通过这次模拟经营实训，我了解了税务局工作的具体操作和流程，并深刻认识到了团队合作的重要性。在今后的职业生涯中，我将充分发挥团队协作精神，与同事共同进步。在时长八天的实训过程中，有过审核的辛苦，有过心态的崩溃，但我们秉承着为人民服务的宗旨，从未停下脚步，并坚持到了最后。感谢这次实训让我学习到了从书本上永远学习不到的知识！

六、市监局业务内容分析与心得体会

（一）市场监管局业务内容

1. 人员组成

经过投票，谢桑妤同志当选市场监管局局长，负责业务处理、统筹全局；华茹晴同志担任处长，负责业务处理、材料盖章；魏萍同志担任副处长，负责业务处理、对接企业。至此，市场监管局正式成立，详见图 5－28。

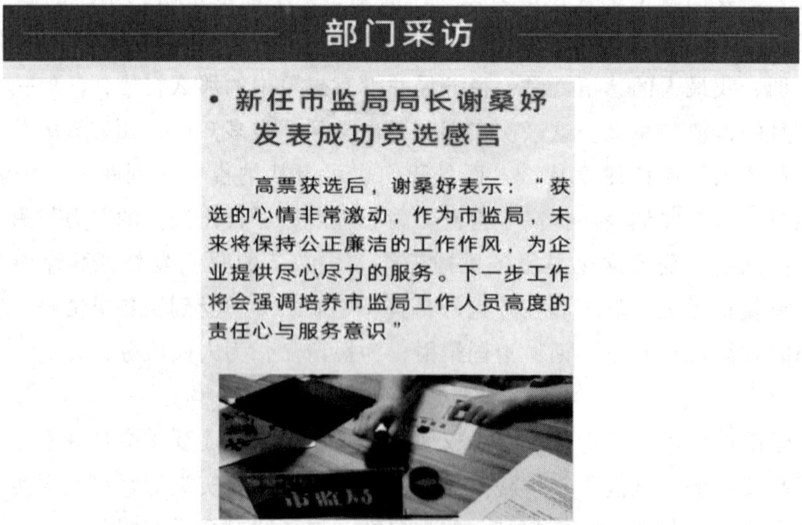

图 5－28　市场监管局局长接受采访

2. 工作目标

守护企业信用，共建信用城市。

3. 工作内容

(1) 负责市场监督管理和行政执法的有关工作，起草有关法律法规草案，制定工商行政管理规章和政策。

(2) 负责各类企业、农民专业合作社和从事经营活动的单位、个人以及外国（地区）企业常驻代表机构等市场主体的登记注册并监督管理，承担依法查处取缔无照经营的责任。

(3) 承担依法规范和维护各类市场经营秩序的责任，负责监督管理市场交易行为和网络商品交易及有关服务的行为。

4. 海报设计

人员到岗后，我局制作了自己海报，反映了市监局的精神面貌和为人民服务的赤胆忠心，详见图 5－29。

图 5－29 市场监管局自制的海报

（二）实训主要工作内容

1. 企业设立登记

企业设立登记流程如图 5－30 所示：

2. 查看资产负债表

企业填写资产负债表后，由会计师事务所审核通过，市场监管局进行签收，共计完成 14 家企业 3 个年度的报表审核。

3. 查看损益表

企业填写损益表后，由会计师事务所审核通过，市场监管局进行查看，共计完成 14 家企业 3 个年度的报表审核。

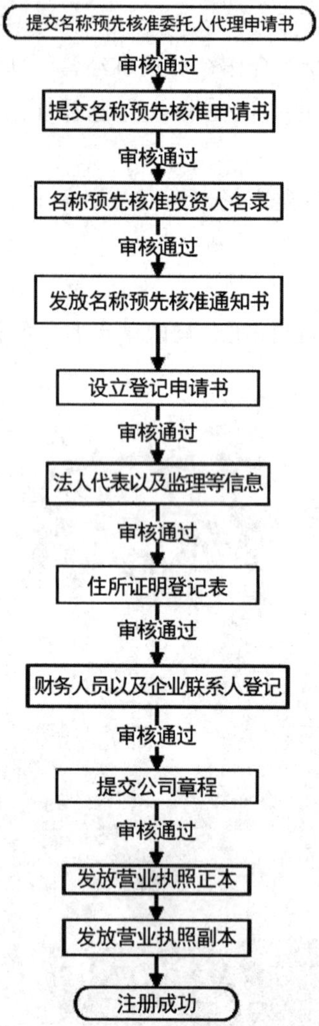

图 5-30 企业设立登记流程

4. 查看总账科目汇总表

企业填写总账科目汇总表后，由会计师事务所审核通过，市监局进行查看，共计完成 14 家企业 3 个年度的报表审核。

5. 审核企业法人年检报告书

企业获取任务填写年检报告，市监局进行审核通过，对填写不规范的报告进行驳回，共计完成 17 家企业 2 个年度的年检报告审核。

6. 举办企业 LOGO 设计大赛活动

企业 logo 评选由市场监管局组织，各小组派一名人员负责讲解其设计理念及与公司之间的关系。企业 logo 评选活动安排如下：

（1）时间：2023 年 6 月 2 日下午 15：20。

（2）地点：暂定 8504 教室（有变更会及时通知各公司）。

（3）参与人员：各公司代表。

（4）评比方式：采取各小组互评的方式。

（5）评分标准：活动开始前将发放纸质评分标准并由市场监管局工作人员进行讲解

说明，具体评比标准细则由市场监管局制订，主要由各小组讲解人员的仪表、谈吐及设计理念的创新性等综合评比。

（6）奖励标准：市场监管局评出一等奖1名；二等奖2名；三等奖3名，并按一等奖30万元、二等奖20万元、三等奖10万元标准奖励。

（7）展示顺序：抽签决定。请各公司代表带好本公司的logo图样提前15分钟到达，到指定位置落座，提前祝各公司在企业logo评选活动中大放异彩。

注意：获奖后，奖金属营业外收入，请各小组做账时，注意这一点。

7. 监督处罚

（1）线下进行营业执照抽查，确保企业合法合规经营；

（2）对未参加年检的企业进行处罚，建立企业信用意识；

（3）监督企业不良付款记录，并督促其完成付款，对不听管理的企业强制执行付款。

8. 工作日志

（1）坚持每天填写工作日志，按照“标题”“日志时间”“文本内容”进行填写，共计完成15篇日志。

（2）坚持按季度填写会议纪要，按照“标题”“文本内容”进行填写，共计完成3年4个季度13篇会议纪要。

（3）坚持每天填写学习报告，按照“标题”“日志时间”“文本内容”进行填写，共计完成15篇学习报告。

（三）心得体会

作为一名合格市场监管专员，岗位职责主要有：

（1）首先需要了解公司注册流程：先在市场监督管理局进行名称预先核准登记；紧接着办理工商登记设立，办理营业执照；然后到公安局篆刻公司印章；再去银行开户；最后到税务局报到。

（2）学习制定本次课程的市场监督管理暂行规定。

（3）接收并审核企业提交的商标标识申请资料。

（4）接收并审核企业提交的企业年报资料。

（5）维护市场秩序。

这次实训我们感触良多：

1. 工作中要提高服务意识

每天跟很多经营户打交道，这就要求我们要切实提高服务意识，要有耐心向经营户解释说明相关政策条款，让经营户少跑路，高效办事，用心服务，避免不必要的纠纷，提高单位及政府形象。

2. 团队成员之间的协作与信任重要

尤其是在制造业、工贸和商贸，每个步骤的是各个岗位的同志环环相扣的，任何一个环节出了问题，都直接影响下一个环节，影响公司的整个运作。作为市场监管专员，也要是需要及时处理各企业的问题，不影响他们的正常运作。

3. 提高了严格按流程办事意识

我们作为执法部门，一定要按照规定合法合规处理，这样才能有理有据，也避免了投诉的升级和事态的扩大。

4. 体会到执法过程中要情理交融

执法过程中一定要人性化，要给予经营户自纠整改的机会，还有在处罚的尺度上也要根据实际情况而定，不能搞一刀切，讲究情理交融、法理交融。

总之，本次实训让我明白在以后的日子要多注重培养自己分析问题的能力、解决问题的能力，独立动手能力、综合运用知识的能力和创新思维能力。这样才能在自己的工作领域有一席之地，在自己的岗位发光发热！我们成功开展了两次活动，海报的评选、举报申诉。这两起活动都让我们工商局公平公正的服务理念深入人心。世界没有绝对的黑与白，每一件事情也没有绝对的对与错，如果只是站在一个角度分析很难发现问题所在，这也是我们部门存在的必要性，了解事情的前因后果，调查各个细枝末节，最终给出一个公正信服的宣判结果。和大家共同维护公平的市场秩序，形成良好的市场风气，我们一直在路上。

第六章

跨专业虚拟仿真综合实训专题活动

跨专业虚拟仿真综合实训在进行过程中，会根据模拟企业业务的需要穿插各类专题活动，以丰富学生的体验，强化实训的效果。专题活动的设计要注重科学性、严谨性、契合性、趣味性。结合企业商务环境的实际和仿真实验教学的特点，在虚拟仿真跨专业综合实训中可以加入团队带头人自荐竞选、招聘海报评选、招投标、专家讲座等专题活动。下面对各类专题活动进行详细的介绍。

第一节　团队带头人自荐竞选专题活动

为使参加跨专业虚拟仿真综合实训的学习者充分发挥主观能动性，体现学习者在实验过程中的领导能力、组织能力、协调能力、沟通能力、公关能力等，建立人才平等竞争，优胜劣汰的选拔机制，坚持公平、公正、公开的竞争择优原则，我们对团队带头人自荐竞选评分标准暂行以下规定：

一、竞聘原则

（1）仪表得体、表情自然、形体动作大方得体。(20 分)
（2）竞选演讲主旨鲜明，层次清晰。(20 分)
（3）具有较强的现场感染力，能引起学生共鸣。(20 分)
（4）口齿清晰，表达流畅、生动、富有情感。(20 分)
（5）竞选演讲时间为 1 分钟，超出规定酌情减分。(20 分)

二、竞选范围及岗位

（1）竞选范围：参加综合实验的全体学生。

（2）竞选岗位：所有机构的带头人。

制造企业　　　　15 名左右

国际贸易企业　　5 名左右

市场监督管理局　　1 名

银行　　　　　　　1 名

税务局　　　　　　1 名

会计师事务所　　　1 名

（3）竞选方法：教师现场评分（总分依次排列）、学生投票选举

三、团队带头人自荐评分表

团队带头人自荐评分表见表 6－1。

表 6－1　　团队带头人自荐评分表

姓名	竞选职位	主题内容（20 分）	语言表达（20 分）	仪表风范（20 分）	现场感染力（20 分）	时间掌握（20 分）	总分

第二节　招聘海报评选专题活动

招聘海报评选专题活动是展现各自企业文化的良好渠道，通过此项活动，团队成员能对自己的企业团队有更好的认识与理解，增强团队凝聚力；同时，不同的模拟企业也能对彼此有更深入的认知与了解，为日后的企业运营、企业合作和各项活动的开展奠定良好的基础。另外，成员们通过合作加深了彼此的理解，更深刻地理解了团队意识，培养了敬业、奉献的良好品质。

一、活动思路

跨专业虚拟仿真综合实训小组的海报要求在统一的绘图纸上手工绘制，是展示相应机构形象的重要窗口。为了更好地展示企业形象、树立企业文化、扩大企业宣传影响力，各个团队围绕企业所在行业、企业名称、企业理念，针对海报的概念、构图、用色等进行了热烈的讨论，大家积极参与，发动头脑风暴、各抒己见，不断提出新点子、碰撞出新的创意。海报评选的目的是强化学生广告宣传的意识，实现对企业文化、Logo 设计的凝练与传播。

二、活动策安排

(1) 规定时间之前各机构派专人到会议点参加海报展示演讲。

(2) 设计的海报必须突出主题，即突出自己企业的产品特色和企业理念。

(3) 活动展示当天海报评比环节按照当时抽签顺序进行展示，展示时间为2～3分钟。展示结束时评委和现场观众根据评分标准进行评分，最后由工作人员统计总得分，并颁奖。

三、参赛要求

(1) 手绘、打印或电子版参赛作品应包括报名表、海报设计图和设计构思（形式不限）。

(2) 海报设计要易于识别，简洁明快，主题鲜明，富有寓意与美感，着重体现企业文化特点和性质。

(3) 所设计的作品必须为原创，为第一次发布。如果是参考了其他作品，须注明参考作品出处及来源。

(4) 参赛成员必须在规定时间前提交包含作品的简介、作品设计理念及创新性的PPT，在展示当天进行讲演。

四、评分标准

海报评分的标准见表6-2。

表6-2　　评分标准细则表

机构	信息传达准确，明白易懂（25分）	构图简练，美观适用（25分）	图形符号概括美观（25分）	整体美感讲究艺术（25分）	总分

评分标准说明如下：

1. 信息传达准确，明白易懂

(1) 海报设计简练、易懂、易记和能够被人普遍公认的形象，易于普及和传播。Logo内涵和活动理念特点相关，富含寓意。(20～25分)

(2) 海报设计较简练、易懂、易记和能够被人一般公认的形象，传播性一般。Logo内涵和活动理念特点较为相关，富含一般寓意。(10～20分)

(3) 设计普通。Logo内涵和活动理念特点有些相关。(5～10分)

2. 构图简练、美观适用

(1) 海报的形象简练，色彩单纯且具较强的象征性，对比强烈、醒目，对人们的视觉有很强的冲击力。(20～25分)

(2) 海报的形象简练，色彩单纯且具一定的象征性，对比明显，对人们的视觉有一

定的冲击力。(10~20 分)

(3) 海报的形象简练，色彩普通的象征性对比一般，对人们的视觉冲击力不强。(5~10 分)

3. 图形符号概括、美观

(1) 图形优美，艺术性强，给人以优秀的视觉感受。(20~25 分)

(2) 图形设计良好，布局匀称，色彩合理，有一定欣赏性。(15~20 分)

(3) 图形设计大致合理，色彩布局一般，给人印象一般。(10~15 分)

4. 整体美感讲究艺术

(1) 具有个性鲜明的形式美感。标志设计要符合广大人群的审美趋向，并具有时代感，给观者以审美享受。(20~25 分)

(2) 具有个性的形式美感。标志设计要符合一般人群的审美趋向，并富有时代感，给观者以一般审美享受。(10~20 分)

(3) 具有形式美感。标志设计要符合审美趋向，观者审美享受较弱。(5~10 分)

五、招聘海报的制作技巧

经过精彩的团队带头人自荐演讲，综合实训平台中 15 家手机制造企业 CEO、5 家国际贸易企业、市场监督管理局局长、税务局局长、银行行长、会计师事务所所长、物流公司 CE0 等团队带头人已经诞生。为了有效开展人才招聘会，我们需要准备招聘海报和求职简历。团队带头人如何在有限的时间内，设计出一份市场关注度高，简历投递率高，招聘成功率高的招聘海报呢?

1. 引起求职者注意

引起求职者注意，具体包括醒目的字体、与众不同的色彩和显眼的位置。实训中建议学习者在一页 A2 纸上单面完成招聘海报设计。最醒目的内容应是组织最具吸引力之处：组织名称、优势、招聘的职位、待遇条件、工作地点等。

各机构设立的职位和人数：建议制造企业：生产采购总监 1 名，市场销售总监 1 名，财务总监 1~2 名，行政总监 1 名；市场监督管理局：主管 1 名；税务局：主管 1 名；银行：主管 1 名；会计师事务所：主管 1 名；物流公司：主管 1 名。

2. 激发读者的兴趣

平铺直叙的、枯燥的广告词可能很难引起人们的兴趣，而撰写生动的，具有煽动性，能引起读者共鸣的广告词加上巧妙、新颖的呈现方式则很容易令人感兴趣。

3. 引发求职的愿望

通常求职的愿望与他们的需求紧密联系在一起，因此，一般情况下，可以通过吸引应聘者的一些因素，如成绩、培训与发展更好的机会、有挑战性的项目、优越的薪酬福利等，激发求职者对工作的愿望。

4. 促使求职的行动

可以在招聘海报中要求应聘者提供联系方式，包括联系电话、通信地址、E-mail 地址等，同时用例如“今天就打电话吧”“请尽快递交简历”等促使应聘者及时采取行动，激发应聘者参与和互动的兴趣。

六、求职简历的制作技巧

对于求职者来说，一份良好的个人简历对于获得面试机会和工作机会至关重要。简历是求职者给招聘单位发的一份简要介绍，也是给企业的第一张“名片”。高质量的简历需要满足五个基本规则：篇幅一页；排版整洁；重点突出；文字精练；无格式错误。

简历内容通常包含：个人基本信息、教育背景、校园活动、科研经历、实践经历、奖励荣誉、职业技能等项目，重点在于基本信息、教育培训和实践经历。在陈述具体经历时，简要列示时间、地点、事件、成果等有价值的信息。

简历的格式设计通常包括：

中文简历正文一般用宋体，小标题一般用黑体；

英文简历正文字体选用“Times New Roman”；

简历正文使用五号字，如果写不满一页，也可以用小四号；

简历标题字体可以加大加粗；

简历中可以出现粗体格式，但要注意控制其量；

尽量不要在简历里使用斜体或者星号、省略号、下划线等符号；

间距：上下 2 ~ 3 厘米；左右 1.2 ~ 2.5 厘米；1.5 倍行距。

七、面试的注意事项

在模拟招聘会上，学习者可以在面试中注意如下事项：

1. 注意形象

良好的外在形象可以为自己的面试成绩加分，面带微笑会更受欢迎。

2. 自信、稳重、大方

面试问题难免有压力测试，控制好情绪，随机应变，先肯定对方的理由，再阐述自己的观点。

3. 自我介绍环节，应如实介绍自己

自我介绍时，应聘者只需要将自己的情况和能力如实描述，与简历描述一致即可，重点强调自己如何胜任这份工作，言语清晰，辅以适当的肢体语言。

4. 回答问题的技巧和注意事项

面试时，考官可能会提出一些专业问题。应聘者可以将考官的问题先考虑一下，再条理分明地作答。回答问题考验的不仅仅是应聘者的专业知识，还有语言组织能力、逻辑能力等。如遇知识盲点，可以对考官礼貌地说“对不起，这个问题我暂时还没有遇到过，我会及时的关注这方面的知识”。

5. 注意礼貌

在考官对自己提出一些建议的时候，要说谢谢指导。面试结束时，应与面试官微笑点头致谢。

第三节 招投标专题活动

招投标专题活动应在遵循公开、公平、公正和诚实信用的原则的基础上进行。招标公司成员通过撰写招标书和全程组织招标活动，锻炼相应的写作能力和组织能力。投标企业利用此项活动，对外展示企业具体的运营状况和企业形象。

一、活动思路

在跨专业虚拟仿真综合实训中，可根据进程安排 1 ~ 2 次招投标活动。该专题活动由招标公司组织招标人、投标人共同进行开标，各个团队有序地讲解自己的企业，主要包括企业的发展概况、产品性能、投标价格、前景展望等方面。一方面，有助于学生了解招投标活动的流程和规则；另一方面，也能调动各机构内部的积极性，并对自己的运营状况进行详尽的了解。

二、活动流程

（一）招标书撰写

招标公司根据老师的要求，安排在制造企业运营第三季度和第五季度开展招投标活动。招标公司负责根据招标产品类型、数量等，完成招标书的撰写。这个过程首先是在企业负责人的带领下，分头查阅资料，完成初稿；其次，针对老师提出的相应修改建议，进行修改，直至符合招标要求。特别是投标评分标准是投标企业撰写投标书的重要依据，要反复修改。投标评分的参考标准举例见表 6 – 3。

表 6 – 3　　投标评分标准细则表

序号	评分项目	基准分值	评分标准
1	商务部分（40 分）	40 分	取各有效投标单位的投标总价报价平均值作为基准价。 投标报价得分以投标人的投标报价计算： ①投标价每高于评标基准价 1%，扣 1 分，扣完为止； ②投标价每低于评标基准价 1%，扣 1 分，扣完为止
2	售后服务体系、能力（30 分）	8 分	供货计划及安装方案，优良 5 ~ 8 分，一般 3 ~ 4 分，较差 0 ~ 2 分
		8 分	技术服务及培训方案，优良 5 ~ 9 分，一般 3 ~ 4 分，较差 0 ~ 2 分
		7 分	维修保养具体措施，优良 5 ~ 7 分，一般 3 ~ 4 分，较差 0 ~ 2 分
		7 分	详尽的售后服务措施，优良 5 ~ 7 分，一般 3 ~ 4 分，较差 0 ~ 2 分

续表

序号	评分项目	基准分值	评分标准
3	产品功能配置及技术指标（20分）	5分	产品说明是否全面、详尽，优良5分，一般3～4分，较差0～2分
		15分	标明所投产品的技术响应情况，每一项非“画线加粗字体部分”指标不满足，扣2分，最多扣15分，扣完为止
4	企业资质信誉（10分）	1分	自主创新品牌得1分
		2分	重合同守信用证书（有效期内）提供得2分，无证书不得分
		3分	财务状况优秀得3分、良好得2分、一般得1分
		4分	品牌所占市场份额第一，得4分；占市场份额第二，得3分；占市场份额第三，得2分；占市场份额第四，得1分

（二）制造企业投标书撰写

招标公司向各个制造企业发放发布招标公告或投标邀请书，制造企业首先要组建投标小组，按照招标文件的要求编制投标书。投标书的撰写要针对招标书中设定的评分标准，包括公司基本情况介绍、生产经营能力、团队风貌、报价等方面，形成完善的投标书。其次，要落实投标小组负责演讲的人员，完成招标现场展示的PPT和模拟演讲。

（三）组建评标委员会

由招标公司组织管委会、工商局或者税务局等团队的人员组成评标委员会。评标委员会成员共同商议招投标现场方案，比如明确招标具体时间、评分规则、投标企业展示的顺序等一系列具体活动细节。

（四）开标和定标活动

招标公司根据评标委员会确定的时间和地点，提前由专人负责布置会场、摆放桌签等。活动中，在主持人的引领下，各企业依次展示，同时开启投标人按规定提交的投标文件。评标委员会成员可以针对企业阐释不清晰的问题，现场提问，对每个企业的情况有个清晰的判断。最后根据各企业的介绍及投标书的内容，逐一负责打分，在招标公司进行统计汇总的基础上，现场确定中标企业。同时，邀请投标人代表和其他机构代表对整个投标过程进行监督。

（五）中标结果公示和订单发放

招标人在确定中标人后，对中标结果在实验平台进行公示，时间为一个季度。公示无异议后，招标公司将招标、开标、定标的整个活动情况写成书面报告，提交给上课教师，由教师在后台为中标企业增加相应订单。

第四节 专家讲座专题活动

一、活动思路

跨专业虚拟仿真综合实训的目的是提升学生的综合素质，增强其创新创业的能力。在上课过程中，任课教师可以穿插小规模的专题讲座，聘请有实践经验的企业管理者，从自身成长经历、企业经营的角度，与学生进行互动交流。通过专家讲座活动，可以有效地搭建虚拟仿真和现实企业经营的桥梁，丰富学生的体验内容，从而提升的实验的效果。

二、活动策划

专题培训应与当前经济环境和形势、企业实际需要、经管理论前沿等相契合。专家讲座专题活动的策划重在针对性和科学性，围绕企业经营的某一方面进行细致的互动交流。比如，“企业财务报表分析”“商业礼仪讲座”“职业选择与职业素养”“创业融资的探讨”等选题。在选择讲座专家时，可以充分调动校内外资源，构建一定数量的专家库。专题培训的方式和内容可以是灵活多样的，可以是知识性的，也可以是操作性的。要注重对专题培训的目标、内容、方式、时间等的合理安排。进行专题讲座的时间最好在实训的中期，一方面，学生接收过前期实训，从而有了很多企业运营方面的疑问；另一方面，学生在讲座中所学到的知识在接下来的实训中有机会验证。

附录一

仿真单据

附表 1 **名称预先核准委托书**

本人 <u>张三</u>，接受投资人（合伙人）委托，现向登记机关申请名称预先核准，并郑重承诺：如实向登记机关提交有关材料，反映真实情况，并对申请材料实质内容的真实性负责。

委托人（投资人或合伙人）① 申请人（被委托人）②

签字或盖章：<u>张三</u> 签字：________

申请人身份证明复印件粘贴处 （身份证明包括：中华人民共和国公民身份证（反正面）、护照（限外籍人士）、长期留居证明（限外籍人士）、港澳永久性居民身份证或特别行政区护照、台胞证、军官退休证等）

联系电话：<u>12345678</u> 邮编：<u>234553</u>

通信地址：<u>北京市海淀区</u>

申请日期：<u>2023</u> 年 <u>9</u> 月 <u>3</u> 日

注：①委托人可以是本申请书第 3 页“投资人（合伙人）名录”表中载明的任一投资人（合伙人）。委托人是自然人的，由本人亲笔签字；委托人为非自然人的，加盖其公章；委托人为外方非自然人的，由其法定代表人签字。

②申请人（被委托人）是指投资人委托到登记机关办理名称预先核准的自然人，也可以是投资人（合伙人）中的自然人，由后者亲自办理的，无需委托人签字。

附表 2

名称预先核准申请书

<table>
<tr><td>申请名称</td><td colspan="4">北京阳光有限责任公司</td></tr>
<tr><td rowspan="3">备选字号</td><td>1</td><td></td><td>4</td><td></td></tr>
<tr><td>2</td><td></td><td>5</td><td></td></tr>
<tr><td>3</td><td></td><td>6</td><td></td></tr>
<tr><td>主营业务</td><td colspan="4">电子产品生产、经营、研发等</td></tr>
<tr><td rowspan="2">企业类型</td><td colspan="4">○合资经营企业 ○港澳台个体工商户 ○股份有限公司
○合伙企业 ☑有限责任公司 ○股份合作
○个人独资企业 ○外资企业 ○集体所有制企业
○个体工商户 ○合作经营企业 ○农民专业合作组织
○全面所有制企业
制造、贸易、供应商勾选有限责任公司或股份有限公司；物流勾选有限责任公司；会计事务所勾选合伙企业</td></tr>
<tr><td colspan="4">○分支机构</td></tr>
<tr><td>字号许可方式
（无此项可不填写）</td><td colspan="2">☑投资人字号/姓名许可
○商标授权许可
○非投资人字号许可</td><td>许可方名称（姓名）及证照或证件号码</td><td>张三
身份证/学号
123456789098765</td></tr>
<tr><td>注册资本（金）或资金数额或出资额（营运资金）</td><td colspan="4">（小写） 1000 万元（如为外币请注明币种）
制造企业 1000 万元
贸易企业 2000 万元
供应商 500 万元
物流、会计事务所等机构 200 万元</td></tr>
<tr><td>备注说明</td><td colspan="4"></td></tr>
</table>

注：①申请名称：行政区域 + 字号 + 行业特征 + 组织形式，例如：北京无敌科技有限公司，无敌就是其中的字号并且也是他的名字，备选字号就是需要多写几个名字，以免重复。

②“主营业务”是指企业所从事的主要经营项目。例如：信息咨询、科技开发等。企业名称中的行业用语表述应当与其“主营业务”一致。主营业务包括两项及以上的，以第一项主营业务确定行业用语。

③填写“企业类型”栏目时，请在相应选项对应的“○”内打“√”，“√”选“分支机构”类型的，请对其所从属企业的类型也进行“√”选。例如：北京华达贸易有限公司分公司的“企业类型”请选择有限责任公司和分支机构两种类型。

④本申请表中所称企业均包括个体工商户。

附表 3 **企业名称预先核准通知书**

（ 泰安工商 ）名预核内字【 202309 】第 001 号

此编号为市场监管局内控文件，请自行编制文件号码

根据《企业名称登记管理规定》《企业名称登记管理实施办法》等规定，同意下面 1 个人出资，注册资本 1000 万元（人民币），企业名称为 北京阳光有限责任公司 。

投资人、投资额和投资比例：

投资人姓名	投资金额（万元）	投资比例（%）
张三	1000	100

以上预先核准的企业名称保留期至 2023 年 12 月 8 日（注：市场监管局在查重并审核通过后，会保留 3 个月）。在保留期内，企业名称不得用于经营活动，不得转让。经企业登记机关设立登记，颁发营业执照后企业名称正式生效。

核准日期： 2023 年 9 月 4 日

注：①预先核准的企业名称未到企业登记机关完成设立登记的，通知书规定的有效期满后自动失效。有正当理由，需延长预先核准名称有效期的，申请人应在有效期满前 1 个月内申请延期。有效期延长时间不超过 6 个月。

②名称预先核准时不审查投资人资格和企业设立条件，投资人资格和企业设立条件在企业登记时审查。申请人不得以企业名称已核为由抗辩企业登记机关对投资人资格和企业设立条件的审查。企业登记机关也不得以企业名称已核为由不予审查就准予企业登记。

③企业登记机关应在企业设立登记之日起 30 日内，务必将加盖登记机关印章的企业营业执照复印件反馈给企业名称核准机关备案。未备案的，企业名称得不到有效保护。

④企业设立登记后，企业登记机关应将本通知书原件存入企业档案。

附表 4　　**投资人（合伙人）名录**

序号	投资人（合伙人）名称或姓名	投资人（合伙人）证照或身份证件号码	投资人（合伙人）类型	拟投资额（出资额）（万元）	国别（地区）或省市（县）
1	张三	12345678	企业法人	1000	中国北京
2					
3					
4					
5					
6					

注：①请您认真阅读《投资办照通用指南及风险提示》中有关投资人资格的说明，避免后期更换投资人给您带来不便。

②投资人（合伙人）名称或姓名应当与资格证明文件上的名称或身份证明文件的姓名一致，境外投资人（合伙人）名称或姓名应翻译成中文，填写准确无误。申请设立分支机构，请在“投资人（合伙人）名称或姓名”栏目中填写所隶属企业名称。

③“投资人（合伙人）类型”栏，填自然人、企业法人、事业法人、社团法人或其他经济组织。

④“国别（地区）或省市（县）”栏内，外资企业的投资人（合伙人）填写其所在国别（地区），内资企业投资人（合伙人）填写证照核发机关所在省、市（县）。

⑤本页填写不下的可另复印填写。

一次性告知记录

您提交的文件、证件还需要进一步修改或补充，请您按照第______号一次性告知单中的提示部分准备相应文件，此外，还应提交下列文件：

注：此处编码为市场监管局内控文件，请自行编制

被委托人：　　　　受理人：李四　　　　时间：2023. 9. 4

附表 5 **内资公司设立登记申请书**

公司名称：北京阳光有限责任公司

郑重承诺

本人 张三 拟任 北京阳光有限责任公司 （公司名称）的法定代表人，现向登记机关提出公司设立申请，并就如下内容郑重承诺：

1. 如实向登记机关提交有关材料，反映真实情况，并对申请材料实质内容的真实性负责。

2. 经营范围涉及照后审批事项的，在领取营业执照后，将及时到相关审批部门办理审批手续，在取得审批前不从事相关经营活动。需要开展未经登记的后置审批事项经营的，将在完成经营范围变更登记后，及时办理相应审批手续，未取得审批前不从事相关经营活动。

3. 本人不存在《公司法》第一百四十六条所规定的不得担任法定代表人的情形。

4. 本公司一经设立将自觉参加年度报告，依法主动公示信息，对报送和公示信息的真实性、及时性负责。

5. 本公司一经设立将依法纳税，自觉履行法定统计义务，严格遵守有关法律法规的规定，诚实守信经营。

法定代表人签字：张三

2023 年 9 月 4 日

附表 6

登记基本信息表

公司名称			
住所	市　　区（县）　　（门牌号）		
生产经营地	省（区、市）　　市　　县　　（门牌号）		
法定代表人		注册资本	万元
公司类型			
经营范围			
经营期限	长期/　年	申请副本数	份
股东（发起人）名称或姓名			

注：①填写住所时请列详细地址，精确到门牌号或房间号，如“北京市××区××路（街）××号××室”。

②生产经营地用于核实税源，请如实填写详细地址：如不填写，视为与住所一致，发生变化的，由企业向税务主管机关申请变更。

③公司“法定代表人”指依据章程确定的董事长（执行董事或经理）。

④“注册资本”有限责任公司为在公司登记机关登记的全体股东认缴的出资额；发起设立的股份有限公司在公司登记机关登记的全体发起人认购的股本总额；募集设立的股份有限公司为在公司登记机关登记的实收股本总额。

附表 7 法定代表人、董事、经理、监事信息表

股东在本表的盖章或签字视为对下列人员职务的确认。如可另行提交下列人员的任职文件，则无需股东在本表盖章或签字。

姓名	现居所	职务信息			是否为法定代表人	法定代表人移动电话
		职务	任职期限	产生方式		
全体股东盖章签字						

注：①本页不够填的，可复印续填。

②“现居所”栏，中国公民填写户籍登记住址，非中国公民填写居住地址。

③“职务”指董事长（执行董事）、副董事长、董事、经理、监事会主席、监事。上市股份有限公司设置独立董事的应在“职务”栏内注明。

④“产生方式”按照章程规定填写，董事、监事一般应为“选举”或“委派”；经理一般应为“聘任”。

⑤担任公司法定代表人的人员，请在对应的“是否为法定代表人”栏内填“√”，其他人员勿填此栏。

⑥“全体股东盖章（签字）”处，股东为自然人的，由股东签字；股东为非自然人的，加盖股东单位公章。不能在此页盖章（签字）的，应另行提交有关选举、聘用的证明文件。

附表 8 **核发营业执照情况**

<table>
<tr><td>发照人员签字</td><td></td><td>发照日期</td><td></td></tr>
<tr><td>领执照情况</td><td colspan="3">本人领取了执照正本一份，副本____份。

签字： 时间：</td></tr>
<tr><td>备注</td><td colspan="3"></td></tr>
<tr><td colspan="4">一次性报告情况
您提交的文件、证件还需要进一步修改或补充，请您按照第______号一次性告知单中的提示部门准备相应文件，此外，还应提交下列文件：

被委托人： 受理人： 时间：</td></tr>
</table>

附表 9

纳税人税务补充信息表

统一社会信用代码	营业执照上面的编码		纳税人名称	北京阳光有限责任公司	
核算方式	独立核算		从业人员	4 人（公司实际人数）	
适用会计制度	企业会计制度				
生产经营地	北京 省（市/自治区） 海淀 市（地区/盟/自治州）________ 县（自治县/旗/自治旗/市/区）________ 乡（民族乡/镇/街道）________ 村（路/社区） 201 号				
办税人员	身份证件种类	身份证件号码	固定电话	移动电话	电子邮箱
马六	身份证	1234567	234234	12345	23@22.com
财务负责人	身份证件种类	身份证件号码	固定电话	移动电话	电子邮箱
张三	身份证	1234567	234234	12345	23@22.com
税务代理人信息					
纳税人识别号		名称	联系电话	电子邮箱	
代扣代缴、代收代缴税款业务情况					
代扣代缴、代收代缴税种			代扣代缴、代收代缴税款业务内容		
经办人签章（签字）：马六 2023 年 9 月 4 日			纳税人公章（签字）：北京阳光有限责任公司 2023 年 9 月 4 日		
国标行业（主）	SJ（电子行业标准）		主行业明细行业	SJ 1.6－1987 根据企业生产标准在《工标网》查询	
国标行业（附）			国标行业（附）明细行业		
纳税人所处街乡	北京海淀		隶属关系 国管	国地管户类型	共管
国税主管税务局	泰安国税局		国税主管税务局（科、分局）		
经办人	税务局经办人		信息采集日期	2023 年 9 月 4 日	

附表 10

增值税一般纳税人资格登记表

社会信用代码（纳税人识别号）：营业执照上的编码　　填表日期：<u>2023</u> 年 <u>9</u> 月 <u>4</u> 日

纳税人名称：北京阳光有限责任公司

<table>
<tr><td>法定代表人
（负责人、业主）</td><td>张三</td><td>证件名称及号码</td><td>身份证
1234567890</td><td>联系电话</td><td>23456789</td></tr>
<tr><td>财务负责人</td><td>张三</td><td>证件名称及号码</td><td>身份证
1234567890</td><td>联系电话</td><td>23456789</td></tr>
<tr><td>办税人员</td><td>王五</td><td>证件名称及号码</td><td>身份证
8765432</td><td>联系电话</td><td>65432</td></tr>
<tr><td>税务登记日期</td><td colspan="5">2023 年 9 月 4 日</td></tr>
<tr><td>生产经营地址</td><td colspan="5">北京海淀区 201 号</td></tr>
<tr><td>注册地址</td><td colspan="5">北京海淀区 201 号</td></tr>
<tr><td colspan="6">纳税人类别（单选）：☑企业　○非企业型单位　○其他　○个体工商户</td></tr>
<tr><td colspan="6">主营业务类型：☑工业　○其他　○服务业　○商业</td></tr>
<tr><td colspan="6">会计核算健全：☑是　○不是</td></tr>
<tr><td colspan="6">一般纳税人资格生效之日：☑次月 1 日　○当月 1 日</td></tr>
</table>

填表说明：

①本表由纳税人如实填写。

②表中“证件名称及号码”相关栏次，根据纳税人的法定代表人、财务负责人、办税人员的居民身份证、护照等有效证件及号码填写。

③表中“一般纳税人资格生效之日”由纳税人自行填写。

④本表一式两份，由主管税务机关和纳税人留存一份。

附表 11

开立单位银行结算账户申请书

存款人	北京友谊科技有限责任公司		电话	010－241312313
地址	北京市海淀区		邮编	311312312
存款人类别	有限责任公司	组织机构代码	营业执照上的统一社会信用代码	
法定代表人（ ） 单位负责人（ ）	姓名	张三		
	证件种类	身份证或学号	证件号码	41312312312312
行业分类	A（ ）B（ ）C（ ）D（ ）E（ ）F（ ）G（√）H（ ）I（ ）J（ ） K（ ）L（ ）M（ ）N（ ）O（ ）P（ ）Q（ ）R（ ）S（ ）T（ ）			
注册资金	1000 万元	地区代码	31312312	
经营范围	电子产品生产、经营、研发等			
证明文件种类	营业执照	证明文件编号	3131212412414	
税务登记证编号 （国税或地税）	税务登记证编号			
关联企业	关联企业信息填列在“关联企业登记表”上			
账户性质	基本（√）一般（ ）专用（ ）临时（ ）			
资金性质	企业日常经营	有效日期至	2023 年 9 月 4 日	

以下栏目由开户银行审核后填写：

开户银行名称	北京市商业银行	开户银行机构代码	需要人民银行获批此处暂时可空白
账户名称	北京××科技有限责任公司	账号	等待银行账户生成后填写
基本存款账户开户许可证核准号		开户日期	2023－9－4
本存款人申请开立单位银行结算账户，并承诺所提供的开户资料真实、有效。 存款人（公章）北京友谊科技有限责任公司 2023 年 9 月 4 日	开户银行审核意见： 同意 经办人（签章）商业银行 存款人（签章）北京友谊科技有限责任公司 2023 年 9 月 4 日	人民银行审核意见： 同意 经办人（签章）商业银行 人民银行（签章）人民银行 2023 年 9 月 4 日	

填列说明：

①申请开立临时存款账户，必须填列有效日期；申请开立专用存款账户，必须填列资金性质。

②该行业标准由银行在营业场所公告，“行业分类”中各字母代表的行业种类如下：A：农、林、牧、渔业；B：采矿业；C：制造业；D：电力、燃气及水的生产供应业；E：建筑业；F：交通运输、仓储和邮政业；G：信息传输、计算机服务及软件业；H：批发和零售业；I：住宿和餐饮业；J：金融业；K：房地产业；L：租赁和商务服务业；M：科学研究、技术服务和地质勘查业；N：水利、环境和公共设施管理；O：居民服务和其他服务业；P：教育业；Q：卫生、社会保障和社会福利业；R：文化、教育和娱乐业；S：公共管理和社会组织；T：其他行业。

③带括号的选项填“√”。

附表 12

机构信用代码申请

<table>
<tr><td colspan="2">申请机构名称</td><td colspan="4">北京阳光有限责任公司</td></tr>
<tr><td colspan="2">注册（登记）地址</td><td colspan="4">北京市海淀区 201 号</td></tr>
<tr><td colspan="2">登记部门</td><td>泰安工商局</td><td colspan="2">组织机构类型</td><td>企业法人</td></tr>
<tr><td colspan="2">登记注册类型</td><td>有限责任公司</td><td colspan="2">登记注册号码</td><td>营业执照的统一社会信用代码</td></tr>
<tr><td colspan="2">纳税人识别号（国税）</td><td>营业执照的统一社会信用代码</td><td colspan="2">纳税人识别号（地税）</td><td></td></tr>
<tr><td colspan="2">开户许可证核准号</td><td></td><td colspan="2">组织机构代码</td><td></td></tr>
<tr><td colspan="2">经济类型</td><td>私营独资企业</td><td colspan="2">成立日期</td><td>2023 年 9 月 4 日</td></tr>
<tr><td colspan="2">注册资本类型</td><td>有限责任公司</td><td colspan="2">注册资本（万元）</td><td>1000 万元</td></tr>
<tr><td colspan="2">办公（生产）地址</td><td colspan="2">北京市海淀区 201 号</td><td>联系电话</td><td>234567234</td></tr>
<tr><td colspan="6">法定代表人（负责人）信息</td></tr>
<tr><td>姓名</td><td>张三</td><td>证件类型</td><td>身份证</td><td>证件号码</td><td>1234567890987654</td></tr>
<tr><td colspan="6">上级机构（主管单位）信息</td></tr>
<tr><td colspan="2">名称</td><td></td><td colspan="2"></td><td></td></tr>
<tr><td colspan="2">登记注册号类型</td><td></td><td colspan="2">登记注册号码</td><td></td></tr>
<tr><td colspan="2">机构信用代码</td><td></td><td colspan="2">组织机构代码</td><td></td></tr>
<tr><td colspan="3">本机构自愿申请机构信用代码，授权经办人提出申请并承诺所提供的信息真实、有效。

经办人（签字）：张三
联系电话：23456789
2023 年 9 月 4 日</td><td colspan="3">受理申请商业银行名称：

经办人（签字）：王五
联系电话：23456789
2023 年 9 月 4 日</td></tr>
</table>

附表 13

企业法人年检报告书

（　　　　年度）

企业名称：________________（盖章）
联系电话：________________
注 册 号：________________
登记机关：________________

一、登记事项情况

登记事项名称	登记事项现状
名　　称	□ 与登记一致。 □ 与登记不一致。现状是：
住　　所	□ 与登记一致。 □ 与登记不一致。现状是：
经营场所	□ 与登记一致。 □ 与登记不一致。现状是：
法定代表人姓名	□ 与登记一致。 □ 与登记不一致。现状是：
注册资金 （万元）	□ 与登记一致。 □ 与登记不一致。现状是：
经营期限	□ 与登记一致。 □ 与登记不一致。现状是：
分支机构	□ 与登记一致。 □ 与登记不一致。现状是：

注：①本年检报告书适用于依照《企业法人登记管理条例》登记注册的具有法人资格的企业，不包括外商投资的企业。

②年检报告书可以打印填写，也可以使用黑色或蓝黑色钢笔正楷填写，字迹应清晰工整。

③标明“□”的选项，选填时应将“□”涂黑。

④本页“分支机构”栏填写分支机构的名称。如填不下可另附名单。

一、登记事项情况（续）

登记事项名称	登记事项现状
经营范围	1. 企业登记前置许可证件、批准文件是否期限届满、被撤销、吊销或撤回： □ 否 □ 是。许可证件、批准文件名称： 2. 有无从事未经登记的企业登记前置许可经营项目： □ 否 □ 是。从事的项目为： 3. 有无从事未经登记的一般经营项目： □ 否 □ 是。从事的项目为：
出资人姓名（名称）及出资额	1. □ 姓名（名称）与登记一致。 □ 姓名（名称）与登记不一致。现状是： 2. □ 各出资人已缴足认缴的出资额。 □ 各出资人未缴足认缴的出资额。未缴足认缴出资额的出资人是：

二、备案事项情况

备案事项名称	备案事项现状
章　程	□ 与备案一致。 □ 与备案不一致。修改的主要事项是：
主管部门	□ 与备案一致。 □ 与备案不一致。现状是：

三、对外投资情况

序号	所投资企业名称	注册号	认缴出资额（万元）	持股比例（%）

四、经营情况

<table>
<tr><td>企业名称</td><td></td><td>注册号</td><td></td></tr>
<tr><td>营运状况</td><td colspan="3">□筹建
□投产开业
□停业
□清算</td></tr>
<tr><td>全年销售（营业）收入</td><td>元</td><td>其中：服务营业收入</td><td>元</td></tr>
<tr><td>全年利润总额</td><td>元</td><td rowspan="2">全年净利润</td><td rowspan="2">元</td></tr>
<tr><td>全年纳税总额</td><td>元</td></tr>
<tr><td>全年亏损额</td><td colspan="3">元</td></tr>
<tr><td>年末资产总额</td><td>元</td><td>其中：长期投资</td><td>元</td></tr>
<tr><td>年末负债总额</td><td>元</td><td>其中：长期负债</td><td>元</td></tr>
</table>

注：本表内容应根据资产负债表和损益表填写，并附在资产负债表之前。

本人确认企业提交的年检报告书所填内容属实。

企业法定代表人签名：

年　　月　　日

附表 14　　企业所得税年度纳税申报主表

税款所属时间　　年　月　日至　　年　月　日
纳税人识别号：　　　　　　　　　　　　　　　金额单位：圆至角分

纳税人名称：			
类别	行次	项目	金额
利润总额计算	1	一、营业收入（填附表一）	
	2	减：营业成本（填附表三）	
	3	税金及附加	
	4	销售费用（填附表二）	
	5	管理费用（填附表二）	
	6	财务费用（填附表二）	
	7	资产减值损失	
	8	加：公允价值变动收益	
	9	投资收益	
	10	二、营业利润	
	11	加：营业外收入（填附表一）	
	12	减：营业外支出（填附表二）	
	13	三、利润总额（10+11-12）	
应纳税所得额计算	14	加：纳税调整增加额（填附表三）	
	15	减：纳税调整减少额（填附表三）	
	16	其中：不征税收入	
	17	免税收入	
	18	减计收入	
	19	减、免税项目所得	
	20	加计扣除	
	21	抵扣应纳税所得额	
	22	加：境外应税所得弥补境内亏损	
	23	纳税调整后所得（13+14-15+22）	
	24	减：弥补以前年度亏损（填附表四）	
	25	应纳税所得额（23-24）	
应纳税额计算	26	税率（25%）	
	27	应纳税所得额（25×26）	
	28	减：减免所得税额（填附表五）	
	29	减：抵免所得税额（填附表五）	
	30	应纳税额（27-28-29）	
	31	加：境外所得应纳所得税额（填附表六）	
	32	减：境外所得抵免所得税额（填附表六）	
	33	实际应纳税所得额（30+31-32）	
	34	减：本年累计实际已预缴的所得税额	
	35	其中：汇总纳税的总机构分摊预缴的税额	
	36	汇总纳税的总机构财政调库预缴的税额	
	37	汇总纳税的总机构所属分支机构分摊的预缴税额	
	38	合并纳税（母子体制）成员企业就地预缴比例	
	39	合并纳税企业就地预缴的所得税额	
	40	本年应补（退）的所得税额（33-34）	
附列资料	41	以前年度多缴的所得税额在本年抵减额	
	42	以前年度应缴未缴在本年入库所得税额	

纳税人声明：此纳税申报表是根据《中华人民共和国企业所得税暂行条例》及其实施细则和国家有关税收规定填报的，是真实的，完整的。		
法定代表人签字：　　　　年　月　日		
纳税人公章： 经办人： 申报日期：　年　月　日	代理申报中介机构公章： 经办人执业证件号码： 代理申报日期：　年　月　日	主管税务机关受理专用章： 受理人： 受理日期：　年　月　日

附表 15　　　　**增值税纳税申报表（适用于一般纳税人）**

根据《中华人民共和国增值税暂行条例》第二十二条和第二十三条的规定制定本表，纳税人不论有无销售额，均应按主管税务机关核定的纳税期限按期填报本表，并于次月 1 日起 10 日内，向当地税务机关申报。

税款所属时间：自　　年　月　日至　　年　月　日

填表日期：　年　月　日　　　　　　金额单位：元至角分

纳税人识别号					所属行业	
纳税人名称	（公章）	法定代表人姓名		注册地址		营业地址	
开户银行及账号		企业登记注册类型		电话号码		
□税票先到	填表日期：　年　月　日		申报日期：　年　月　日			

项目		栏次	一般货物及劳务		即征即退货物及劳务	
			本月数	本年累计	本月数	本年累计
销售额	（一）按适用税率征税货物及劳务销售额	1				
	其中：应税货物销售额	2				
	应税劳务销售额	3				
	纳税检查调整的销售额	4				
	（二）按简易征收办法征税货物销售额	5				
	其中：纳税检查调整的销售额	6				
	（三）免、抵、退办法出口货物销售额	7			——	——
	（四）免税货物及劳务销售额	8			——	——
	其中：免税货物销售额	9			——	——
	免税劳务销售额	10			——	——
税款计算	销项税额	11				
	进项税额	12				
	上期留抵税额	13		——		——
	进项税额转出	14				
	免抵退货物应退税额	15			——	——
	按适用税率计算的纳税检查应补缴税额	16			——	——
	应抵扣税额合计	17 = 12 + 13 − 14 − 15 + 16		——		——
	实际抵扣税额	18（如 17 < 11，则为 17，否则为 11）				
	应纳税额	19 = 11 − 18				
	期末留抵税额	20 = 17 − 18		——		——
	简易征收办法计算的应纳税额	21				
	按简易征收办法计算的纳税检查应补缴税额	22			——	——
	应纳税额减征额	23				
	应纳税额合计	24 = 19 + 21 − 23				

续表

<table>
<tr><th colspan="2" rowspan="2">项目</th><th rowspan="2">栏次</th><th colspan="2">一般货物及劳务</th><th colspan="2">即征即退货物及劳务</th></tr>
<tr><th>本月数</th><th>本年累计</th><th>本月数</th><th>本年累计</th></tr>
<tr><td rowspan="14">税款缴纳</td><td>期初未缴税额（多缴为负数）</td><td>25</td><td></td><td></td><td></td><td></td></tr>
<tr><td>实收出口开具专用缴款书退税额</td><td>26</td><td></td><td></td><td>——</td><td>——</td></tr>
<tr><td>本期已缴税额</td><td>27 = 28 + 29 + 30 + 31</td><td></td><td></td><td></td><td></td></tr>
<tr><td>(1) 分次预缴税额</td><td>28</td><td></td><td>——</td><td></td><td>——</td></tr>
<tr><td>(2) 出口开具专用缴款书预缴税额</td><td>29</td><td></td><td>——</td><td>——</td><td>——</td></tr>
<tr><td>(3) 本期交纳上期应纳税额</td><td>30</td><td></td><td></td><td></td><td></td></tr>
<tr><td>(4) 本期缴纳欠缴税额</td><td>31</td><td></td><td></td><td></td><td></td></tr>
<tr><td>期末未缴税额（多缴为负数）</td><td>32 = 24 + 25 + 26 − 27</td><td></td><td></td><td></td><td></td></tr>
<tr><td>其中：欠缴税额（≥0）</td><td>33 = 25 + 26 − 27</td><td></td><td>——</td><td></td><td>——</td></tr>
<tr><td>本期应补（退）税额</td><td>34 = 24 − 28 − 29</td><td></td><td>——</td><td></td><td>——</td></tr>
<tr><td>即征即退实际退税额</td><td>35</td><td>——</td><td>——</td><td></td><td></td></tr>
<tr><td>期初未缴查补税额</td><td>36</td><td></td><td></td><td>——</td><td>——</td></tr>
<tr><td>本期入库查补税额</td><td>37</td><td></td><td></td><td>——</td><td>——</td></tr>
<tr><td>期末未缴查补税额</td><td>38 = 16 + 22 + 36 − 37</td><td></td><td></td><td>——</td><td>——</td></tr>
<tr><td>授权声明</td><td colspan="2">如果你已委托代理人申报，请填写以下资料：
为代理一切税务事宜，现授权（　　　　　　）为本纳税人的代理申报人，任何与本申报表有关的往来文件，都可寄予此人。

授权人签字：</td><td>申报人声明</td><td colspan="3">此纳税申报表是根据《中华人民共和国增值税暂行条例》的规定填报的，我相信它是真实的、可靠的、完整的。

声明人签字：</td></tr>
</table>

以下由税务机关填写：

收到日期：　　　　　　　　　　接收人：　　　　　　　主管税务机关盖章：

附表 16　　产品购销合同

供方：　　　　　　　　　　　　　　　　（合同编号：　　　　）
需方：　　　　　　　　　　　　　　　　签订地点：
签订时间：20　年　月　日

一、产品名称、型号、数量、单价、供货时间及数量

产品名称	规格型号	计量单位	数　量	单　价	金　额
注：具体产品、数量、发货时间凭需方电话、传真和发货通知为准，需方传真作为本合同附件。					

二、质量要求、技术标准、供方对质量负责的条件和期限：________。

三、交提货地点：需方库房。

四、运输费用负担：运输费用由供方承担。

五、包装物的供应与回收：不回收。

六、验收标准及方法：按第二条标准验收。

七、结算方式及期限：产品验收合格后，凭增值税发票，通过银行承办。

八、产品价格。产品价格如发生变动时按（调价协议）执行；

九、供方应严格按需方要的产品、数量及时发货，供方接到需方供货通知____天需到货，如因供货不及时使需方停产，供方以每小时________元赔偿需方损失；

十、本合同如需变动或补充，另行签订补充协议经双方签字盖章方能生效；

十一、违约责任：按《中华人民共和国合同法》执行。

十二、解决合同纠纷的方式：双方协商解决。协商不成时，由需方所在地内江仲裁委员会仲裁。

十三、其他约定事项：________________________________

____

____

十四、本合同需双方签字盖章生效，一式两份，双方各执一份，有效期自20　年　月　日至20　年　月　日止。

供　方：	需　方：
单位名称：	单位名称：
单位地址：	单位地址：
法人代表人：	法人代表人：
委托代理人：	委托代理人：
电　话：	电　话：
开户银行：	开户银行：
账　号：	账　号：
邮政编码：	邮政编码：

附表 17　　　　　　　　　国内货物运输协议

编号：____________________

甲方：____________________

法定代表人：____________________

地址：____

电话：____________________

乙方：____________________

法定代表人：____________________

地址：____

电话：____________________

依照有关法律规定，甲乙双方本着平等互惠的原则，就甲方委托乙方办理货物运输事宜达成如下协议：

1. 委托代理事项

1.1. 甲方委托乙方托运品为：________，运输方式为以下第____项运输服务业务；

A. 航空货物运输业务（国内各航空公司）；

B. 省际汽运业务（含国内汽运门对门业务）；

C. 铁路货物运输业务（含行包、行邮、专列、中铁快运等）。

1.2. 甲方委托乙方托运货物事宜时，应准确真实填写发货（提货）清单并盖章（签名）确认或如实填写［并签名（盖章）］乙方所提供的《货物托运书》并由乙方签收。

1.3. 甲方委托乙方代理取货事宜时，应当明确告知乙方待取货物的名称、数量（件数），取货地点，并提供取货所需的单证。

1.4. 甲方不得以隐瞒的形式委托乙方托运限运、禁运物品，否则由此产生的责任由甲方承担。

1.5. 乙方指派________为办理甲方货运事宜的联系代表，代表乙方处理为甲方办理货物托运的相关事宜，该代表变更时乙方必须以书面形式通知甲方，非乙方指定人员处理接货、对账、结算等事宜，甲方又不提出异议，而产生的甲方货物被冒领、货款被他人代领等不正常事件，其责任及损失应由甲方全部承担。

2. 保密条款

2.1. 为完成本合同委托事项，甲乙双方从对方获取的资料和相关的商业秘密，双方负有保密的义务，并且应采取一切合理的措施以使其所接受的资料免于被无关人员接触。

2.2. 双方应以适当的方式告知并要求其参与本合同工作之雇员遵守本条款。

3. 委托费用及结算方式

3.1. 委托费用包括货物从起运地运至目的地（国内各城市）的运输费、送货费，货物的再包装费用和提货产生的费用由乙方向甲方据实收取。

3.2. 委托费用的核算以双方约定的《国内物流服务报价表》收费标准为依据，如甲方指定付款人拒绝支付费用时，甲方承担甲方指定付款人应支付的相关费用。

3.3. 乙方以书面的委托书确定的结算代理人，依照乙方开具的货运单“客户结算联”

为结算依据。乙方出具的结算依据交甲方核对时甲方应给予签名签收确认，无我司指定结算代表和结算依据，甲方可拒付运费，否则乙方对甲方的货运款随意支付不予承认。

3.4. 甲方按照以下__________类方式与乙方结算委托费用：

3.4.1. 周期结算（结算周期自协议生效之日起计算）

双方约定以一月为结算周期，乙方在结算周期到期后5天内向甲方出具结算清单，甲方在收到结算清单后在5个工作日内审核完毕，提供审核无误的结算金额向乙方索取运输发票，乙方在2个工作日内提供结算发票给甲方财务负责人；

3.4.2. 付款日期：甲方财务结算部收到乙方提供当期结算发票后3个工作日内付清上周期应付款项。

4. 甲方权利义务

4.1. 有权获知货物在运输途中的情况和预计到货时间。

4.2. 在货物送达收货人之前，有权随时改变到货地点及收货人，但应当支付因此所增加的运输费用及其他费用。

4.3. 甲方有权对乙方及乙方代表和相关工作人员的工作提出意见、要求改进。

4.4. 及时通知乙方装货，告知乙方货物名称和数量（件数）、装货时间、地点。

4.5. 准确真实填写《货物托运书》并应按货物实际价值足额保险。

4.6. 委托乙方代理取货事宜，提供代取货物所必需的相关文件或凭据。

4.7. 甲方保证交接前货物内外包装完好，有条件可加封标志清晰之封条。

4.8. 按照约定支付费用。

5. 乙方的义务和权利

5.1. 乙方负责从甲方指定地点提货并以甲方名义办理相关委托事宜。

5.2. 乙方应在甲方通知提货及时到达甲方指定地点提货并办理托运。

5.3. 乙方不得擅自改动甲方的包装标准，对于零散货物，乙方应负责协助甲方进行发货前的打包、装箱等必要工作，乙方有权要求甲方支付相应的材料费、人工费等。

5.4. 乙方应当按照甲方指定的运输方式托运，未经甲方书面同意，乙方不得擅自改变运输方式。

5.5. 对于国内余数货物，如无交通意外事故或是甲方收货人的原因，乙方保证自甲方交付货物后按协议时间到达甲方指定目的地。

5.6. 若因为天气或是交通意外及收货人的原因导致快件货物无法按约定时间到达时，乙方应于获知确切信息的1小时内通知甲方并积极处理。

5.7. 货物到达指定目的地后，乙方应当及时派送至收货人处。

5.8. 收货人验货前，乙方保证甲方货物外包装完好，则视该票货物安全抵达。

5.9. 乙方有责任要求收货人以书面形式签收货物。

6. 违约责任和赔偿

6.1. 甲方无理由不按照约定期限结算委托费用的，每逾期1日，按照应付款额的______‰的比例向乙方支付逾期付款的违约金。

6.2. 属乙方过错将货物运错目的地或收货人，乙方无偿运至合同规定地点或收货人，并给以延期交付货物处罚（见上条款）。

6.3. 运输过程中，发生货物丢失、破损，依《保险法》或是国家相关运输条例按下

列条款赔偿。

6.3.1. 甲方委托乙方办理货物运输保险，甲方必须按照货物的实际价值进行投保，乙方按照______‰的保险费率向甲方收取保险费；甲方委托乙方承运货物未足额投保，货物出险后由乙方负责向保险公司索赔，但赔偿金额依照保险公司的赔偿原则进行核定。

6.3.2. 甲方未将交乙方承运之货物办理保险，货物出险后，乙方有义务协助甲方向责任方追偿，乙方视己方应承担的责任而作相关的赔偿，一般以应收运费的3倍予以赔偿，但每票货物最高赔偿金额为人民币800元。

6.3.3. 乙方不承运光碟、管制枪械、刀具及走私、限运物品，甲方因虚报品名偷运国家禁运、限运物品所产生法律责任，由甲方承担，且乙方保留追诉的权力。

6.4. 因下列原因造成的损失，乙方不承担赔偿责任：

6.4.1. 属于政府征用或罚没的；

6.4.2. 不可抗力；

6.4.3. 货物本身的性质所引起的变质、减量、破坏或毁灭；

6.4.4. 包装方式或容器不良，但从外部无法发现；

6.4.5. 包装完整、标志无异状，而内件短少；

6.4.6. 货物的合理损耗；

6.4.7. 托运人或收货人的过错。

6.5. 合同一方由于自然灾害、战争和其他由双方事后认可的不可抗力事件影响到本合同履行时，应采取电话、电报或传真等形式通知另一方，当不可抗力事故停止或消除后，双方应立即恢复合同正常履行。

7. 合同的解除

7.1. 任何一方解除合同，都必须以书面形式提前______日通知对方。

7.2. 当协议要求解除时如尚有待结算费用，乙方须在______日内向甲方发出《结算通知书》并附有效单证，甲方须按照本协议有关结算约定核对付款。

8. 争议解决

甲、乙双方在履行本协议过程中发生任何争议，应及时协商解决，不能协商解决的，可向当地人民法院起诉。

9. 本协议自双方签定之日起生效，有效期为一年。

10. 本协议一式两份，甲、乙双方各执一份，具有同等法律效力。

11. 本协议有附件《国内物流服务报价表》一份。

12. 其他补充内容：

如在此协议商定到期之日甲方仍有余款未结清，此协议依然生效至所有款项结清时起正式解除。

甲方：（盖章）　　　　乙方：（盖章）

甲方代表签字：____________________　　乙方代表签字：____________________

甲方开户行：____________________　　乙方开户行：____________________

账号：____________________　　账号：____________________

年　月　日　　　　年　月　日

附表 18

集货调度单

<table>
<tr><td colspan="3" rowspan="3">集货信息</td><td colspan="4">集货单编号</td><td colspan="4"></td><td colspan="2">受理人</td><td colspan="2"></td></tr>
<tr><td colspan="4">提货入库库房</td><td colspan="4"></td><td colspan="2">入库时间</td><td colspan="2"></td></tr>
<tr><td colspan="4">提货人</td><td colspan="4"></td><td colspan="2">备注</td><td colspan="2"></td></tr>
<tr><td colspan="3" rowspan="5">集货车辆信息</td><td colspan="4">承运商</td><td colspan="4"></td><td colspan="2">承运商电话</td><td colspan="2"></td></tr>
<tr><td colspan="4">车牌号</td><td colspan="4"></td><td colspan="2">车型</td><td colspan="2"></td></tr>
<tr><td colspan="4">载重</td><td colspan="4"></td><td colspan="2">体积</td><td colspan="2"></td></tr>
<tr><td colspan="4">司机</td><td colspan="4"></td><td colspan="2">司机电话</td><td colspan="2"></td></tr>
<tr><td colspan="4">随车记录单</td><td colspan="4"></td><td colspan="2">集货</td><td colspan="2"></td></tr>
<tr><td rowspan="6">货物信息</td><td>生产单位</td><td>客户订单号</td><td>货物名称</td><td>货物规格</td><td>货物总数量</td><td>货物件重</td><td>货物总重量</td><td>货物总体积</td><td>计费总量</td><td>单价</td><td>计价单位</td><td>总价</td><td>提货地址</td><td>提货时间</td></tr>
<tr><td></td><td></td><td></td><td></td><td></td><td></td><td></td><td></td><td></td><td></td><td></td><td></td><td></td><td></td></tr>
<tr><td></td><td></td><td></td><td></td><td></td><td></td><td></td><td></td><td></td><td></td><td></td><td></td><td></td><td></td></tr>
<tr><td></td><td></td><td></td><td></td><td></td><td></td><td></td><td></td><td></td><td></td><td></td><td></td><td></td><td></td></tr>
<tr><td></td><td></td><td></td><td></td><td></td><td></td><td></td><td></td><td></td><td></td><td></td><td></td><td></td><td></td></tr>
<tr><td></td><td></td><td></td><td></td><td></td><td></td><td></td><td></td><td></td><td></td><td></td><td></td><td></td><td></td></tr>
</table>

附表 19　　入库单明细

入库客户		入库库房		入库日期	
委托单号		入库单号		受理人	
运单号码		交接库管员		到库时间	
运送单位		车牌号码		司机	
备注					

附表 20

运　单

运单信息	系统运单号		交接运单号		系统订单号	
	起运地		目的地		距离	
	中转		中转联系人		中转联系电话	
	特约事项		其他			
承运信息	承运商		承运商电话		车牌号	
	司机		司机电话			
费用信息	应付运费		应付配送费		应付提货费	
	其他费用		应付合计			
	运费付款方式		代收货款			
货物信息	货物名称		数量		重量	
	体积		单价		计价单位	
	总价					

附表 21

签收单

运单信息	路单号		托运单位	
	起运地		目的地	
货物明细	货物名称		类型	
	规格		包装	
	装车数		签收数量	
	签收体积		签收重量	
签收信息	签收人		签收时间	
	返单收回方式		返单收回日期	
	返单收回人			
	现金欠付			
签收人意见				

附表 22　　出库单明细

出库客户		出库库房		出库日期	
委托单号		出库单号		受理人	
提单号码		交接库管员		到库时间	
收货单位		联系人		电话	
地址		运单号码		运送单位	
车牌号码		司机			
备注					

附表 23

总账科目汇总表

核算单位： 单位：（元）

科目名称	期初余额	本期借方	本期贷方	期末余额
现金				
银行存款				
其他货币资金				
应收账款				
预付账款				
原材料				
产成品				
固定资产				
累计折旧				
在建工程				
无形资产				
短期借款				
应付账款				
应付职工薪酬				
应交税金				
其他应付款				
长期借款				
实收资本				
本年利润				
生产成本				
营业收入				
营业外收入				
营业成本				
产品销售税金及附加				
销售费用				
管理费用				
财务费用				
营业外支出				
营业费用				

合计：本期借方： 本期贷方：

附表 24　　损益表（______公司/第__期）

项目	本期金额	上期金额
一、营业收入		
减：营业成本		
税金及附加		
销售费用		
管理费用		
财务费用		
加：公允价值变动收益（损失以“-”号填）		
投资收益（损失以“-”号填列）		
其中：对联营企业和合营企业的投资收益		
二、营业利润（亏损以“-”号填列）		
加：营业外收入		
减：营业外支出		
其中：非流动资产处置损失		
三、利润总额（亏损总额以“-”号填列）		
减：所得税费用		
四、净利润（净亏损以“-”号填列）		
五、每股收益		
（一）基本每股收益		
（二）稀释每股收益		

附表 25　　　　**资产负债表（______公司/第____期）**

资产	年初	期末	负债和所有者权益（或股东权益）	年初	期末
流动资产			流动负债		
货币资金			短期借款		
交易性金融资产			交易性金融负债		
应收票据			应付票据		
应收账款			应付账款		
预付款项			预收款项		
应收利息			应付职工薪酬		
应收股利			应交税费		
其他应收款			应付利息		
存货			应付股利		
一年内到期的非流动资产			其他应付款		
其他流动资产			一年到期的非流动负债		
流动资产合计			其他流动负债		
非流动资产			流动负债合计		
可供出售金融资产			非流动负债		
持有至到期投资			长期借款		
长期应收款			应付债券		
长期股权投资			长期应付款		
投资性房地产			专项应付款		
固定资产			预计负债		
在建工程			递延所得税负债		
工程物资			其他非流动负债		
固定资产清理			非流动负债合计		
生产线生物资产			负债合计		
油气资产			所有者权益（或股东权益）		
无形资产			实收资本（或股本）		
开发支出			资本公积		
商誉			减：库存股		
长期待摊费用			盈余公积		
递延所得税资产			未分配利润		
其他非流动资产			所有者权益（或股东权益）合计		
非流动资产合计					
资产总计			负债和所有者权益（或股东权益）总计		

附表 26

审计业务约定书

甲方：__________________有限公司

乙方：__________________会计师事务所

兹由甲方委托乙方进行______度财务报表及高新技术产品情况表进行审计，经双方协商，达成如下约定：

一、业务范围及审计目标

1. 乙方接受甲方委托，对甲方按照企业会计准则和《_____企业会计制度》编制的_____年_____月____日的资产负债表，____年度的利润表和现金流量表以及财务报表附注（以下统称财务报表）进行审计，以及对20××年度企业自产高新技术产品销售及研究开发经费情况表进行审计。

2. 乙方通过执行审计工作，对财务报表的下列方面发表审计意见：

（1）财务报表是否按照企业会计准则和《______企业会计制度》的规定编制；

（2）财务报表是否在所有重大方面公允反映甲方的财务状况、经营成果和现金流量。

二、甲方的责任与义务

（一）甲方的责任

1. 根据《中华人民共和国会计法》及《企业财务会计报告条例》，甲方及甲方负责人有责任保证会计资料的真实性和完整性。因此，甲方管理层有责任妥善保存和提供会计记录（包括但不限于会计凭证、会计账簿及其他会计资料），这些记录必须真实、完整地反映甲方的财务状况、经营成果和现金流量。

2. 按照企业会计准则和《______ 企业会计制度》的规定编制财务报表是甲方管理层的责任，这种责任包括：（1）设计、实施和维护与财务报表编制相关的内部控制，以使财务报表不存在由于舞弊或错误而导致的重大错报；（2）选择和运用恰当的会计政策；（3）作出合理的会计估计。

（二）甲方的义务

1. 及时地为乙方的审计工作提供其所要求的全部会计资料和其他有关资料（在____年__月__日之前提供审计所需的全部资料），并保证所提供资料的真实性和完整性。

2. 确保乙方不受限制地接触任何与审计有关的记录、文件和所需的其他信息。

[下段适用于集团财务表审计业务，使用时需要按每位客户/约定项目的特殊情况而修改，如果加入此段，应相应修改下面其他条款编号。]

[3. 为满足乙方对甲方合并财务报表发表审计意见的需要，甲方须确保：

乙方和为组成部分执行审计的其他会计师事务所的注册会计师（以下简称其他注册会计师）之间的沟通不受任何限制。

组成部分是指甲方的子公司、分部、分公司、合营企业、联营企业等。如果甲方管理层、负责编制组成部分财务信息的管理层（以下简称组成部分管理层）对其他注册会计师的审计范围施加了限制，或客观环境使其他注册会计师的审计范围受到限制，甲方管理层和组成部分管理层应当及时告知乙方。

乙方及时获悉其他注册会计师与组成部分治理层管理层之间的重要沟通（包括就内

部控制重大缺陷进行的沟通)。

乙方及时获悉组成部分治理层和管理层与监督机构就财务信息事项进行的重要沟通。

在乙方认为必要时，允许乙方接触组成部分信息、组成部分管理层或其他注册会计师(包括其他注册会计师的审计工作底稿)，并允许乙方对组成部分的财务信息实施审计程序。]

3. 甲方管理层对其作出的与审计有关的声明予以书面确认。

4. 为乙方派出的有关工作人员提供必要的工作条件和协助，主要事项将由乙方于外勤工作开始前提供清单。

5. 按本约定书的约定及时足额支付审计费用以及乙方人员在审计期间的交通、食宿和其他相关费用。

三、乙方的责任和义务

(一) 乙方的责任

1. 乙方的责任是在实施审计工作的基础上对甲方财务报表发表审计意见。乙方按照中国注册会计师独立审计准则（以下简称审计准则）的规定进行审计。审计准则要求注册会计师遵守职业道德规范，计划和实施审计工作，以对财务报表是否不存在重大错报获取合理保证。

[下段适用于集团财务报表审计业务，使用时需按每位客户约定项目的特殊情况而修改，如果加入此段，应相应修改下面其他条款编号。]

[2. 乙方不对非由乙方审计的组成部分的财务信息单独出具审计报告；有关的责任由对该组成部分执行审计的其他注册会计师及其所在会计师事务所承担。]

2. 审计工作涉及实施审计程序，以获取有关财务报表金额和披露的审计证据。选择的审计程序取决于乙方的判断，包括对由于舞弊或错误导致的财务报表重大错报风险的评估。在进行风险评估时，乙方考虑与财务报表编制相关的内部控制，以设计恰当的审计程序，但目的并非对内部控制的有效性发表意见。审计工作还包括评价管理层选用会计政策的恰当性和作出会计估计的合理性，以及评价财务报表的总体列报。

3. 乙方需要合理计划和实施审计工作，以使乙方能够获取充分、适当的审计证据，为甲方财务报表是否不存在重大错报获取合理保证。

4. 乙方有责任在审计报告中指明所发现的甲方在某重大方面没有遵循企业会计准则和《______企业会计制度》编制财务报表且未按乙方的建议进行调整的事项。

5. 由于测试的性质和审计的其他固有限制，以及内部控制的固有局限性，不可避免地存在某些重大错报在审计后可能仍然未被乙方发现的风险。

6. 在审计过程中，乙方若发现甲方内部控制存在乙方认为的重要缺陷，应向甲方提交管理建议书。但乙方在管理建议书中提出的各种事项，并不代表已全面说明所有可能存在的缺陷或已提出所有可行的改善建议。甲方在实施乙方提出的改善建议前应全面评估其影响。未经乙方书面许可，甲方不得向任何第三方提供乙方出具的管理建议书。

7. 乙方的审计不能减轻甲方及甲方管理层的责任。

(二) 乙方的义务

1. 按照约定时间完成审计工作，出具审计报告。乙方应于____年__月__日前出具审计报告。

2. 除下列情况外，乙方应当对执行业务过程中知悉的甲方信息予以保密：（1）取得甲方的授权；（2）根据法律法规的规定，为法律诉讼准备文件或提供证据，以及向监管机构报告发现的违反法规行为；（3）接受行业协会和监管机构依法进行的质量检查；（4）监管机构对乙方进行行政处罚（包括监管机构处罚前的调查、听证）以及乙方对此提起行政复议。

四、审计收费

1. 本次审计服务的收费是以乙方各级别工作人员在本次工作中所耗费的时间为基础计算的。乙方预计本次审计服务的费用总额为人民币________元。

2. 甲方应于本约定书签署之日起____日内支付____%的审计费用，其余款项于审计报告完成日结清。

3. 如果由于无法预见的原因，致使乙方从事本约定书所涉及的审计服务实际时间较本约定书签订时预计的时间有明显的增加或减少时，甲乙双方应通过协商，相应调整本约定书第四条第1项下所述的审计费用。

4. 如果由于无法预见的原因，致使乙方人员抵达甲方的工作现场后，本约定书所涉及的审计服务不再进行，甲方不得要求退还预付的审计费用；如上述情况发生于乙方人员完成现场审计工作，并离开甲方的工作现场之后，甲方应另行向乙方支付人民币______元的补偿费，该补偿费应于甲方收到乙方的收款通知之日起______日内支付。

5. 与本次审计有关的其他费用（包括交通费、食宿费等）由甲方承担。

五、审计报告和审计报告的使用

1. 乙方按照《中国注册会计师审计准则第1501号——审计报告》和《中国注册会计师审计准则第1502号——非标准审计报告》规定的格式和类型出具审计报告。

2. 乙方向甲方致送审计报告一式______份。

3. 甲方在提交或对外公布审计报告时，不得修改乙方出具的审计报告及其后附的已审计财务报表。当甲方认为有必要修改会计数据、报表附注和所作的说明时，应当事先通知乙方，乙方将考虑有关的修改对审计报告的影响，必要时，将重新出具审计报告。

六、本约定书的有效期间

本约定书自签署之日起生效，并在双方履行完毕本约定书约定的所有义务后终止。

七、约定事项的变更

如果出现不可预见的情况，影响审计工作如期完成，或需要提前出具审计报告，甲、乙双方均可要求变更约定事项，但应及时通知双方，并由双方协商解决。

八、终止条款

1. 如果根据乙方的职业道德及其他有关专业职责、适用的法律法规或其他任何法定的要求，乙方认为已不适宜继续为甲方提供本约定书约定的审计服务时，乙方可以采取向甲方提出合理通知的方式终止履行本约定书。

2. 在终止业务约定的情况下，乙方有权就其于本约定书终止之日前对约定的审计服务项目所做的工作收取合理的审计费用。

九、违约责任

甲、乙双方按照《中华人民共和国合同法》的规定承担违约责任。

十、适用法律和争议解决

本约定书的所有方面均应适用中华人民共和国法律进行解释并受其约束。本约定书履行地为乙方出具审计报告所在地，因本约定书所引起的或与本约定书有关的任何纠纷或争议（包括关于本约定书条款的存在、效力或终止，或无效之后果），双方选择以下第____种解决方式：

（1）向有管辖权的人民法院提起诉讼；

（2）提交______仲裁委员会仲裁。

十一、双方对其他有关事项的约定

本约定书一式两份，甲、乙方各执一份，具有同等法律效力。

甲方：__________有限公司	乙　方：__________
地址：________________________	地　址：________________________
电话：________________________	电　话：________________________
	开户行：________________________
	账　号：________________________
授权代表：____________________	授权代表：____________________
______年____月____日	______年____月____日

附表 27

被审验单位基本情况表

索引号： 页次：
编制人员： 日期：
复核人员： 日期：

<table>
<tr><td>被审验单位名称</td><td colspan="6"></td></tr>
<tr><td>住所</td><td colspan="6"></td></tr>
<tr><td>联系电话</td><td></td><td>传真</td><td></td><td>邮政编码</td><td></td><td></td></tr>
<tr><td>电子信箱</td><td colspan="6"></td></tr>
<tr><td>公司类型</td><td colspan="6"></td></tr>
<tr><td>法定代表人</td><td colspan="2"></td><td>经营期限</td><td colspan="3"></td></tr>
<tr><td>经营范围</td><td colspan="6"></td></tr>
<tr><td>审批机关及文号</td><td colspan="6"></td></tr>
<tr><td>董事长</td><td></td><td>总经理</td><td></td><td>委托代理人</td><td></td><td></td></tr>
<tr><td>开户银行及账号</td><td colspan="6"></td></tr>
<tr><td rowspan="2">出资者名称</td><td colspan="3">认缴的注册资本</td><td colspan="3">实收资本</td></tr>
<tr><td>出资方式</td><td>出资金额</td><td>出资比例</td><td>出资方式</td><td>出资金额</td><td>出资比例</td></tr>
<tr><td></td><td></td><td></td><td></td><td></td><td></td><td></td></tr>
<tr><td></td><td></td><td></td><td></td><td></td><td></td><td></td></tr>
<tr><td></td><td></td><td></td><td></td><td></td><td></td><td></td></tr>
<tr><td></td><td></td><td></td><td></td><td></td><td></td><td></td></tr>
<tr><td></td><td></td><td></td><td></td><td></td><td></td><td></td></tr>
<tr><td></td><td></td><td></td><td></td><td></td><td></td><td></td></tr>
<tr><td></td><td></td><td></td><td></td><td></td><td></td><td></td></tr>
<tr><td>合 计</td><td></td><td></td><td></td><td></td><td></td><td></td></tr>
<tr><td>备 注</td><td colspan="6"></td></tr>
</table>

附表 28 **验资业务约定书**

甲方：

乙方：

兹由甲方委托乙方对甲方截至 20 ____年____月____日注册资本及实收资本的变更情况进行审验。经双方协商，达成以下约定：

一、业务范围与委托目的

1. 乙方接受甲方委托，对甲方截至 20 ____年____月____日注册资本及实收资本增加（减少）情况进行审验。审验范围包括与验资相关的出资者、出资币种、出资金额、出资时间、出资方式、出资比例和相关会计处理，以及增资后的出资者、出资金额和出资比例等。(减少注册资本的，审验范围包括与减资相关的减资者、减资币种、减资金额、减资时间、减资方式、债务清偿或担保情况、相关会计处理以及减资后的出资者、出资金额和出资比例等。)

2. 甲方委托乙方验资的目的是为申请注册资本和实收资本的变更登记及向出资者签发（或换发）出资证明。

二、甲方的责任与义务

（一）甲方的责任

1. 确保出资者按照法律法规以及协议、章程的要求出资；

2. 提供真实、合法、完整的验资资料；

3. 保护资产的安全、完整。

（二）甲方的义务

1. 及时为乙方的验资工作提供其所要求的全部资料和其他有关资料（在 20 ____年____月____日之前提供验资所需的全部资料)，并保证所提供资料的真实性、合法性和完整性，并将所有对审验结论产生影响的事项如实告知乙方。

2. 确保乙方不受限制地接触任何与验资有关的记录、文件和所需的其他信息。

3. 甲方对其作出的与验资有关的声明予以书面确认。

4. 为乙方派出的有关工作人员提供必需的工作条件和协助，主要事项将由乙方于验资工作开始前提供清单。

5. 按本约定书的约定及时足额支付验资费用以及乙方人员在验资期间的交通、食宿和其他相关费用。

三、乙方的责任与义务

（一）乙方的责任

1. 乙方的责任是在实施审验程序的基础上出具验资报告。乙方按照《中国注册会计师审计准则第 1602 号——验资》（以下简称验资准则）的规定进行验资。

2. 乙方的验资不能减轻甲方的责任。

（二）乙方的义务

1. 按照约定时间完成验资工作，出具验资报告。乙方应于 20 ____年____月____日前出具验资报告。

2. 除下列情况外，乙方应当对执行业务过程中知悉的甲方信息予以保密：（1）取得

甲方的授权；（2）根据法律法规的规定，为法律诉讼准备文件或提供证据，以及向监管机构报告发现的违反法规行为；（3）接受行业协会和监管机构依法进行的质量检查；（4）监管机构对乙方进行行政处罚（包括监管机构处罚前的调查、听证）以及乙方对此提起行政复议。

四、验资收费

1. 本次验资业务的收费是以乙方各级别工作人员在本次工作中所耗费的时间为基础计算的。预计本次验资服务的费用总额为人民币 ________元。

2. 甲方应于本约定书签署之日起____日内支付____%的验资费用，其余款项于验资报告送交日结清。

3. 如果由于无法预见的原因，致使乙方从事本约定书所涉及的验资服务实际时间较本约定书签订时预计的时间有明显的增加或减少时，甲乙双方应通过协商，相应调整本约定书第四条第1项下所述的验资费用。

4. 如果由于无法预见的原因，致使乙方人员抵达甲方的工作现场后，本约定书所涉及的验资服务不再进行，甲方不得要求退还预付的验资费用；如上述情况发生于乙方人员完成现场验资工作，并离开甲方的工作现场之后，甲方应另行向乙方支付人民币____元的补偿费，该补偿费应于甲方收到乙方的收款通知之日起____日内支付。

5. 与本次验资有关的其他费用（包括交通费、食宿费等）由甲方承担。

五、验资报告和验资报告的使用

1. 乙方按照《〈中国注册会计师审计准则第1602号——验资〉指南》规定的格式出具验资报告。

2. 乙方向甲方致送验资报告一式____份，供甲方向公司登记机关申请设立登记及向出资者签发出资证明时使用。

3. 甲方在提交或对外公布验资报告时，不得修改乙方出具的验资报告正文及其附件。

4. 验资报告不应被视为对甲方验资报告日后资本保全、偿债能力和持续经营能力等的保证。甲方及其他第三方因使用验资报告不当造成的后果，乙方不承担任何责任。

六、本约定书的有效期间

本业务约定书自签署之日起生效，并在双方履行完毕本约定书约定的所有义务后终止。

七、约定事项的变更

如果出现不可预见的情况影响验资工作如期完成，或需要提前出具验资报告时，甲乙双方均可要求变更约定事项，但应及时通知对方，并由双方协商解决。

八、终止条款

1. 如果根据乙方的职业道德及其他有关专业职责、适用的法律法规或其他任何法定的要求，乙方认为已不适宜继续为甲方提供本约定书约定的验资服务时，乙方可以采取向甲方提出合理通知的方式终止履行本约定书。

2. 在终止业务约定的情况下，乙方有权就其于本约定书终止之日前对约定的验资服务项目所做的工作收取合理的验资费用。

九、违约责任

甲乙双方按照《中华人民共和国合同法》的规定承担违约责任。

十、适用法律和争议解决

本约定书的所有方面均适用中华人民共和国法律进行解释并受其约束。本约定书履行地为乙方出具验资报告所在地，因本约定书所引起的或与本约定书有关的任何纠纷或争议（包括关于本约定书条款的存在、效力或终止，或无效之后果），双方选择第____种解决方式：

（1）向有管辖权的人民法院提起诉讼；

（2）提交____仲裁委员会仲裁。

十一、双方对其他有关事项的约定

本约定书一式两份，甲、乙方各执一份，具有同等法律效力。

甲方：__________有限公司（筹）　　乙方：______________

地址：________________　　地址：______________

电话：________________　　电话：______________

开户行：______________

账　号：______________

授权代表：______________　　授权代表：____________

______年____月____日　　______年____月____日

附录二

实训总结报告

虚拟仿真跨专业综合实训结束时，需要每组学生据以下内容完成 PPT 汇报文件和电子版文稿，并上交，并作为考核成绩的一个指标。实训报告写作提纲如下：

一、各商业经营企业简介

简介企业经营理念及各部门人员组成及工作目标、内容

二、商业计划编制

1. 市场环境分析

各“公司”根据自己对未来市场预测发展情报的需要，进行市场调研。

2. 经营战略的制定

各公司本着长期利润最大化的原则，制定和调整企业战略，战略内容包括：公司战略（大战略框架），新产品开发战略，投资战略，新市场进入战略，竞争战略等。

3. 拟定经营计划

公司依据战略安排，作出本期经营决策，制定各项经营计划：融资计划、生产计划、厂房设备投资计划、采购计划、市场开发计划、市场营销方案等。

三、运营数据分析及总结

1. 经营数据呈现

（1）市场投资（每季度市场投入情况）。如：第三季度，投资 35 万元到东北吉林地区开拓临时性市场。

（2）研发能力（研发进度）。如：公司于第三季度投入 100 万元资金，招聘 10 名科研人员和 1 名管理人员，用于研发 H 型产品。第四季度，因资金不足而使研发失败，后来追加 146 万元，终于在第五季度成功研发 H 型产品，并立即投入生产。而且我们决定在第七季度进行 O 型产品的研发。

（3）生产能力（生产线、生产总量）。如：

第一季度，公司抢到智胜手机制造有限公司的L型产品贴牌生产和乐天手机制造有限公司的L型产品贴牌生产，同时在第一季我们买到生产L型的全自动生产线1条。

第二季度，智胜手机制造有限公司贴牌生产L型完工入库，全自动生产线开始使用原材料M1、M2、M3、M4、M5，L型产品开始生产。

第三季度，由于订单的需求增加，公司购买了第二条生产线。随着第一条生产线的继续生产，生产线2开始使用原材料M1～M5生产L型产品。同时我们公司开启研发H型产品，并购买了H型产品所需原材料M4－X和M5－X。

第四季度，科研失败，无法生产H型产品，生产线2空置，生产线1继续生产L型产品。

第五季度，生产线2开始生产H型产品。

第六季度和第七季度，L型产成品和H型产成品入库。

（4）人力投入。如：

第二季度，雇佣管理人员1名转入生产线，无效果。

第三季度，雇佣10名科研人员与管理人员一起开始研发H型产品。

第四季度，H型产品研发失败，继续加大科研投入。

第五季度，科研成功，雇佣19名工人与管理人员投入全自动生产线1，产能提升到最大，科研闲置。

第六季度，科研闲置。

（5）资质认证。资金紧张，未能进行资质认证。

2. 经营数据分析

（1）原材料库存预警分析。

如：我们在第一季度和第二季度都购买了两季的L型产品原材料，第三季度购买了一季度的型产品原材料，后面三季度都是重点采购了L型产品原材料，H型产品的原材料购买的份额为生产线一季度的产量。这些原材料是公司生产必备的，我们有自己最低的安全库存量，低于安全库存量则计划采购。在接到销售运营中心的销售计划及其他公司的订单时，生产部会按用量提出原材料采购计划，采购部按计划进行采购。对于部分价格较高的原材料会在价格低时批量采购适当的囤货，降低成本，因此，原材料库剩余库存量会相对较高。而当实际销售与预测计划差距较大时，就会导致部分原材料的缺乏或者积压。

（2）订单完成动态分析。

如：第二季度，抢单2笔，卖出268件L型产品，贴现313件L型产品；第三季度，抢单2笔，卖出712件L型产品；由于第四季度抢单失败，没有订单交付；第五季度，抢单2笔，卖出830件L型产品；第六季度，抢单3笔，卖出736件L型产品和143件H型产品。由于263件H型订单交付时间为第八季度，未交付。

（3）产成品库存预警分析。

如：第一季度，我们购入了总库存量为2500件的产成品仓库。因为抢到贴牌生产，在第二季度生产出1419件产品，未产生库存预警；第三季度，各种生产线投入运营，产量非常大，此季度已经开始售出产品，产成品剩余库存为1306件，而剩余产成品库存量为2194件；第四季度销量仍然不错，但因上一季度的产品剩余，而被惩罚了一个大仓库，所以仓库剩余量很大；第五季度产品销量空前的好，致使我们的货物已经清空了。

（4）订单交付率动态分析。

如：第二季度，抢单 2 笔，交付 1 笔，贴现 1 笔；第三季度，抢单 2 笔，交付 2 笔；第五季度，抢单 2 笔，交付 2 笔；第六季度，抢单 3 笔，交付 2 笔，未交付的订单在第八季度交付。

四、经营总结及心得体会

附录三

实训中存在的问题解答

一、商贸机构问题汇总

问题1：后期制造业企业货销不出，怎么办？

回答：提高制造企业和商贸企业的订单数量。

问题2：制造公司不愿接受商贸公司给出的价格，与商贸业恶意竞争，造成制造业过量囤货，怎么办？

回答：与制造业谈判，商贸企业一个季度不参与市场，使市场恢复平稳。

问题3：广告投放时操作失误，向单一市场投放了大量资金，导致资金的浪费和订单量极度缩水，给企业造成了致命打击，怎么办？

回答：借新还旧，开源节流，想尽一切办法维持企业运转。以后要注意决策的深思熟虑，本系统为不可逆系统，每一项决策执行都应倍加小心。

问题4：商贸企业进行订单报价时，未能计算好企业可用资金，导致企业资金不足以收购足量的产品进行订单交付，不仅浪费了订单资源，还需交付大量违约金，怎么办？

回答：去银行贷款解决资金问题，并在之后的运营过程中注意企业可用资金的计算，合理配置企业资源，抢订单时量力而行。

问题5：我们在进行市场投资的时候，与其他很多企业选择了同一个市场，导致竞争激烈，结果投放大量广告资金却没有抢到订单，导致公司资金回笼困难，难以进行下一季度的产品采购等，甚至需要去银行贷款公司才能正常运转，怎么办？

回答：通过收集以往市场投资的情况，分析各公司在不同市场的影响力，进而选择竞争力较小的市场，投放足够的广告资金，从而抢到所需求的订单。

二、制造企业问题汇总

问题1：对企业注册过程不了解，到底应该按照怎样的顺序进行？

回答：在注册前期老师会进行讲解，不明白的可以查阅企业注册流程图，按照流程进行注册。

问题 2：注册过程中很多表格格式不知道怎么填写？

回答：去到相应表格审核的部门（如市场监管局、税务局等），查看样表，按照样表格式填写。

问题 3：公司注册时银行会有临时账户和永久账户，分别应该什么时候用？

回答：临时账户只用于注册验资，其他的都用永久账户。

问题 4：为什么 CEO 已经进行了审批还是不能开展相应的业务？

回答：申请一项业务的流程是，相关人员提交业务申请，CEO 进行审批后，财务总监进行审批拨款，这样业务才算申请完成。

问题 5：抢购不到便宜的原材料，怎么办？

回答：可以在上一季度末将下一季度所有的货款审批下来，节约大量时间。

问题 6：如果在上一季度中原材料没有购买全怎么办？

回答：所有用于本季度生产的原材料必须上季度采购全，否则将无法生产。可以向其他制造企业购买其剩余的原材料。

问题 7：为什么申请资金提交成功，但 CEO 方收不到？

回答：这是由于浏览器不兼容造成的，开启兼容性视图即可解决。

问题 8：向 CEO 提交申请时，CEO 名字不对应，需要很长时间查找，怎么回事？

回答：浏览器不兼容，开启兼容性视图。

问题 9：为什么业务转账后，银行系统仍显示未转账？

回答：银行系统滞后，只要查询自己的界面，出现转账后的效果即可。

问题 10：为什么我们交付订单后资金不到账？

回答：这是系统不稳定造成的，可以让老师帮忙从后台转入资金。

问题 11：如何确定我的产品定价？

回答：深入了解定价规则，同生产成本相比较，考虑多方面因素。

问题 12：怎样使人工费用最小化？

回答：弄清楚管理人员与科研人员及生产工人的比例，通过不断计算，建立方程，算出最优情况。

问题 13：如何保证产品研发的成功率？

回答：满足产品的基本研发能力，投入所需资金，找到科研人员数量与管理人员数量最优的比例。

问题 14：怎样降低销售竞单中的扣分，提高竞争力？

回答：进行信息化、资质认证、开发小部件、投入广告等都可以降低竞单扣分。具体的公式在抢单界面可以看到。

问题 15：贷款必须到时间才可以还款吗？

回答：不一定，在本公司的财务系统中可以提前还款。

问题 16：人员闲置怎么办？

回答：可以辞退，但是辞退费用很高，慎重考虑。

问题 17：存款预警提示有几笔未转账记录是怎么回事？

回答：是系统延迟不能及时转账。

问题 18：在第二季度市场投资中，上一季度投资产生的市场影响力是否会累积到下一季度？

回答：不会。

问题 19：企业能够接到的订单数量有限，不知道什么单该抢，什么单不该抢。

回答：抢订单的时候，把鼠标指针放到［H］［L］［O］［S］上时，可以看到剩余的订单数量和货物数量，可以此作为依据决定投标的订单。

问题 20：盈利过少，竞争力不足，一味通过向商贸公司销售来处理产成品，未及时开辟市场，接下来应该怎么做？

回答：做好计划，尽早进行小部件研发、资质认证和信息化，不能仅仅走商贸销售的路线，要商贸与市场并举。

问题 21：开辟市场较多，但每个市场的广告投放资金较少，导致广告投放较分散，每个市场的影响力较弱，不能抢到订单，导致广告资金流失，产品积压，接下来应该怎么做？

回答：通过分析各公司的市场投放情况，选择 1~2 个市场投入足够的资金进行广告投放，提高所投放市场的影响力，保证抢到订单。

参考文献

[1] 胡元木、钟安石．经管类综合实验教程［M］．济南：山东大学出版社，2013.

[2] 邓文博、姜庆、曾苑、白迎超．企业运营综合实战——经管类跨专业仿真实训教程［M］．北京：清华大学出版社，2016.

[3] 杨奇星，陈泉．经管跨专业综合实训教程［M］．成都：电子科技大学出版社，2017.

[4] 李幸．经管类跨专业综合仿真实验［M］．成都：西南财经大学出版社，2019.

[5] 李爱红、杨松柏．VBSE 跨专业综合实训［M］．北京：机械工业出版社，2019.